Globalization and the Key Currency: Challenge to the Dollar

グローバリゼーションと基軸通貨 ドルへの挑戦

小川英治［編］Eiji Ogawa, Editor

東京大学出版会

Globalization and the Key Currency:
Challenge to the Dollar
Eiji Ogawa, Editor
University of Tokyo Press, 2019
ISBN978-4-13-040287-3

はしがき

　日本経済研究所・元会長である下村治博士の誕生100年を記念した特別研究事業である，一般財団法人日本経済研究所の下村プロジェクトの特別研究『社会の未来を考える』シリーズとして第7回目の研究会が企画された．私が担当したものとして，第1回目の特別研究シリーズ（テーマ：「グローバル・インバランスと国際通貨体制」），第3回目の特別研究シリーズ（テーマ：「ユーロ圏危機とその影響と対応」），第5回目の特別研究シリーズ（テーマ：「世界金融危機後の金融リスク・危機管理」）に続くものであり，今回は「基軸通貨ドルへの挑戦」をメインテーマとした．このメインテーマの下に，8人の研究者が集まって，国際通貨制度における基軸通貨ドルに関して，国際通貨制度において基軸通貨としてのドルの地位にどのようにして慣性が働くのか，ユーロや円などの基軸通貨ドルに対してどのようにして有力な競争通貨となりうるのか，東アジア経済においてドル依存からの脱却が可能なのか，について考察した．その研究成果が2017年10月から2018年6月にかけて『日経研月報』に掲載され，それらに基づいて，さらに加筆され，執筆された原稿をまとめあげたのが本書である．

　本書において焦点が当てられる「基軸通貨ドル」は，第2次世界大戦前の通貨切り下げ競争の経験を踏まえて，第2次世界大戦後に安定した国際通貨制度を再構築するために，ブレトンウッズ体制における金と世界各国の通貨とをドルを通じて間接的に結び付けて，それらの為替相場の安定を図ろうとするために，ドルを国際通貨制度の中において中心となる通貨として設定するというルールが作られた．すなわち，アメリカ以外の通貨当局が自国通貨をドルに対して固定する義務を負い，それによって世界の各国通貨が固定され，安定する．一方，世界の通貨を固定しているドル自体の価値の安定化を図るために，アメリカの通貨当局がドルを金に固定する義務を負うものであった．しかし，1971年8月15日にアメリカのニクソン大統領がドルと金

の交換を停止することによって，そのブレトンウッズ体制が崩壊に向けて動き出し，1973年年初に先進諸国が自国通貨をドルに固定することを止めて，変動相場制度に移行したことによって，それが決定付けられた．国際通貨制度の中でドルを制度上において基軸通貨とするルールがなくなったのである．

このようにドルを制度上において基軸通貨とするルールがなくなった現行の国際通貨制度の下で，多くの発展途上国の通貨当局は依然として自国通貨をドルに対して固定したり，あるいは，安定化を図ろうとし続けている．また，ブレトンウッズ体制の下では，ドル以外の通貨がドルに固定したことから，民間部門においては外国為替リスクがほとんどないと期待されて，契約通貨や決済通貨としてドルを利用されてきた．ブレトンウッズ体制が崩壊して，とりわけ多くの先進諸国の通貨がドルに対して変動する総フロート制に移行した後も，さらに言えば，円やマルクに対してドルが減価してきたにもかかわらず，その状態が続いている．このような現象はドルの基軸通貨としての慣性と呼ばれている．

本書では，ドルの基軸通貨としての慣性に焦点を当てて，ドルの基軸通貨としての慣性それ自体の問題，ドルの基軸通貨としての慣性が働くなかで，ユーロや円がドルに対してどのような通貨競争を展開することができたか，そして，アジアにおけるドルへの過剰な依存，ドルへの過剰な依存からの脱却及びアジアにおける地域通貨協力を取り扱う．

本書が考察する課題として，大きく分けて，以下に3つに整理することができる．第1の課題は，基軸通貨ドルそれ自体に関連するものである．第2の課題は，基軸通貨ドルに対して有力な競争通貨となりうる，ユーロや円などの他の主要国際通貨に関連するものである．第3の課題は，東アジアの経済発展及び経済統合が，そして，台頭する中国の通貨当局による人民元の国際化の推進が，東アジアにおけるドル依存に対してどのような影響を及ぼしうるのかである．本書は，これらの課題について何らかの答えを導きすことを目指している．

最後に，日本経済研究所・下村プロジェクトの特別研究シリーズとして研究成果を発表させていただく貴重な機会を与えていただいた，前理事長・荒木幹夫氏，現理事長・柳正憲氏，前常務理事事務局長・曽根嘉太郎氏，現常

はしがき

務理事事務局長・大来哲郎氏，常務理事・大西達也氏をはじめとする一般財団法人日本経済研究所の方々に心よりお礼を申し上げたい．また，東京大学出版会の大矢宗樹氏には本書を出版する際にしてご尽力をいただき，感謝申し上げたい．

2019 年 6 月

小 川 英 治

目 次

はしがき　i

第Ⅰ部
国際経済における基軸通貨の力

第1章　基軸通貨米ドルの慣性
——ドルの効用と通貨競争の可能性 …………… 小川　英治　3

1. はじめに　3
2. ブレトンウッズ体制崩壊後の基軸通貨米ドル　6
3. ガリバー型国際通貨制度と基軸通貨米ドル　8
4. 基軸通貨実証分析のための理論モデル　14
5. 基軸通貨米ドルの慣性に関する実証分析　19
6. 実効的な通貨競争の可能性　23
7. おわりに　24

第2章　ドルとの通貨代替と国際金融のトリレンマ
——ドル化の進展と金融・通貨システムの関係性
……………………………………………… 熊本　方雄　29

1. はじめに　29
2. 通貨代替の現状　30
3. 通貨代替のモデル　32
4. 通貨代替と金融政策の独立性の関係　40
5. 通貨代替と為替相場の関係　45
6. 通貨代替と固定相場制度　47
7. おわりに　47

目 次

第 II 部
ユーロ・円の国際化によるドル体制への影響

第3章 国際通貨としてのユーロの位置づけ
――ユーロはドルに挑戦できるのか？ ………… 高屋 定美　53

1. はじめに　53
2. 国際通貨の役割とシナジー効果　53
3. 国際通貨の理論
   ――国際通貨形成の複数均衡の可能性とユーロの基軸通貨への可能性　56
4. 基軸通貨交替の歴史的事例――ポンドからドルへ　58
5. ユーロの国際的役割　64
6. ユーロの国際通貨への意志と信頼　70
7. おわりに　74

第4章 円の国際化政策と貿易建値通貨の選択
――日本の産業別・商品別輸出の建値通貨シェアの推定
……………………………………………… 佐藤 清隆　79

1. はじめに　79
2. 円建て貿易の推移と円の国際化政策　81
3. 貿易建値通貨比率の推定方法　88
4. 産業別の円建て貿易の推移　92
5. おわりに　106

第5章 安全通貨としての円とドル
――ファンダメンタルズから不確実性へ ……… 増島 雄樹　111

1. はじめに　111
2. 安全通貨とは何か　114
3. 安全通貨，リスクイベントと金融政策　123
4. 安全資産としてのドルと代替資産　132
5. おわりに　133

目 次

第Ⅲ部
東アジアの経済発展とドル依存からの脱却

第6章　貿易建値通貨としての人民元の国際化
　　　　──東アジア諸国の通貨体制に与える影響 …… 清水　順子　137

1. はじめに　137
2. 人民元の国際化の概要と成果　139
3. 日本企業からみた人民元取引の現状と課題　145
4. 人民元の国際化がアジアに与えた影響　153
5. おわりに　158

第7章　東アジアにおける経済統合の進展と基軸通貨ドル
　　　　──「アジア域内金融システム」の可能性 … 川﨑　健太郎　163

1. はじめに　163
2. 東アジアにおける経済統合の進展　166
3. 東アジアは「最適通貨圏」か？　171
4. 新しい金融技術の登場がアジアの経済・金融の統合に及ぼす影響　185
5. おわりに　187

第8章　アジア地域通貨協力への展望
　　　　──アジア通貨危機の教訓と各国通貨制度の課題
　　　　……………………………………………………… 赤羽　裕　191

1. はじめに　191
2. アジア通貨危機とその原因──ドル依存体制の問題点　191
3. 危機後の通貨・金融協力の概要　194
4. 現在のアジアの通貨制度と最近の動き　200
5. ドル依存脱却に向けた展望と施策　204
6. おわりに　215

目 次

終 章　基軸通貨ドルへの挑戦 ……………………小川　英治 219

1. はじめに　219
2. 基軸通貨米ドルの慣性
　　——ドルの効用と通貨競争の可能性　221
3. 通貨代替と国際金融のトリレンマ
　　——ドル化の進展と金融・通貨システムの関係性　223
4. 国際通貨としてのユーロの位置づけ
　　——ユーロはドルに挑戦できるのか？　225
5. 円の国際化政策と貿易建値通貨の選択
　　——日本の産業別・商品別輸出の建値通貨シェアの推定　226
6. 安全通貨としての円とドル
　　——ファンダメンタルズから不確実性へ　228
7. 貿易建値通貨としての人民元の国際化
　　——東アジア諸国の通貨体制に与える影響　230
8. 東アジアにおける経済統合の進展と基軸通貨ドル
　　——「アジア域内金融システム」の可能性　232
9. アジア地域通貨協力への展望
　　——アジア通貨危機の教訓と各国通貨制度の課題　234
10. おわりに　237

索　引　240
編者・執筆者紹介　244

第Ⅰ部

国際経済における基軸通貨の力

第1章

基軸通貨米ドルの慣性
―― ドルの効用と通貨競争の可能性 ――

小 川 英 治

1. はじめに

　1945年に構築されたブレトンウッズ体制の下で，ルールとして米ドルが基軸通貨として位置づけられていた．ブレトンウッズ体制は金・ドル本位制と呼ばれ，そこでは，米国の通貨当局が米ドルの価値を金の価値に固定する一方，米国以外の通貨当局は，それぞれの自国通貨の価値を米ドルの価値に固定していた．自国通貨の対米ドル為替相場が固定されていて，為替変動リスクがなかったことから，米国以外の国々における民間経済主体は，国際経済取引の契約通貨や決済通貨として米ドルを選択してきた．
　しかし，1971年にニクソン・ショックが起きると，ブレトンウッズ体制が崩壊した．すなわち，米国の通貨当局は米ドルの金交換を停止したのである．さらに1973年には，米国以外の主要先進諸国の通貨当局が，自国通貨の価値を米ドルの価値に固定することを停止して，総フロート制に移行した．これによって，もはやルールとして米ドルを基軸通貨に位置づける国際通貨制度が終焉した．それ以降，制度上は世界各国の通貨当局は，米ドルを基軸通貨として自国通貨の価値を米ドルの価値に固定する必要はなくなっている．一方，民間経済主体も，国際経済取引の決済手段としての米ドルに限らず他の国際通貨を自由に選択することができる状況となっている．
　しかしながら，ブレトンウッズ体制が崩壊した後も，依然として米ドルが

世界経済において基軸通貨としての地位を維持している．図1-1は，世界各国の通貨当局が保有する外貨準備の通貨別保有シェアの動向を示している．このシェアは，外貨準備通貨としてのシェアを意味するとともに，固定為替相場制度や管理フロート制度を採用している国々にとっては，外国為替市場で介入する対象通貨の介入通貨としてのシェアをも意味する．図に示されている期間にわたって，一貫して米ドルが最も高いシェアを示している．とりわけ，1997年にアジア通貨危機が起こってから2年後の1999年以降，そのシェアが全体の70%近くに達した．その後，若干低下したものの，外貨準備における米ドル建てのシェアは依然として全体の65%を占めている．

図1-2は，国際決済銀行（BIS）が公表しているデータで，国際銀行が決済のために保有しているとみられるユーロカレンシー市場（自国通貨建て債務と外国通貨建て債務の合計額）の通貨別構成の推移を示している．この図が示すように，1986年には米ドルのシェアが70%台を示していたが，その後徐々に減少していき，ユーロが欧州連合（EU）11カ国に導入された1999年前後からは，70%台から60%台を推移している．しかし，ユーロが導入されて以降，米ドルのシェアはその縮小傾向が止まって，第1位のシェアを維持している．

国際通貨や基軸通貨を考察する際には，通常，国際経済における貨幣の3機能が考察の基礎となる．貨幣の3機能とは，計算単位としての機能と，交換手段としての機能と，価値貯蔵手段としての機能がある．その内の価値貯蔵手段としての機能に注目すると，米ドルは，総フロート制に移行して以来，1973年からユーロ導入直前の1998年までの四半世紀において円に対して3分の1に減価し，独マルクに対して半分に減価してきた．それにもかかわらず米ドルが基軸通貨の地位を維持することができているのは，基軸通貨としての米ドルの地位に慣性が作用しているからである．

本章においては，まず，基軸通貨米ドルの慣性が作用する背景を貨幣経済学の視点から考察し，米ドルが基軸通貨であり続ける国際通貨制度のメリットとデメリットを明らかにする．その上で，交換手段としての機能と価値貯蔵手段としての機能の両方を同時に考慮に入れるために「効用関数に貨幣を含むモデル（money-in-the-utility model）」を利用して，各国際通貨の効用

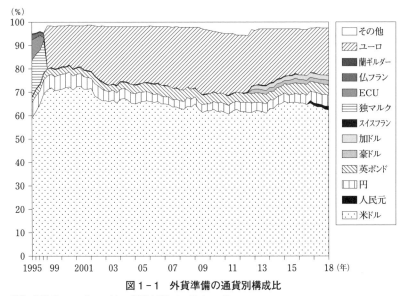

図 1-1　外貨準備の通貨別構成比

出所：IMF, *Currency Composition of Official Foreign Exchange Reserves*.

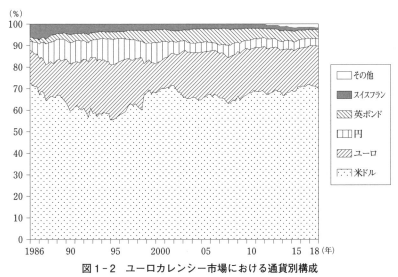

図 1-2　ユーロカレンシー市場における通貨別構成

注：1）ユーロカレンシー市場における自国通貨建て債務，外国通貨建て債務．
　　2）ユーロについては，ユーロが導入された1999年1月より前においてユーロ構成通貨のそれぞれのシェアを合計したシェアとして計算している．

出所：BIS, **A1** Summary of locational statistics, by currency, instrument and residence and sector of counterparty.

関数のパラメータ（効用への貢献度）を実証的に推計し，その推移を分析する．その際に，規模の経済によって通貨統合したユーロの交換手段としての機能を高めたために，基軸通貨としての米ドルの相対的地位を低下させたかもしれないEU11カ国へのユーロの導入とともに，米ドルの交換手段としての機能を悪化させたかもしれない世界金融危機時における米ドル流動性不足に注目する．これらの事象が米ドルの効用への貢献度にどのような影響を及ぼしたかを実証的に分析する．最後に，基軸通貨米ドルの慣性が作用しているという実証分析の結果に基づいて，政策インプリケーションとして，世界経済におけるシェア拡大を目指す実効的な通貨間の競争（通貨競争）が基軸通貨米ドルを牽制する可能性について論ずる．

2. ブレトンウッズ体制崩壊後の基軸通貨米ドル

まだ第2次世界大戦が終わらない1944年に，米国のニューハンプシャー州ブレトンウッズで戦勝国となる国々の代表が集まって，第2次世界大戦の反省に基づいて戦後体制のあるべき姿が議論された．世界各国を世界大戦に導くこととなった関税引き上げによる保護主義と通貨切り下げ競争を防止するために，それぞれ保護主義に対してはGATT（「関税及び貿易に関する一般協定」）体制（後に，WTO（「世界貿易機関」）体制）と，通貨切り下げ競争に対してはブレトンウッズ協定の下にIMF（「国際通貨基金」）体制が構築された．とりわけブレトンウッズ体制においては，通貨切り下げ競争を防止し，各国通貨間の為替相場の安定を図るために，ルールとして米ドルが基軸通貨として位置づけられていた．そのルールとは，米国の通貨当局が米ドルの価値を金の価値（1オンス＝35米ドル）に固定する一方，米国以外の各国の通貨当局はそれぞれの自国通貨の価値を米ドルの価値に固定するというものであった．これによって，各国通貨の為替相場は相互に固定されて，為替相場の安定を図るものとなっていた．

また，そのような国際通貨制度の下で，米国以外の国々においては，自国通貨の対米ドル為替相場が固定されて為替変動リスクがなかったことから，民間経済主体は自国通貨建ての取引のように米ドル建ての国際経済取引をみ

なすことができた．そのため，世界中の民間経済主体が国際経済取引における契約通貨や決済通貨として米ドルを選択することができ，実際に選択していた．このようにして，ブレトンウッズ体制の下で民間経済主体も米ドルを契約通貨や決済通貨として利用してきたのである．

　しかし，1960年代後半になると，ブレトンウッズ体制の下で基軸通貨となっていた米ドルが変調をきたし始めた．米国の国際収支赤字が原因となって，金に対して米ドルが減価していた．米ドルの価値を金の価値に固定し続けるためには，米国の通貨当局は金を売却して，米ドルを買い支えるという介入を行わなければならず，米国の通貨当局による金の保有量が減少していく事態となった．そのため，1971年に米国のニクソン大統領は，米ドルの金との交換を停止する手段をとった．このようにしてニクソン・ショックが起きると，ブレトンウッズ体制が崩壊することとなった．

　米国以外の各国の通貨当局は，米ドルが自国通貨に対して減価するという事態に対して，米ドル買い自国通貨売りの外国為替介入を行わなければならず，その結果として自国内で自国通貨が大量に供給され，過剰流動性の下でインフレーションが発生した．そのため，米国の通貨当局が米ドルの金交換を停止した後，1973年には米国以外の通貨当局が，とりわけ先進諸国の通貨当局は，自国通貨の価値を米ドルの価値に固定することを停止して，為替相場が自由変動するという総フロート制に移行した．これによって，もはやルールとして米ドルを基軸通貨に位置づける国際通貨制度が終焉するとともに，自国通貨の対米ドル為替相場が固定されているために，価値貯蔵という観点で米ドルが他の国際通貨より優位にあるという時代は終わったのである．

　一方で，発展途上国の通貨当局は，ブレトンウッズ体制の下で蓄積してきたドル建ての対外債務が存在していたために，自国通貨が米ドルに対して減価することによって対外債務の自国通貨建て負担が膨らむことを恐れる，いわゆる「変動の恐怖（"fear of floating"）」があった（Calvo and Reinhart 2002）．そのために，1973年以降総フロート制に移行したものの，変動為替相場制度へ移行したのは先進諸国の通貨当局に限られ，発展途上国の通貨当局は自国通貨を米ドルに固定し続けた．それは，国際収支赤字のために自国通貨が米ドルに対して減価圧力に直面していたとしても，「変動の恐怖」か

ら米ドル売り自国通貨買いの外国為替介入を続け，固定為替相場制を維持しようとした．その結果，国際収支赤字に直面した発展途上国の通貨当局は，米ドルの外貨準備を減少させることとなり，国際収支危機に陥る傾向にあった．

　ブレトンウッズ体制が崩壊して，先進諸国を中心に総フロート制度に移行したなかにあって，国際通貨制度上において米ドルの価値を金の価値に固定させ，米ドル以外の通貨の価値が米ドルの価値に固定されるというルールが消滅した．そのため制度上は，民間経済主体が米ドルに限定されることなく，米ドル以外の通貨の中で，自由に国際経済取引の決済手段としての国際通貨を選択することができる状況となった．

　ブレトンウッズ体制が崩壊した後の国際通貨制度においては，各国の通貨当局によって発行される通貨を国際経済取引の決済において選択することが可能となった．そのため，国際経済取引（国際貿易取引や国際資本取引や国際金融取引）に際して，経済主体は決済のための通貨を選択するという問題に直面することになる．国際経済取引の際の決済手段がルールとしてある特定の通貨に強制されていないかぎり，世界各国の経済主体による通貨選択の結果として国際的に流通する通貨が決まる．その際に，各国通貨が国際通貨としての機能をどれほど持っているかが重要な選択の基準となる．

3. ガリバー型国際通貨制度と基軸通貨米ドル

　国際通貨の機能としては，国内経済取引における国内通貨と同様に，前述した貨幣の3機能（計算単位としての機能と交換手段としての機能と価値貯蔵手段としての機能）が働いていることが要求される．Krugman（1984）によって，これらの貨幣の3機能が国際通貨に応用されて，民間部門と政府部門の2部門それぞれにとっての国際通貨の機能，すなわち6機能が整理されている（表1-1）．

　国際経済取引における契約書に建値として記載される通貨（「契約通貨」）は，計算単位としての機能に関連する．国際経済取引の決済において利用される通貨（「決済通貨」）は，交換手段としての機能に関連する．また，国際

第1章　基軸通貨米ドルの慣性

表1-1　国際通貨の機能

	計算単位	交換手段	価値貯蔵
民間部門	契約通貨 (Invoice)	決済通貨・媒介通貨 (Vehicle)	対外流動資産の表示通貨 (Banking)
政府部門	固定対象通貨 (Peg)	介入通貨 (Intervention)	外貨準備通貨 (Reserve)

出所：Krugman (1984).

　経済取引に派生する外国為替取引において，「媒介通貨」として第三国通貨が利用される場合がある．外国為替取引において媒介通貨として利用される通貨も，国際通貨を意味する．さらに，民間経済主体が保有する「対外流動資産の表示通貨」は，価値貯蔵手段としての機能に関連する．

　国際通貨の場合には，民間経済主体が利用する他に，政府部門，とりわけ通貨当局が為替相場政策と関連して，保有・利用する場合がある．通貨当局が固定為替相場制度を採用しているときには，自国通貨をどれだけの水準で外国通貨に固定するかということから，固定する対象通貨（「固定対象通貨」）は計算単位としての機能を果たしている．また，通貨当局が外国為替市場への介入を目的として保有する通貨（「介入通貨」）は，国際通貨の交換手段としての機能に関連する．さらに，通貨当局が外貨準備として保有する通貨（「外貨準備通貨」）は，国際通貨の価値貯蔵手段としての機能が重要となる．

　いくつかの先行研究において，国際通貨のこれらの機能の一つに焦点を当てて，国際通貨としての役割や，米ドルを基軸通貨とする国際通貨制度が考察されている．例えば，Chinn and Frankel (2007, 2008) は，国際準備通貨としての役割に焦点を当てた．Eichengreen, Chiţu, and Mehl (2016) は，国際準備通貨の役割に焦点を当てて，ブレトンウッズ体制の崩壊の前後に国際準備の通貨構成の決定要因に変化があったかどうかを分析した．Goldberg and Tille (2008) は，国際経済取引における契約通貨として米ドルと他の通貨を分析した．Ito *et al.* (2013) は，東京証券取引所上場の日本の製造業企業の契約通貨（及び決済通貨）の選択に関してヒアリング調査とアンケート調査を行い，欧米への輸出においては輸入国通貨が契約通貨として1

番目に，日本円が2番目に利用されていること，一方，アジアへの輸出においては日本円が1番目に利用されていることを示した．さらに，欧州中央銀行（ECB）（European Central Bank 2015, 2017）は，国際準備と国際貿易と国際金融市場における国際通貨の3機能について，ユーロの国際通貨としての役割が増大しつつあることを示した．

このように，民間部門であろうと，政府部門であろうと，国際通貨の3機能を享受するために国際通貨を保有し，利用する．国内通貨と同様に，国際通貨においてもこれらの機能がすべて備わっていると，その国際通貨は理想的な国際通貨となる．ブレトンウッズ体制の下においては，ルールとして，米国の通貨当局がドルの価値を金の価値に固定する一方，米国以外の通貨当局は自国通貨の価値をドルの価値に固定していた．そのために，米国以外の通貨当局はドルを介入通貨，そして外貨準備通貨として保有する必要があった．このように，米国以外の通貨当局が自国通貨の価値をドルの価値に固定していた国際通貨制度の下においては，民間部門にとっては自国通貨とドルは等価のものとなり，国際経済取引の契約通貨や決済通貨として，自国通貨でもドルでも価値の安定という意味においてはどちらを使用しても無差別であった．世界中の民間部門が共通して，自国通貨と同様にドルを国際通貨として使用することになることは，規模の経済から民間部門の間でドルが国際通貨として使用する傾向が高まり，民間部門の国際経済取引においても基軸通貨となった．

しかし，ドルを基軸通貨とするルールが消滅したブレトンウッズ体制の崩壊後，現在の国際通貨制度においては，民間部門はどの通貨を国際通貨として使用するかは選択の自由がある．しかも，ルールとしてドルを基軸通貨としていたブレトンウッズ体制が崩壊し，変動為替相場制度に移行した1973年から45年余りを経て，米ドルの価値が円や独マルクに対して減価してきた（図1-3）．また，主要貿易相手国通貨に対する米ドルの加重平均を表す実効為替相場を見ても，大きな変動は見られるものの，趨勢的にはドルは減価している（図1-4）．このように，円や独マルクではなくむしろ通貨価値が減価している米ドルが主要な国際通貨として利用され続けているという現実を考えると，価値貯蔵手段としての機能よりも交換手段としての機能の方

図1-3 米ドルの対円, 対マルク, 対ユーロ為替相場の推移

出所：IMF, *International Financial Statistics*.

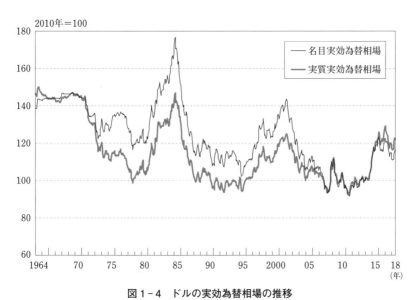

図1-4 ドルの実効為替相場の推移

注：名目実効為替相場と実質実効為替相場（CPIベース）の狭義の指数, 月平均, 2010年＝100.
出所：BIS.

が民間経済主体によって重視されていることがわかる.

　国際通貨の基本的な機能である交換手段としての機能は，世界の経済主体が認識するその通貨の一般受容性の程度に依存する．通貨は，財・サービスとは異なり，消費することによって直接に効用を得られない．しかし，通貨を交換手段として利用すると，通貨を媒介とせずに直接的に財と財とを交換する物々交換に比較すると，二重の欲求の一致の困難さが解消される．このように通貨は，交換手段としてのサービス，あるいは，利便性を提供している．物々交換において，二重の欲求の一致の困難さを解消するために要する時間を，余暇に利用することができることから，余暇の時間を効用として認識している経済主体の効用を増大させることになる．このように，通貨は直接的な効用とはならないものの，交換のための時間を節約することができることによって，経済主体の効用に間接的に影響を及ぼすと考えられる.

　このようにして，経済主体は通貨を交換手段として利用するために保有する．そして，それによって，経済主体の効用及び経済厚生が高まる．次に，ある通貨を国際通貨として保有・利用する理由を考えると，その理由は，その通貨が一般に国際経済取引の取引相手によって交換手段として受容されていることが重要である．さらに，取引相手も，他の経済主体に通貨を手渡すことによって最終的に財・サービスを購入しようとしている．それゆえに，一般受容性とは，財・サービスを購入するために通貨を保有する経済主体が，その通貨を受容して，財・サービスを販売しようとしている他の経済主体と出会う可能性に依存する.

　Matsuyama, Kiyotaki, and Matsui（1993）や Trejos and Wright（1996）は，ランダム・マッチング・モデルを応用して，国際通貨に関して理論的に分析を行った．そこでは，交換の出会いの確率が高い通貨が国際通貨となると論じられ，規模の経済が作用することが示唆されている．規模の経済が作用することによって，もっぱらある一つの国際通貨が基軸通貨になることを説明することができる．しかし，言い方を変えると，規模の経済が作用し，国際通貨保有からの限界効用が逓増するのであれば，相対的にシェアの高い一つの国際通貨がますますシェアを高め，均衡においては単一の国際通貨となる.

第1章 基軸通貨米ドルの慣性

　このように，交換手段としての機能は，一般的に経済主体がその通貨を交換手段として利用する意思があるかどうかに依存することになる．もう少し具体的に言えば，他の経済主体がその通貨を交換手段として利用する意思があるかどうか，あるいは，何人の他の経済主体がその通貨を交換手段として利用する意思があるかに依存して，各経済主体はその通貨を交換手段として利用するのである．換言すると，その通貨を利用する意図を持つ他の経済主体の人数が増加するにつれて，その通貨の交換手段としての機能が高まる．このように，交換手段としての機能には，他の経済主体の行動が各経済主体の行動に影響を及ぼすという意味で外部性を有する．さらに，外部性を与える他の経済主体の人数が多ければ，その外部性が高まることから，ネットワーク外部性と表現される[1]．

　1973年に変動為替相場制度へ移行してから，米ドルの価値は，円に対して趨勢的に低下してきたにもかかわらず，円が米ドルと肩を並べるだけの国際通貨としての地位に達していない．言い換えると，米ドルの価値が下落しようとも，依然として米ドルの基軸通貨としての地位が続いている．このように基軸通貨米ドルには慣性が作用している．

　米ドルを基軸通貨とする国際通貨制度の特徴を考察するに際しては，国際通貨の交換手段としての機能と価値貯蔵手段としての機能を比較しながら分析を行うことが必要である．米ドルは，価値貯蔵手段としての機能が他の国際通貨に比較して劣っているかもしれないが，交換手段としての機能が相対的に優れているために基軸通貨として選択されている可能性がある．一方，円は，米ドルに比較して価値貯蔵手段としての機能には優れているものの，いまだ交換手段としての機能に相対的に劣っているために，国際通貨として米ドルから大きく距離を置かれている．このことから，交換手段としての機能からネットワーク外部性や規模の経済が重視される理由には，交換手段としての機能とともに価値貯蔵手段としての機能を無視することができないことがあるものの，実際の国際経済取引においては，価値貯蔵手段としての機

1）　ネットワーク外部性を作用する代表的な例は，言語やパソコンのOSである．他の多くの人が利用している言語やOSを利用すると，その使い勝手は高まる．国際通貨も同様である．

能がそれほど重視されていないという事実があるように見受けられる.

　以上の米ドルの基軸通貨としての特徴を踏まえて，現在の国際通貨制度の特徴を考察する．前述したように，国際通貨の選択が民間経済主体に委ねられている現在の国際通貨制度において，基軸通貨米ドルの他にユーロや円や英ポンドなどの主要地域・国通貨が国際通貨として存在している．このような複数国際通貨制度のなかで選択肢として複数の国際通貨が存在しているからといって，国際通貨間で有効な競争状態にあるとは必ずしも言えない．ネットワーク外部性が存在するために，利用される国際通貨の供給量が増大すれば増大するほど，その国際通貨の交換手段としての機能が高まるという意味で，国際通貨には規模の経済が作用する．また，その国際通貨としての交換手段としての機能が高まることによって，交換手段としての機能面における国際通貨の質が改善される．

　このように，国際通貨の供給量あるいはシェアに応じて国際通貨の機能面における質が変化するので，シェアの異なる国際通貨の間，すなわち，シェアの高い国際通貨とシェアの低い国際通貨との間においては異質性が存在する．これらの国際通貨は不完全代替となる．いったん高いシェアを持った国際通貨は，交換手段としての機能の面でその質が改善されて，シェアの低い国際通貨との差別化の程度が増していく．

　したがって，米ドルのように国際経済取引の利用においてシェアの高い国際通貨が存在する国際通貨制度は，米ドルだけが巨人で他の通貨が小人であるかのように見えることから，ガリバー型国際通貨制度と呼ぶことができる（小川 1998）．このように，ガリバー型国際通貨制度においては，国際通貨間の異質性が高いために，同質的な財の市場において実現されるような競争は実現されにくくなる．それと同時に，米ドルの基軸通貨としての地位に慣性が作用することになる．

4. 基軸通貨実証分析のための理論モデル

　国際通貨の交換手段としての機能と価値貯蔵手段としての機能に焦点を当てて，両者の間のどのような関係から基軸通貨が決まるかについて，Sidrauski（1967）型の「効用関数に貨幣を含むモデル（money-in-the-utility model）」（Calvo 1981, 1985, Obstfeld 1981, Blanchard and Fischer 1989）を利用して考察する．それは，効用関数の説明変数として消費の他に国内通貨と国際通貨の実質残高も含まれる．国内経済取引は国内通貨を利用して決済される一方，国際経済取引は国際通貨を利用して決済される．ここでは，国内通貨 A と2つの国際通貨 D と O が存在すると想定する．

民間経済主体は，保有している国際通貨が減価するという費用負担に直面しながら，国際通貨の実質残高を保有することによって効用を得る．「効用関数に貨幣を含むモデル」を国内通貨とともに複数の国際通貨を含むモデルに拡張する（Ogawa and Sasaki 1998）．単純化のために，政府部門の異時点間の財政均衡，購買力平価，カバーなし金利平価を仮定する．購買力平価とカバーなし金利平価の2つの仮定とフィッシャー効果より，実質利子率はどの国でも均等化することになる．

この理論モデルは，無限期間にわたって得られる効用を最大化する民間部門を想定して，動学的に解を導出する．効用最大化を行う民間部門の効用関数と瞬時的予算制約式を記述して，この理論モデルの特徴を説明する．瞬時的予算制約式は，次式に表される．ただし，無限時点において純債権は非負であることを仮定する．

$$\dot{w}_t^p = \bar{r}(b_t^D + b_t^O) + y_t - c_t - \tau_t - \pi_t^A m_t^A - \pi_t^D m_t^D - \pi_t^O m_t^O$$
$$= \bar{r}(b_t^D + b_t^O) + y_t - c_t - \tau_t - (i_t^A - \bar{r}) m_t^A - (i_t^D - \bar{r}) m_t^D - (i_t^O - \bar{r}) m_t^O$$
$$= \bar{r} w_t^p + y_t - c_t - \tau_t - i_t^A m_t^A - i_t^D m_t^D - i_t^O m_t^O \tag{1a}$$
$$w_t^p \equiv b_t^D + b_t^O + m_t^A + m_t^D + m_t^O \tag{1b}$$

ただし，w_t^p：民間部門保有の実質富，y_t：実質所得，c_t：実質消費，τ_t：実質租税，$b_t^j (j=D, O)$：国際通貨 $j(j=D, O)$ 建て実質債券残高，$m_t^j (j=A, D, O)$：国内通貨 A あるいは国際通貨 $j(j=D, O)$ の実質残高，$\pi_t^j (j=A, D, O)$：通貨 $j(j=A, D, O)$ の予想インフレーション率，$\bar{r}$：実質利子率（購買力平価とカバーなし金利平価の仮定より，世界各国で等しい），$i_t^j (j=A, D, O)$：通貨 $j(j=A, D, O)$ 建ての名目利子率．変数の右下の記号 t は t 時点を意味する．変数の右肩の記号は，債券の表示通貨あるいは実質貨

幣残高の通貨を表す．A は国内通貨を表し，D と O は国際通貨 D とその他の国際通貨 O を表す．

予算制約式(1a)の中の $-\pi_t^A m_t^A - \pi_t^D m_t^D - \pi_t^O m_t^O$ は，インフレーションによってそれぞれの通貨の実質残高が目減りする通貨保有の費用を意味する．

民間部門によって保有される金融資産／負債の実質残高 w^p について，非ポンジー・ゲーム条件，すなわち，無限期間において金融資産が非負であること，換言すれば，無限期間において金融負債を残さないことを仮定する．

$$\lim_{t \to \infty} w_t^p e^{-\bar{r}t} \geq 0 \tag{1c}$$

民間部門は，異時点間の予算制約，(1a)式と(1b)式に従って無限期間にわたって効用を最大化する．効用関数は次式の通りに想定する．

$$\int_0^\infty U(c_t, m_t^A, m_t^D, m_t^O) e^{-\delta t} dt$$

$$U(c_t, m_t^A, m_t^D, m_t^O) \equiv \frac{[c_t^\alpha \{m_t^{A\beta}(m_t^{D\gamma} m_t^{O1-\gamma})^{1-\beta}\}^{1-\alpha}]^{1-R}}{1-R} \tag{2}$$

ただし，U：効用，δ：時間選好率，R：異時点間の消費の代替弾力性の逆数．$\beta(0<\beta<1)$：国際通貨に比較した国内通貨の効用への相対的貢献度，$\gamma(0<\gamma<1)$：その他の国際通貨 O に比較した国際通貨 D の効用への相対的貢献度．

効用関数(2)式のパラメータ γ がその他の国際通貨 O に比較した国際通貨 D の効用への相対的貢献度を表し，その他の国際通貨 O に比較した国際通貨 D の相対的利便性，すなわち国際通貨 D を保有することの便益を意味する．一方，前述したように，予算制約式(1a)における $\pi_t^D m_t^D$ は，国際通貨 D の実質残高がインフレーションによって減価する実質額を表し，国際通貨 D を保有することの費用を意味する．民間経済主体は，これらの国際通貨 D とその他の国際通貨 O を保有することの便益と費用を比較しながら，効用を最大化する国際通貨 D とその他の国際通貨 O の最適な実質残高を決定する．

次に，A 国の政府部門が国際通貨 i 建てと国際通貨 O 建ての債券のみを発行すると仮定する．政府部門の瞬時的予算制約が実質タームで次式によっ

て表される.

$$\dot{f}_t = \bar{r} f_t + \tau_t + \mu_t^A m_t^A - g_t \tag{3a}$$

$$f_t \equiv f_t^D + f_t^O \tag{3b}$$

ただし, g:実質政府支出, $f_t^j (j=D, O)$:政府部門の国際通貨 $j(j=D, O)$ 建ての対外資産/負債, μ^A:通貨 A の貨幣成長率. 政府部門の対外資産/負債について, 非ポンジー・ゲーム条件を仮定する. すなわち, 無限期間において金融資産が非負であること, 換言すれば, 無限期間において金融負債を残さないことを仮定する.

$$\lim_{t \to \infty} f_t e^{-\bar{r}t} \geq 0 \tag{3c}$$

変動為替相場制度の下で通貨当局が外国為替市場に介入しないことから, 通貨当局によって保有される外貨準備残高は変化しない ($f_t = \bar{f}$). また, 通貨当局は国際金融のトリレンマ[2]に直面することから, 自由な資本移動と金融政策の自律性を達成するためには為替相場の安定性を諦める必要がある. したがって, 変動為替相場制度の下で, 通貨当局は名目貨幣供給残高を制御することができる. ここでは, 名目貨幣供給残高が一定の成長率 μ^A で増加すると仮定する.

したがって, 変動為替相場制度の下での政府部門の瞬時的予算制約式は次式の通りとなる.

$$g_t - \tau_t = \bar{r}\bar{f} + \bar{\mu}^A m_t^A \tag{4}$$

民間部門と政府部門の瞬時的予算制約式(1a)と(4)から, A 国の経済全体

---

[2] 国際金融のトリレンマとは, 自由な資本移動と金融政策の自律性と為替相場の安定性といった3つの目標を同時に達成できないことを意味する. 自由な資本移動の下で成立するカバーなし金利平価式 $i_t - i_t^* = \dfrac{S_{t,t+1}^e - S_t}{S_t}$ (ただし, i_t:自国通貨建て利子率, i_t^*:外国通貨建て利子率, S_t:自国通貨に対する外国通貨の為替相場, $S_{t,t+1}^e$: t 時点に予想した $t+1$ 時点の為替相場) に従えば, 金融政策の自律性, すなわち, 外国利子率と異なる自国利子率を実現するためには, 予想為替相場変化率 $\dfrac{S_{t,t+1}^e - S_t}{S_t}$ はゼロとなりえない.

の瞬時的予算制約式は，次式の通りに導出される．

$$\dot{b}_t^D + \dot{b}_t^O + \dot{m}_t^D + \dot{m}_t^O$$
$$= \bar{r}(b_t^D + b_t^O + m_t^D + m_t^O + \bar{f}) + y_t - c_t - g_t - i_t^D m_t^D - i_t^O m_t^O \tag{5}$$

民間部門は，予算制約式(5)の制約の下で効用関数(2)式を最大化すると仮定する．また，バブル解を排除するために，民間部門は，経済変数が無限に発散せず，モデルの複数均衡を排除するようにサドルパスに沿って均衡値に収斂することを完全予見していると仮定する．

最適化の一階の条件より，国際通貨の最適実質残高が導出される．

$$m_t^D = \frac{(1-\alpha)(1-\beta)\gamma}{\alpha} \frac{\bar{c}}{i_t^D} = \frac{(1-\alpha)(1-\beta)\gamma}{\alpha} \frac{\bar{c}}{\pi_t^D + \bar{r}} \tag{6a}$$

$$m_t^O = \frac{(1-\alpha)(1-\beta)(1-\gamma)}{\alpha} \frac{\bar{c}}{i_t^O} = \frac{(1-\alpha)(1-\beta)(1-\gamma)}{\alpha} \frac{\bar{c}}{\pi_t^O + \bar{r}} \tag{6b}$$

ただし，

$$\bar{c} = \bar{r}\left\{a_0 + \int_0^\infty y_t e^{-\bar{r}t} dt - \int_0^\infty g_t e^{-\bar{r}t} dt - \int_0^\infty (i_t^D m_t^D + i_t^O m_t^O) e^{-\bar{r}t} dt\right\} \tag{6c}$$

(6a)式と(6b)式より，国際通貨 D の最適構成シェア ϕ_t が導出される．

$$\phi_t \equiv \frac{m_t^D}{m_t^D + m_t^O} = \frac{1}{1 + \frac{1-\gamma}{\gamma} \frac{i_t^D}{i_t^O}} = \frac{1}{1 + \frac{1-\gamma}{\gamma} \frac{\pi_t^D + \bar{r}}{\pi_t^O + \bar{r}}} \tag{7}$$

(7)式より，国際通貨 D の最適構成シェア ϕ_t は，国際通貨 D の効用への相対的貢献度 γ と2つの国際通貨建て名目利子率 $i_t^j(j=D,O)$ あるいは実質利子率 $\bar{r}$ と2つの国際通貨の予想インフレーション率 $\pi_t^j(j=D,O)$ に依存することがわかる．国際通貨 D を保有することの便益である，国際通貨 D の効用への相対的貢献度 γ が上昇すると，国際通貨 D の最適構成シェアが高まる．一方，国際通貨 D を保有することの費用である，国際通貨 D の予想インフレーション率や名目利子率が上昇すると，国際通貨 D の最適構成シェアが縮小する．

5. 基軸通貨米ドルの慣性に関する実証分析

前節で説明した基軸通貨実証分析のための理論モデルに基づいて，Ogawa and Muto（2017a, b）は基軸通貨米ドルの慣性に関して実証分析を行った．ここでは，基軸通貨米ドルを保有することの便益にどれほど慣性があるかに焦点を当てる．そのため，前述の理論モデルにおいて，その他の国際通貨に比較した基軸通貨米ドルの効用への相対的貢献度，換言すれば，その他の国際通貨に比較した基軸通貨米ドルの相対的利便性を表す効用関数におけるパラメータ γ を推計する．

(7)式を γ について変形すると次式が得られる．

$$\gamma_t = \frac{1}{1+\left(\dfrac{1}{\phi_t^D}-1\right)\dfrac{i_t^O}{i_t^D}} \tag{8a}$$

$$\gamma_t = \frac{1}{1+\left(\dfrac{1}{\phi_t^D}-1\right)\dfrac{\pi_t^O+\bar{r}}{\pi_t^D+\bar{r}}} \tag{8b}$$

本来，基軸通貨米ドルの相対的利便性を表す効用関数におけるパラメータ γ は目に見えない値であるが，(8a)・(8b)式に従って，基軸通貨米ドルのシェアや利子率や予想インフレーション率のデータを利用することによってそれを推計することができる．なお，(8b)式に従ってその推計を行うためには，予想インフレーション率について何らかの形で推計しなければならない．ここでは，過去の自己の変数によって説明することができるとする時系列モデル（ARIMA (p, q, r)）に基づくと想定して，予想インフレーション率を推計する．また，(8b)式に従って，想定する実質利子率＋予想インフレーション率を利用して，パラメータ γ を推計する場合には，想定する実質利子率は，1.5% と 2.0% と 2.5% と 3.0% の4つのケースを設定した．

国際通貨として，米ドルとユーロと円と英ポンドとスイスフランを想定する．(8a)(8b)式において D を米ドルとした場合，O は「他の4通貨」とする．一方，D を米ドル以外の一つの通貨とした場合には，O は，米ドルを含むそれ以外の「他の4通貨」とする．このような想定によって，米ドルのみ

ならず米ドル以外の国際通貨の効用関数におけるパラメータγをそれぞれ推計することとする.

データについて, 各国際通貨のシェアは, 国際決済銀行 (BIS) におけるユーロカレンシー市場 (オフショア市場) の自国通貨建て債務と, 外国通貨建て債務の合計に基づいて計算する. (8a)式に従って, 名目利子率を利用して, 米ドルの相対的利便性を表す効用関数におけるパラメータγを推計する場合には, 名目利子率は, 3カ月物と6カ月物のロンドン銀行間取引金利 (LIBOR) を利用し, IMF, *International Financial Statistics* から入手した.「他の4通貨」の名目利子率の加重平均の計算におけるウェイトは, 外国通貨建て債務残高に基づく. ユーロ導入前のユーロ建て名目利子率は, 仏フラン建てと独マルク建てと蘭ギルダー建てのLIBORの算術平均を利用する. 物価水準は, 消費者物価指数 (CPI) を使用し, OECDから入手した. ユーロ圏の予想インフレーション率は, 最初のユーロ圏国 (EU11カ国) の加重平均値を用いた. 予想インフレーション率の加重平均のウェイトはGDPに基づく. CPIデータはPenn World Tableウェブサイトから入手した.

実証分析は, ユーロ導入及び世界金融危機時における米ドル流動性不足の事象に焦点を当てて, いくつかの小標本期間の間のパラメータγの差の検定を行い, 統計的に有意にパラメータγが変化したのかどうかを分析する. まず, (8a)・(8b)式に従って, 各t時点のパラメータγ_tを計算する. この点推定に基づいて, 各小標本期間における平均値を計算する. そして, Welch's t 検定を利用して, 小標本期間の間で平均値が等しいかどうかの検定を行い, パラメータγが統計的に有意に変化したかどうかを検証する. Welch's t 検定は, 2つの標本の母集団平均が等しいかどうかを検定する. 仮説は以下の通りである. 帰無仮説H_0は, 2つの標本の母集団平均が等しいということである. 一方, 対立仮説H_1は, 2つの標本の母集団平均が等しくないということである.

全標本期間は1986年第1四半期から2016年第2四半期である. この間に, 1999年1月にユーロが導入された. また, 世界金融危機時には, 2007年8月に発生したBNPパリバ・ショック[3]以降, 米ドル流動性不足が顕在化し, 米ドルの流動性リスクプレミアムが上昇した. 小川 (2017) で示したように,

第1章　基軸通貨米ドルの慣性

　米ドルの流動性リスクプレミアム（オーバーナイト・インデックス・スワップ（OIS）金利 − 米国財務省証券（US TB）金利）と信用リスクプレミアム（LIBOR−OIS金利）[4]の動向を見ると，2007年8月から2008年末にかけて米ドルの流動性リスクプレミアムが高まっていた．このことは，この時期に欧州で金融機関が米ドル流動性不足に直面していたことを意味する．

　Ogawa and Muto（2017a, b）においては，これらの事象（ユーロ導入とBNPパリバ・ショック）の他，米国住宅価格バブル崩壊やリーマン・ショックやユーロ圏危機も事象に加えて，全標本期間をそれぞれの2つの事象によって3つの小標本期間に分割して，小標本期間の間で各国際通貨の効用への貢献度の平均値が統計的に有意に変化したかを分析した．ここでは，米ドルとユーロと円について，全標本期間をユーロ導入とBNPパリバ・ショック等の2つの事象によって，3つの小標本期間に分割した場合を取り上げる．すなわち，小標本期間は，1986年第1四半期～1998年第4四半期と1999年第1四半期～2007年第2四半期，2007年第3四半期～2016年第2四半期である．その実証分析の結果は表1-2にまとめられている．

　表1-2より，第1に，ユーロ導入によってユーロの効用への貢献度が高まった一方，多くの場合で米ドルの効用への貢献度には変化が起こらなかったことがわかる．その代わりに，円の効用への貢献度が低下した．スイスフランも円と同様の結果が得られている（Ogawa and Muto 2017b）．このことは，ユーロが導入されて，欧州通貨が統合された後にも，基軸通貨としての米ドルの慣性が作用していることを意味する．一方，ユーロ導入がユーロの利便性を高めたことは事実であった．そして，ユーロに代替したのは米ドルではなく，円やスイスフランであった．

---

3) 2007年8月にフランスの金融機関であるBNPパリバの傘下のミューチュアルファンドが，サブプライムローンの証券化商品の問題（サブプライム問題）によって，投資家からの解約を凍結することを発表したことによってサブプライム問題が米国だけではなく欧州にも拡大した．

4) LIBORは銀行間の無担保取引の金利であるのに対してOIS金利は銀行間の有担保取引の金利であることから，LIBORとOIS金利の金利差は信用リスクプレミアムを表すと考えられる．一方，OIS金利とUS TB金利は，両者とも信用リスクがないことから，OIS金利とUS TB金利との金利差は他のリスクプレミアムとして流動性リスクプレミアムを表すと想定される．

表1-2 米ドル，ユーロ，円の効用への貢献度の変化
（ユーロ導入と BNP パリバ・ショック）

【米ドル】

	効用への貢献度（平均値）				小標本期間(a)と(b)との間の平均値		小標本期間(b)と(c)との間の平均値	
	全期間	小標本期間(a)	小標本期間(b)	小標本期間(c)	p値	変化	p値	変化
3カ月名目金利	0.426	0.476	0.436	0.336	0.141	→	0.007	↓
6カ月名目金利	0.433	0.479	0.438	0.356	0.127	→	0.016	→
実質金利＝1.5%	0.544	0.574	0.549	0.494	0.028	→	0.000	↓
実質金利＝2.0%	0.539	0.567	0.543	0.495	0.011	→	0.000	↓
実質金利＝2.5%	0.537	0.566	0.538	0.494	0.003	↓	0.000	↓
実質金利＝3.0%	0.534	0.564	0.539	0.494	0.001	↓	0.000	↓

【ユーロ】

	効用への貢献度（平均値）				小標本期間(a)と(b)との間の平均値		小標本期間(b)と(c)との間の平均値	
	全期間	小標本期間(a)	小標本期間(b)	小標本期間(c)	p値	変化	p値	変化
3カ月名目金利	0.291	0.229	0.302	0.373	0.001	↑	0.085	→
6カ月名目金利	0.281	0.227	0.299	0.343	0.001	↑	0.235	→
実質金利＝1.5%	0.272	0.217	0.296	0.331	0.000	↑	0.006	↑
実質金利＝2.0%	0.273	0.216	0.302	0.329	0.000	↑	0.028	→
実質金利＝2.5%	0.272	0.215	0.300	0.328	0.000	↑	0.004	↑
実質金利＝3.0%	0.271	0.214	0.299	0.328	0.000	↑	0.001	↑

【円】

	効用への貢献度（平均値）				小標本期間(a)と(b)との間の平均値		小標本期間(b)と(c)との間の平均値	
	全期間	小標本期間(a)	小標本期間(b)	小標本期間(c)	p値	変化	p値	変化
3カ月名目金利	0.090	0.060	0.002	0.015	0.000	↓	0.000	↑
6カ月名目金利	0.031	0.059	0.003	0.016	0.000	↓	0.000	↑
実質金利＝1.5%	0.056	0.085	0.037	0.032	0.000	↓	0.174	↓
実質金利＝2.0%	0.058	0.089	0.037	0.031	0.000	↓	0.002	→
実質金利＝2.5%	0.060	0.091	0.042	0.031	0.000	↓	0.000	↓
実質金利＝3.0%	0.061	0.093	0.043	0.031	0.000	↓	0.000	↓

注：全期間—1986Q1～2016Q2，小標本期間(a)—1986Q1～1998Q4，小標本期間(b)—1999Q1～2007Q2，小標本期間(c)—2007Q3～2016Q2．
　　Welch's t 検定は，両小標本期間の間の平均値が等しいという帰無仮説を検定．→：有意水準1%で変化なし．↓：有意水準1%で低下．↑：有意水準1%で上昇．
出所：Ogawa and Muto（2017b）．

第2に，世界金融危機時の米ドル流動性不足は米ドルの効用への貢献度を低下させたことが明らかとなった．しかし，2008年末以降の連邦準備制度理事会による量的緩和金融政策と，米国と主要国中央銀行間の通貨スワップ取極に基づいた米ドル流動性供給によって，米ドルの効用への貢献度が元に戻っている（Ogawa and Muto 2017a）．他方，円の効用への貢献度は，ユーロ導入と世界金融危機時の米ドル流動性不足を通じて，一貫して低下する傾向にある．

6. 実効的な通貨競争の可能性

基軸通貨に慣性が作用している状況においては，米ドルが他の国際通貨に対して減価したとしても，その通貨減価の要因によって自然に現在のガリバー型国際通貨制度から，世界経済におけるシェア拡大を目指す実効的な通貨間の競争（通貨競争）が行われる国際通貨制度に変化していくことは難しい．そうは言っても，米ドルの価値の低下を抑制するためには，米ドルに対抗することができるほどの競争的な基軸通貨が出現することが必要となる．それは，国際経済取引の利用度において，それ相応のシェアを持った国際通貨であることを意味する．

このように国際通貨競争が実効的に行われる状況を作り出すためには，米ドルのみが基軸通貨となっている一極通貨体制から脱却して，米ドルとユーロが基軸通貨となる二極通貨体制あるいは，米ドルとユーロに加えて円も基軸通貨となる三極通貨体制を実現するべきであるという議論が見られた．二極通貨体制であっても三極通貨体制であっても，米ドルと競争的な基軸通貨が存在する複数基軸通貨体制においては，これらの基軸通貨の間での通貨競争が実効的となり，牽制し合う状況を作り出すことができる．しかし，世界経済における交換手段が複数となることから，交換における効率性が低下するというデメリットがある．また，複数の基軸通貨との間で基軸通貨に対する需要が容易にシフトしやすくなるために，為替相場の不安定性が助長されるという問題点も指摘されている．

米ドルと競争的な基軸通貨が他に存在すれば，米ドルが独占的に基軸通貨

の利益，すなわち通貨発行利益を無制限に享受することはできない．基軸通貨が単独に存在する場合には，基軸通貨国の政府は通貨発行利益を追求するために，基軸通貨を大量に供給し，基軸通貨の価値を低下させる傾向にある．そのため，外国通貨を基軸通貨として利用している世界中の経済主体は，悪影響を受ける．

もし実効的な競争関係にある複数の基軸通貨が存在するならば，ある基軸通貨発行国の政府が通貨発行利益を追求するあまりに通貨の価値を低下させると，世界の経済主体はその基軸通貨を利用・保有することを止めて，他の基軸通貨を利用・保有するようになる．むしろ，その政府が獲得することができる通貨発行利益は小さくなる．したがって，有効な競争関係にある基軸通貨が存在する場合には，基軸通貨国は，むやみやたらと通貨成長率を上昇させて，通貨の価値を低下させることが得策ではないことになる．

このようにして，基軸通貨である米ドルと実効的に競争関係になる通貨を登場させることによって，米ドルを供給する米国の通貨当局に対してガバナンスが働き，米ドルの価値が低下することを抑制することができる．しかし，ガリバー型国際通貨制度においては，米ドルと他の国際通貨との間の異質性が高いために，通貨間で実効的な競争が行われにくくなっている．通貨間の実効的な競争が行われるためには，他の通貨，特にユーロが米ドルに匹敵するほどの国際経済取引におけるシェアを確保する必要がある．言い換えれば，ユーロが米ドルに匹敵する国際経済取引におけるシェアを持った基軸通貨となって初めて，これらの基軸通貨間で実効的に通貨競争が行われる．その一つの可能性を含んだ動きとして，1999年のEUにおける単一の共通通貨ユーロの導入とそれ以降のユーロ圏の拡大が期待されていた．しかしながら，ユーロは世界経済の基軸通貨となったとは言えず，ユーロ圏及びその周辺の欧州という地域における基軸通貨を超えるものとはなっていない．

7. おわりに

本章においては，基軸通貨米ドルの慣性について理論的に考察するとともに，効用関数における米ドルのパラメータ，換言すれば米ドルの効用への貢

献度を実証的に分析した．その実証分析の結果は，ユーロの導入によってユーロの効用への貢献度が上昇したものの，米ドルの効用への貢献度は低下しなかった．このことは，米ドルの基軸通貨としての慣性を意味している．また，ユーロの導入によって，米ドルの効用への貢献度が変わらず，ユーロの効用への貢献度が上昇したということは，ユーロ導入に際して，米ドルとユーロは代替的な国際通貨ではないことを意味している．すなわち，ユーロ圏及びその周辺諸国において，ユーロが米ドルに置き換わらずに地域の基軸通貨として伸長したことになる．他方において，ユーロの効用への貢献度が上昇するためには，米ドル以外の国際通貨と代替されたはずである．それは，円やスイスフランの効用への貢献度が低下したことによって起こったと考えられる．ユーロは，これらの通貨と代替関係にあったことを意味する．

　本章で紹介した実証分析の結果が明らかにしたことは，米ドルの効用への貢献度に影響を及ぼしたと考えられる事象は，世界金融危機時の米ドル流動性不足であったということである．米ドルの流動性不足は，量的に米ドルの供給が減少しただけではなく，質的に米ドルの効用への貢献度も悪化させたという実証分析の結果が得られた．米ドルの流動性不足の発生は，世界金融危機時のサブプライムローンの証券化商品の不良債権化によって，金融機関間取引におけるカウンターパーティ・リスクの悪化を背景としていた．これに対する措置として採られた，米国連邦準備制度理事会（FRB）による量的緩和金融政策による米ドルの大量供給と，主要諸国の中央銀行との通貨スワップ取極を通じての諸外国への米ドルの提供によって，この米ドル流動性不足は2009年以降解消していくとともに，米ドルの効用への貢献度も回復していったと考えられる．

　本章で紹介した実証分析の結果を踏まえると，そこから導かれる政策インプリケーションとして，米ドルが一人独占に近い支配力を有するガリバー型国際通貨制度においては，実効的な通貨競争が行われにくいということになる．また，そのような現状から，他の国際通貨が基軸通貨米ドルを牽制する可能性も極めて低いことになる．さらに，ネットワーク外部性や規模の経済が作用している状況の中においては，基軸通貨米ドルの地位を脅かすほどの国際通貨が自然と出現することも難しい．もしあるとすれば，現状のネット

ワーク外部性や規模の経済を打ち負かすほどの巨大なグローバル・ショックが発生することが要件となるであろう。そのグローバル・ショックの候補として,ユーロの誕生や世界金融危機が考えられたが,現実には,これらは基軸通貨米ドルの国際通貨制度を変更するほどの影響力はなかったと言えよう.

本章においては,ブレトンウッズ体制崩壊後のルールとして米ドルを基軸通貨として利用する制度的制約がないなかで,世界の民間経済主体が米ドルを国際経済取引における契約通貨・決済通貨として利用し続けている経済学的背景について考察した.国際通貨保有の費用としてインフレーションによる当該の国際通貨の減価を考慮に入れながら,効用関数の中における国際通貨の実質残高のパラメータ,すなわち,国際通貨の効用への貢献度を推定した.今後の課題として,この国際通貨の効用への貢献度それ自体がどういった要因によって影響を受けるのかを考察することが残されている.その考察 (Ogawa and Muto 2019) において,国際通貨の効用への貢献度に対して流動性が重要な要因となることが示されるかどうかについて分析することになろう.

参考文献

Blanchard, Oliver J. and Stanley Fischer (1989), *Lectures on Macroeconomics,* Cambridge, MA: MIT Press.

Calvo, Guillermo A. (1981), "Devaluation: Level Versus Rates," *Journal of International Economics,* Vol. 11 (2), pp. 165-172.

Calvo, Guillermo A. (1985), "Currency Substitution and the Real Exchange Rate: The Utility Maximization Approach," *Journal of International Money and Finance,* Vol. 4 (2), pp. 175-188.

Calvo, Guillermo A. and Carmen M. Reinhart (2002), "Fear of Floating," *Quarterly Journal of Economics,* Vol. 117, No. 2, pp. 379-408.

Chinn, Menzie and Jeffrey A. Frankel (2007), "Will the Euro Eventually Surpass the Dollar as Leading International Reserve Currency?" in: Richard H. Clarida (ed.), *G7 Current Account Imbalances: Sustainability and Adjustment,* Chicago: University of Chicago Press, pp. 283-338.

Chinn, Menzie and Jeffrey A. Frankel (2008), "Why the Euro will Rival the Dollar," *International Finance,* Vol. 11 (1), pp. 49-73.

Eichengreen, Barry, Livia Chiţu, and Arnaud Mehl (2016), "Stability or Upheaval? The

Currency Composition of International Reserves in the Long Run," *IMF Economic Review*, Vol. 64 (2), pp. 354-380.

European Central Bank (2015), *The International Role of the Euro*, Frankfurt, Germany: European Central Bank.

European Central Bank (2017), *The International Role of the Euro*, Frankfurt, Germany: European Central Bank.

Goldberg, Linda S. and Cedric Tille (2008), "Vehicle Currency use in International Trade," *Journal of International Economics*, Vol. 76 (2), pp. 177-192.

Ito, Takatoshi, Satoshi Koibuchi, Kiyotaka Sato, and Junko Shimizu (2013), "Choice of Invoicing Currency: New Evidence from a Questionnaire Survey of Japanese Export Firms," RIETI Discussion Paper Series, No. 13-E-034.

Krugman, Paul (1984), "The International Role of the Dollar: Theory, and Prospect," in: John F. O. Bilson and Richard C. Marston (eds.), *Exchange Rate Theory and Practice*, Chicago: University of Chicago Press, pp. 261-278.

Matsuyama, Kiminori, Nobuhiro Kiyotaki, and Akihiko Matsui (1993), "Toward a Theory of International Currency," *Review of Economic Studies*, Vol. 60 (2), pp. 283-307.

Obstfeld, Maurice (1981), "Macroeconomic Policy, Exchange-rate Dynamics, and Optimal Asset Accumulation," *Journal of Political Economy*, Vol. 89 (6), pp. 1142-1161.

Ogawa, Eiji and Makoto Muto (2017a), "Inertia of the US Dollar as a Key Currency through the Two Crises," *Emerging Markets Finance and Trade*, Vol. 53 (12), pp. 2706-2724.

Ogawa, Eiji and Makoto Muto (2017b), "Declining Japanese Yen in the Changing International Monetary System," *East Asian Economic Review*, Vol. 21 (4), pp. 317-342.

Ogawa, Eiji and Makoto Muto (2019), "What Determines Utility of International Currencies?" *Journal of Risk and Financial Management*, Vol. 12 (1), pp. 1-31.

Ogawa, Eiji and Yuri N. Sasaki (1998), "Inertia in the Key Currency," *Japan and the World Economy*, Vol. 10 (4), pp. 421-439.

Sidrauski Miguel (1967), "Rational Choice and Patterns of Growth in a Monetary Economy," *American Economic Review*, Vol. 57 (2), pp. 534-544.

Trejos, Alberto and Randall Wright (1996), "Search-theoretic Models of International Currency," *Review, Federal Reserve Bank of St. Louis*, Vol. 78 (3), pp. 117-132.

小川英治（1998）『国際通貨システムの安定性』東洋経済新報社．

小川英治（2017）「世界金融危機とユーロ圏危機――金融危機管理における東アジアへの教訓」小川英治編『世界金融危機後の金融リスクと危機管理』東京大学出版会，117-139頁．

第2章

ドルとの通貨代替と国際金融のトリレンマ
――ドル化の進展と金融・通貨システムの関係性――

熊 本 方 雄

1. はじめに

　通貨代替（currency substitution）とは，国内居住者が，自発的にドルやユーロなどの外国通貨を支払手段として用いる現象を意味する[1]．この通貨代替は，過去において高いインフレ率を経験した発展途上国や体制移行国など，マクロ経済が不安定である国において，多く観察される．これは，インフレ率の上昇により自国通貨の購買力が低下すると，自国通貨を保有する費用が高くなるため，国内居住者がその代替物として，価値の安定したドルなどの外国通貨を使用しはじめることによる．この通貨代替の存在は，金融政策の自律性や為替相場の安定性に影響を与える可能性が指摘されている．

　「国際金融のトリレンマ」として知られるように，「完全な資本移動」，「金融政策の自律性」，「為替相場の安定性」という3つの目標は同時に達成でき

---

[1] 外国通貨として米ドルが用いられる場合「ドル化（dollarization）」，ユーロが用いられる場合「ユーロ化（euroization）」と呼ばれる．またドル化には，当該国政府によって法定通貨としての地位を認められた米ドルが，自国通貨と並存もしくは自国通貨に替わって利用される「公式的なドル化（official dollarization）」と，法定通貨としての地位がないまま利用される「非公式的なドル化（unofficial dollarization）」がある．「公式的なドル化」の例としては，1903年に米ドルを法定通貨としたパナマ，2000年にドルを法定通貨としたエクアドル，2001年に米ドルに対して自国通貨と並ぶ法定通貨としての地位を認めたエルサルバドル，グアテマラがある．本章で分析する通貨代替は「非公式的なドル化」に相当する．

ない．これは，自由な資本移動の下で変動相場制度を採用するならば，為替相場の安定性は放棄されるが，金融政策の自律性は確保されることを意味する．しかしながら通貨代替が進展している下では，為替相場による外国の経済ショックからの隔離機能が制限される結果，金融政策の自律性が制限される一方，為替相場のボラティリティが高まる可能性が指摘されている．すなわち，変動相場制度を採用するメリットである金融政策の自律性が損なわれ，デメリットである為替相場の不安定性が助長されるのである．一方，自由な資本移動の下で固定為替相場制度を採用するならば，金融政策の自律性は放棄されるが，為替相場は安定化する．しかしながら通貨代替が進展している下では，金融危機や通貨危機を誘発したり，外貨準備のボラティリティを高めたりすることで，金融・通貨システムの脆弱性を高める可能性が指摘されている．

本章では，通貨代替が，金融政策の自律性と為替相場の安定性に与える影響に焦点を当て，通貨代替と国際金融のトリレンマの関係について考察する．

2. 通貨代替の現状

通貨代替の程度は，理論上は，(外国通貨建て現金・預金通貨)／(自国通貨建て現金・預金通貨＋外国通貨建て現金・預金通貨) として定義される．しかしながら，外国通貨建て現金通貨の流通額のデータは入手困難であるため，通常，外国通貨建て預金比率＝(外国通貨建て預金通貨)／(自国通貨建て預金通貨＋外国通貨建て預金通貨) として測られる．

表2-1は，Chițu (2012) より，外貨建て預金の比率として測られた通貨代替の程度を表したものである．表より，中央アジア，オセアニア，カリブ海諸国を含むラテンアメリカ，アフリカの発展途上国や体制移行国で通貨代替が進展していることがわかる[2]．

通貨代替が進展する背景に関し，オーストリア中央銀行は，1997年以降，

---

[2] カンボジアにおいては，通貨代替の程度が約95％と非常に高くなっているが，これは，ポル・ポト政権崩壊後，国際連合カンボジア暫定統治機構 (UNTAC) の下で，国際援助資金として大量のドル現金が流入したことに拠っている．

第2章　ドルとの通貨代替と国際金融のトリレンマ

表2-1　外国通貨建て預金比率　(%)

国・地域	期間	平均	国・地域	期間	平均
アルバニア	1999~2008	34.30	メキシコ	1985~2009	5.69
アンゴラ	1999~2009	72.36	モルドバ	1999~2009	41.53
アルゼンチン	2001~2007	12.19	モザンビーク	2002~2010	40.75
アルメニア	2005~2009	58.76	ニカラグア	1996~2002	66.71
アゼルバイジャン	2004~2007	69.05	ノルウェー	1999~2009	19.13
バーレーン	2000~2008	29.51	オマーン	2003~2010	18.23
ベラルーシ	1995~2009	48.84	パラグアイ	1993~2010	50.27
ボリビア	1993~2010	80.30	ペルー	1997~2010	66.92
ボスニア・ヘルチェゴビナ	1999~2008	49.65	フィリピン	2009~2009	22.62
ブルガリア	1999~2009	51.95	ポーランド	1999~2009	14.27
カンボジア	1996~2009	94.94	カタール	2001~2007	34.28
チリ	1986~2010	11.23	ルーマニア	1999~2008	40.18
コスタリカ	1999~2006	45.68	ロシア	1999~2008	36.25
クロアチア	1999~2009	63.66	サントメ・プリンシペ	1994~2010	55.68
チェコ	1999~2009	11.61	サウジアラビア	1999~2009	16.34
ジョージア	1993~2010	68.62	セルビア	2000~2009	65.85
ガーナ	2003~2010	28.58	南アフリカ	1999~2006	3.63
グアテマラ	2006~2010	23.80	スリナム	2005~2009	55.28
ホンジュラス	1999~2010	30.87	スウェーデン	1999~2009	27.11
ハンガリー	1999~2008	17.81	スイス	1999~2009	20.68
インドネシア	2002~2009	20.49	台湾	1980~2009	3.07
イラン	1999~2009	4.62	タジキスタン	2006~2009	71.42
イスラエル	1999~2009	31.80	タイ	2005~2008	1.30
ヨルダン	2000~2009	88.97	トルコ	1999~2009	44.44
カザフスタン	1997~2009	42.87	ウクライナ	1999~2007	35.47
クウェート	2003~2010	13.85	アラブ首長国連邦	2003~2008	22.60
キルギスタン	1996~2010	58.07	イギリス	1999~2009	57.20
ラオス	2002~2009	67.80	ウルグアイ	2001~2007	86.94
レバノン	1997~2009	64.93	バヌアツ	2002~2008	59.73
マケドニア	2003~2009	57.05	イエメン	2000~2009	47.70
マレーシア	1996~2009	2.24	ザンビア	1994~2006	40.72

出所：Chiṭu (2012).

　中東欧諸11カ国において，「外国通貨建て現金・預金通貨の構成，保有残高，保有動機」等に関するインタビュー調査を行っている．これによれば，外国通貨建て現金・預金通貨の構成は，中東欧諸国ともにユーロが中心であること，東欧諸国の方が中欧諸国よりも外国通貨建て現金通貨の流通量が多いこと，保有動機としては，中欧諸国では「休暇の際，海外で支払いを行うため」が多い一方，東欧諸国では，「一般的な準備として」が多いことが示さ

れている．これは東欧諸国においては，ユーロの現金通貨をあたかもマットレスの下に保蔵している状況を意味する．また東欧諸国では「高いインフレーションにより，自国通貨の価値が急激に低下したことを覚えている」，「銀行サービスが乏しく，銀行預金が安全ではない」と回答した割合が高いことも示されている．東欧諸国のように，インフレリスクの回避や不測の事態における流動性の確保といった動機が，通貨代替が進展する背景にあると言えよう．

3. 通貨代替のモデル

貨幣をマクロ経済モデルに導入する際，ショート・カットとして，①家計が実質貨幣残高の保有から効用を得ることを想定する money-in-the-utility-function モデル，②消費または実物投資を行うために，貨幣（流動性）が必要であることを想定する cash-in-advance モデル，③消費または実物投資を行う際に取引費用がかかり，その費用は貨幣（流動性）を保有すると節約できることを想定する取引費用モデルなどがある．このうち，どの定式化に基づき，通貨代替をモデル化するかについては，先行研究では様々であるが，本章では第 1 章と同様，money-in-the-utility-function モデルに基づき説明を行う．これは先述の通り，外国通貨建て現金通貨の保有により，インフレリスクの回避や不測の事態における流動性の確保が可能となり，この結果，満足度（効用）を得ている発展途上国や体制移行国の状況を描写するのに適していると考えられるからである．

本章では，Kumamoto and Kumamoto (2014a)，熊本 (2014) に従い，通貨代替が金融政策の自律性，為替相場の安定性に与える影響を考察する．ただし，紙幅の制約上，モデル全体の詳細については説明できないため，通貨代替に関わる家計の行動についてのみ取り上げる[3]．

今，自国と外国の 2 国からなる小国開放経済において，無限期間の視野を

---

3) モデルの詳細については，Kumamoto and Kumamoto (2014a)，熊本 (2014) を参照のこと．なお，企業部門については，Calvo (1983) に従い，各企業は各期において一定の確率で新しい価格を設定できるという粘着性な価格設定行動を想定している．

持つ危険回避的な家計が，実質消費量，自国及び外国通貨実質残高から正の効用，労働供給から負の効用を得ること，また，差別化された貿易財を独占競争的に生産する企業が連続的に存在していること，金融市場は完備されており，家計は条件付き請求権にアクセスできることを想定したニュー・ケインジアン型の動学的確率的一般均衡（DSGE）モデルを想定する．

まず，自国の代表的家計の効用関数を，

$$U\left(C_t, \frac{M_{H,t}}{P_t}, \frac{S_t M_{F,t}}{P_t}, N_t\right) = \frac{X_t^{1-\sigma}}{1-\sigma} - \frac{(N_t)^{1+\varphi}}{1+\varphi}, \tag{1}$$

$$X_t = \left[\omega C_t^{\frac{\theta-1}{\theta}} + (1-\omega) Z_t^{\frac{\theta-1}{\theta}}\right]^{\frac{\theta}{\theta-1}},$$

$$Z_t = \left[\gamma \left(\frac{M_{H,t}}{P_t}\right)^{\frac{\nu-1}{\nu}} + (1-\gamma)\left(\frac{S_t M_{F,t}}{P_t}\right)^{\frac{\nu-1}{\nu}}\right]^{\frac{\nu}{\nu-1}},$$

と定式化する．C_t は実質消費インデックス[4]，$M_{H,t}$，$M_{F,t}$ は，各国通貨建てで表示された自国通貨 H，外国通貨 F の名目保有残高，P_t は一般物価水準[5]，S_t は自国通貨建て名目為替相場，N_t は労働供給量である．X_t は消費－通貨インデックスと呼ばれ，σ は異時点間の代替の弾力性（相対的危険回避度），ω は消費に対するウェイト，θ は消費と通貨インデックス Z_t の間の代替の弾力性を表す．γ は通貨インデックスにおける通貨 H のウェイト，ν は通貨 H と通貨 F との間の代替の弾力性を表す．

また，家計の直面する異時点間の予算制約式を，

---

[4] 世界経済全体の大きさを1と基準化した上で，独占競争的に差別化された貿易財を生産する企業が連続的に存在しており，自国の企業は $[0, n]$ でインデックスされる財 H，外国の企業は $(n, 1]$ でインデックスされる財 F を生産すると想定している．実質消費インデックスは，Dixit-Stiglitz 型と呼ばれる代替の弾力性が一定となる効用関数で表される．本章では，財 H と財 F の間の最適配分問題，及び，差別化された各財の間の最適配分問題についての説明は省略する．

[5] 財 H，財 F の消費インデックスを C_H，C_F，価格インデックスを P_H，P_F としたとき，一般物価水準は，1単位の消費インデックスを購入するときの支出額 $P_H C_H + P_F C_F$ の最小値として定義される．P_H，P_F も同様に定義される．

$$P_tC_t + M^d_{H,t} + S_tM^d_{F,t} + E_t[\xi_{t,t+1}D_{t+1}] \leq$$
$$W_tN_t + M^d_{H,t-1} + S_tM^d_{F,t-1} + \Gamma_t + D_t + T_{H,t} + S_tT_{F,t} \tag{2}$$

と定式化する．ただし，D_{t+1} は自国通貨建てで表示された条件付き請求権から構成されるポートフォリオの名目価値，$\xi_{t,t+1}$ は確率的割引因子，Γ_t は企業所有権からの配当，$T_{H,t}$，$T_{F,t}$ は，自国と外国の政府から外生的に与えられる1人あたりの名目一括政府移転を表す[6]．

以上の想定の下で，自国の代表的家計の最適化のための一階条件は，

$$\frac{U_{N,t}}{U_{C,t}} = \frac{W_t}{P_t} \tag{3}$$

$$\beta \frac{P_t}{P_{t+1}} \frac{U_{C,t+1}}{U_{C,t}} = \xi_{t,t+1} \tag{4}$$

$$\frac{U_{C,t}}{P_t} = \frac{U_{M_H/P,t}}{P_t} + \beta E_t\left[\frac{U_{C,t+1}}{P_{t+1}}\right] \tag{5}$$

$$\frac{S_tU_{C,t}}{P_t} = \frac{S_tU_{SM_F/P,t}}{P_t} + \beta E_t\left[\frac{S_{t+1}U_{C,t+1}}{P_{t+1}}\right] \tag{6}$$

となる．(3)式は同時点内の最適化条件であり，労働供給と消費の限界代替率が実質賃金に等しくなることを示している．(4)式は消費に関する Euler 方程式であり，t 期において1単位の消費をすることと，これを消費せずに条件付き請求権からなるポートフォリオを保有し，$t+1$ 期にこのポートフォリオから支払われる1単位を消費することとが無差別であることを意味している．(5)式は実質自国貨幣残高に関する Euler 方程式であり，t 期において1単位の消費をすることと，これを消費せずに貨幣として保有し，$t+1$ 期に消費することとが無差別となることを意味している．同様に，(6)

---

6) 政府の予算は各期において均衡しており，政府支出はゼロであること，及び，自国通貨，外国通貨の保有に伴うシニョリッジ（貨幣鋳造税）は一括政府移転として家計に還元されることを想定している．

式は実質外国貨幣残高に関する Euler 方程式である．

　ここで，$t+1$ 期において，1 単位の自国通貨を支払う無リスクの割引債の（粗）収益率を $1+i_{H,t}$ と表示し，同様に，1 単位の外国通貨を支払う無リスクの割引債の（粗）収益率を $1+i_{F,t}$ と表示するならば，完備市場の仮定より，

$$E_t[\xi_{t,t+1}] = \frac{1}{1+i_{H,t}}, \quad E_t\left[\frac{S_{t+1}}{S_t}\xi_{t,t+1}\right] = \frac{1}{1+i_{F,t}} \tag{7}$$

が成立する．ここで，(4)式の両辺の条件付き期待値をとり，(7)式を用いるならば，

$$\frac{U_{C,t}}{P_t} = \beta(1+i_{H,t})E_t\left[\frac{U_{C,t+1}}{P_{t+1}}\right], \quad \frac{S_t U_{C,t}}{P_t} = \beta(1+i_{F,t})E_t\left[\frac{S_{t+1}U_{C,t+1}}{P_{t+1}}\right] \tag{8}$$

を得る．このとき，(5)，(6)，(8)式より，通貨 H，及び，通貨 F に対する貨幣需要関数

$$\frac{U_{M_H/P,t}}{U_{C,t}} = \frac{i_{H,t}}{1+i_{H,t}}, \quad \frac{U_{SM_F/P,t}}{U_{C,t}} = \frac{i_{F,t}}{1+i_{F,t}} \tag{9}$$

を得る．さらに，(9)式より，相対的貨幣需要関数

$$\frac{U_{SM_F/P,t}}{U_{M/P,t}} = \frac{i_{F,t}}{1+i_{F,t}}\frac{1+i_{H,t}}{i_{H,t}} \tag{10}$$

を得る．(10)式は通貨代替の程度を決定する式と解釈できる．(10)式より，通貨 H を保有する機会費用 $i_{H,t}$ が上昇するならば，$d(SM_F/P)/di_H > 0$ となるため，通貨 H に対する通貨 F の保有比率が増大し，通貨代替の程度が上昇することがわかる[7]．

　さらに，(7)式より，カバーなし金利平価式

---

7) これは，$d(U_{SM_F/P}/U_{M_H/P})/di_H < 0$，$d(U_{SM_F/P})/d(SM_F/P) < 0$ より示される．

$$E_t\left[\xi_{t,t+1}\left((1+i_{H,t})-(1+i_{F,t})\frac{S_{t+1}}{S_t}\right)\right]=0 \tag{11}$$

が成立する．

また，自国の金融政策ルールを，Taylor ルールに基づき，

$$\frac{1+i_{H,t}}{1+i_H}=\frac{1+r_t^n}{1+r^n}\left(\frac{\Pi_{H,t}}{\Pi_H}\right)^{\phi_\pi}\left(\frac{Y_t}{Y_t^n}\right)^{\phi_y}\exp[\nu_t] \tag{12}$$

$$\nu_t=\rho_\nu\nu_{t-1}+\varepsilon_{\nu,t} \tag{13}$$

と定式化する．ただし，$\Pi_{H,t}$ は自国財 H の（粗）インフレ率，r_t^n は自然実質金利，Y_t^n は価格が伸縮的で貨幣の中立性が成立する摩擦のない経済で実現する自然産出量水準である．また，ν_t は金融政策ショックであり，$\varepsilon_{\nu,t}$ は平均ゼロ，分散 σ_ν^2 の正規分布に従う撹乱項である．(12)式は，通貨当局は，自然産出量水準からの産出量の乖離と，定常状態からのインフレ率の乖離に反応し，短期金融市場の金利を操作することを意味する．

一方，外国においては，価格の伸縮性を想定し，金融政策ルールを，純粋なインフレーション・ターゲティング・ルールに基づき，

$$\frac{1+i_{F,t}}{1+i_F}=\left(\frac{\Pi_t^*}{\Pi^*}\right)^{\phi_\pi}\exp[\nu_t^*] \tag{14}$$

$$\nu_t^*=\rho_{\nu^*}\nu_{t-1}^*+\varepsilon_{\nu^*,t} \tag{15}$$

と定式化する[8]．

ここで，以上のモデルを初期時点における対称的定常状態における近傍で対数近似する．以下では，任意の変数 X_t について，x_t を $X_t=x(1+x_t)$ を満

---

[8] 外国については，外国の代表的家計は，通貨 H を保有せず，実質消費量と通貨 F の実質貨幣保有残高から正の効用を得る一方，労働供給量から負の効用を得るものとし，その効用関数は，加法分離可能であると想定している．また，企業の価格設定において粘着性は存在せず，物価水準が伸縮的となることを想定している．

たす定常状態 X からの乖離として定義する．なお，金利については，$\hat{i}_{H,t}=i_{H,t}-i_H$，$\hat{i}_{F,t}=i_{F,t}-i_F$ と定義する．まず，(3)，(4)式は，それぞれ，

$$\varphi n_t^s - u_{c,t} = w_t - p_t \tag{16}$$

$$u_{c,t} = E_t[u_{c,t+1}] + (\hat{i}_{H,t} - E_t[\pi_{t+1}]) \tag{17}$$

となる．ここで，(16)，(17)式にある消費の限界効用 $u_{c,t}$ は，以下の通りに導出される．

$$u_{c,t} = \left(\frac{1}{\theta} - \sigma\right)x_t - \frac{1}{\theta}c_t \tag{18}$$

$$x_t = d_2 c_t + (1-d_2)z_t \tag{19}$$

$$\begin{aligned}
d_1 &= \left[\frac{(1-\beta)\omega}{(1-\omega)\{\gamma^\nu+(1-\gamma)^\nu\}^{\frac{1}{1-\nu}}}\right]^{-\theta}, \\
d_2 &= \frac{\omega C^{\frac{\theta-1}{\theta}}}{\omega C^{\frac{\theta-1}{\theta}}+(1-\omega)Z^{\frac{\theta-1}{\theta}}} = \frac{\omega}{\omega+(1-\omega)d_1^{\frac{\theta-1}{\theta}}}, \\
z_t &= (1-\delta)(m_{H,t}-p_t) + \delta(s_t+m_{F,t}-p_t), \\
\delta &= \frac{SM_F/P}{M_H/P+SM_F/P} = \frac{\{\gamma/(1-\gamma)\}^{-\nu}}{1+\{\gamma/(1-\gamma)\}^{-\nu}}
\end{aligned} \tag{20}$$

また，貨幣需要関数(10)式を対数線形近似し，

$$\begin{aligned}
m_{H,t} - p_t &= \frac{\nu}{\theta}c_t + \left(1-\frac{\nu}{\theta}\right)z_t - \frac{\nu\beta}{1-\beta}\hat{i}_{H,t}, \\
s_t + m_{F,t} - p_t &= \frac{\nu}{\theta}c_t + \left(1-\frac{\nu}{\theta}\right)z_t - \frac{\nu\beta}{1-\beta}\hat{i}_{F,t}
\end{aligned} \tag{21}$$

これを(20)式に代入すると，

$$z_t = c_t - \frac{\theta\beta}{1-\beta}\{(1-\delta)\hat{i}_{H,t} + \delta\hat{i}_{F,t}\} \tag{22}$$

を得る．したがって，(18), (19), (22)式より，消費の限界効用は，

$$u_{c,t} = -\sigma c_t - d_3\{(1-\delta)\hat{i}_{H,t} + \delta \hat{i}_{F,t}\} \tag{23}$$

$$d_3 = \left(\frac{1}{\theta} - \sigma\right)(1-d_2)\frac{\theta\beta}{1-\beta}$$

と導出される．

また，金利平価式，金融政策ルールは，それぞれ，

$$\hat{i}_{H,t} = \hat{i}_{F,t} + E_t[\Delta s_{t+1}] \tag{24}$$

$$\hat{i}_{H,t} = \hat{r}_t^n + \phi_y y_t^g + \phi_\pi \pi_{H,t} + \nu_t \tag{25}$$

$$\hat{i}_{F,t} = \phi_{\pi*}\pi_t^* + \nu_t^* \tag{26}$$

と対数線形近似される．

以上のモデルに基づき，通貨代替が金融政策の自律性や為替相場の安定性に与える影響を考察する．

まず，(22)式より，通貨インデックス z_t の最適保有量は，それぞれの通貨の保有コストである自国と外国の名目金利の減少関数となる．したがって，金融政策による自国または外国の名目金利の変化は，通貨インデックス z_t を変化させ，これが，(19)式の消費－通貨インデックス x_t の変化を通じて，(18)式の消費の限界効用に影響を与える．この結果，(16)式を通じ，消費，労働供給量さらには生産量に影響を与える．また，(23)式より，δ が高くなるほど，自国の名目金利 $\hat{i}_{H,t}$ が消費の限界効用 $u_{c,t}$ に及ぼす影響は小さくなる一方，外国の名目金利 $\hat{i}_{F,t}$ が及ぼす影響が大きくなることがわかる．$\delta = 1$ のときには，自国の名目金利は消費の限界効用に全く影響を及ぼさない．さらに，(20)式より，δ は定常状態における通貨代替の程度を表し，その大きさは，通貨インデックスにおける通貨 H のウェイト γ 及び通貨 H と通貨 F との間の代替の弾力性 ν に依存することがわかる．

図2-1(a)は，$\nu = 3.0$ と固定した下で，γ の値を変化させたときの δ の値を

第2章　ドルとの通貨代替と国際金融のトリレンマ

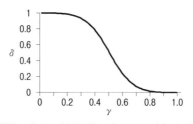

図2-1(a)　効用関数に占める自国通貨のウェイト（γ）と通貨代替の程度（δ）

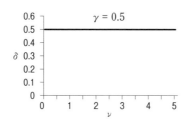

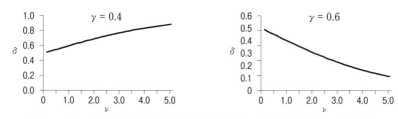

図2-1(b)　自国通貨と外国通貨の代替の弾力性（ν）と通貨代替の程度（δ）

示したものである．図より，効用関数における外国通貨のウェイト $1-\gamma$ が 0.4 から 0.6 へわずかに上昇すると，δ が 0.23 から 0.77 へと急激に上昇することがわかる．これは，通貨代替がわずかに進展すると，外国の金融政策ショックが自国経済に与える影響が急激に大きくなるという意味において，通貨代替に内在する不安定性を表している．また，図2-1(b)は，それぞれ，$\gamma=0.4, 0.5, 0.6$ と固定した下で，ν の値を変化させたときの δ の値を示したものである．図より，外国通貨のウェイト $1-\gamma$ が 0.5 を上回る（下回る）とき，自国通貨と外国通貨の代替の弾力性が上昇すると，通貨代替の程度 δ が上昇する（低下する）ことがわかる．この結果は，十分に通貨代替が進展している国では，自国通貨と外国通貨の代替性が上昇すると，外国の金融政

策ショックが自国経済に与える影響がさらに高まることを意味する．

また，(23)式より，自国及び外国の名目金利の変化が消費の限界効用に与える影響の方向性は，異時点間の代替の弾力性 σ と同時点内における代替の弾力性の逆数 $1/\theta$ の大小関係に依存することがわかる．もし，$1/\theta>\sigma$（$d_3>0$）で，消費と通貨インデックスが補完的であるならば，自国及び外国の名目金利の上昇は，消費の限界効用を低下させ，これは(16)式を通じて，実質賃金の上昇をもたらす．したがって，企業の限界費用，さらには，インフレ率を上昇させ，生産量や消費に負の影響をもたらす．一方，$1/\theta<\sigma$（$d_3<0$）で，消費と通貨インデックスが代替的である場合には，逆の状況が成立する[9]．

4. 通貨代替と金融政策の独立性の関係

通貨代替が進展すると，外国における経済ショックが，自国へより波及しやすくなるため，金融政策の自律性が制限される可能性が指摘されている．例えば，Rogers (1990) は money-in-the-utility-function モデルを用い，通貨代替の程度が高まるほど，為替相場の調整による外国からのインフレショックの隔離機能が制限されることを示している．

同様のことは，(23)式における通貨代替の程度を表す δ の値が上昇するほど，自国の金融政策の影響が低下する一方，外国の金融政策の影響を受けやすくなることからもわかる．先述の通り，$1/\theta<\sigma$ で，消費と通貨インデックスが代替的である場合には，自国または外国の名目金利が上昇（低下）した時，通貨インデックスが減少（増加）し，消費の限界効用が上昇（低下）する．このとき，実質賃金が低下（上昇）する結果，インフレ率が低下（上昇）し，生産量に正（負）の圧力を与える．一方，$1/\theta>\sigma$ で，消費と通貨インデックスが補完的である場合には，逆の状況が生じる．

---

9) これは，
$$U_C = \omega X^{\frac{1}{\theta}-\sigma} C^{-\frac{1}{\theta}}$$
より，$1/\theta>\sigma$（$1/\theta<\sigma$）の場合には $U_{Cz,t}>0$（$U_{Cz,t}<0$）となり，消費と通貨インデックスは補完的（代替的）であることからもわかる．

言うまでもなく，自国の金融政策による名目金利の変化は，先述の消費の限界効用の変化による経路以外にも，実質金利の変化による経路を通じ，国内経済に影響を与える．例えば，自国の名目金利が上昇すると，実質金利が上昇し，これが国内需要を減少させる結果，産出量ギャップ（実際のGDPと潜在的なGDPの乖離率）に低下圧力を与える．また，産出量ギャップの低下は，フィリップス曲線を通じ，インフレ率に低下圧力を与える．

したがって，自国の名目金利の上昇が，産出量ギャップやインフレ率に与える影響は，消費の限界効用を通じた経路と実質金利を通じた経路の相対的な大きさに依存する．

図2-2は，熊本（2014）によって示された自国の金融政策ショック（名目金利の上昇ショック）に対する産出量ギャップ，インフレ率，名目金利，名目為替相場減価率のインパルス応答関数を示したものである．図では，消費と通貨インデックスが，代替的なケース（$\sigma=1>1/1.2=1/\theta$），補完的なケース（$\sigma=1<1/0.8=1/\theta$）それぞれにおいて，通貨代替の程度が高いケース（High：$\gamma=0.4$，$\delta=0.77$），中間のケース（Middle：$\gamma=0.5$，$\delta=0.5$），低いケース（Law：$\gamma=0.6$，$\delta=0.23$）の計6つのシナリオの下で，カリブレーション分析を行っている．

図より，まず，名目金利の上昇ショックの後，名目金利は低下するよう応答していることがわかる．これは，名目金利の上昇ショックにより，産出量ギャップ，インフレ率が低下圧力を受けたため，中央銀行が，Taylorルールに基づき，名目金利を引き下げたことによっている．また，各ケースにおける産出量ギャップ，インフレ率のインパルス応答関数は，定量的及び定性的に，ほぼ同様の形状を示していることがわかる．これは，自国の金融政策の効果に対して，消費と通貨インデックスが代替的であるか，補完的であるか，また，通貨代替の程度は影響を与えないことを意味する．この結果，実質金利を通じた経路が，消費の限界効用を通じた経路よりも支配的であったからであると解釈できる．

また，表2-2は，自国の金融政策ショックに対する各変数の無条件分散を示したものである．表より，消費と通貨インデックスが代替的であるか，補完的であるか，また，通貨代替の程度は，各変数の無条件分散に大きな影

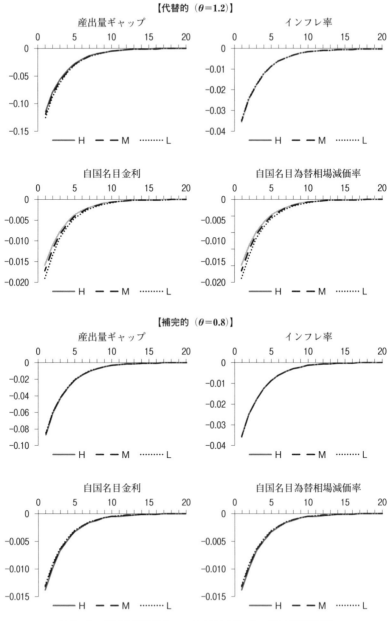

図2-2　自国金融政策ショックに対するインパルス応答関数

第2章　ドルとの通貨代替と国際金融のトリレンマ

表2-2　自国金融政策ショックに対する無条件分散

代替的（$\theta=1.2$）

	産出量ギャップ	インフレ率	名目金利	名目為替相場減価率
High	0.0141	0.0025	0.0003	0.0003
Middle	0.0163	0.0024	0.0004	0.0004
Low	0.0195	0.0023	0.0006	0.0006

補完的（$\theta=0.8$）

	産出量ギャップ	インフレ率	名目金利	名目為替相場減価率
High	0.0149	0.0025	0.0003	0.0003
Middle	0.0145	0.0025	0.0003	0.0003
Low	0.0141	0.0025	0.0003	0.0003

を与えないことがわかる．

　これに対し，図2-3は，外国の金融政策ショック（外国の名目金利の上昇ショック）に対するインパルス応答関数を示したものである．先と同様，外国の名目金利に対する上昇ショックの後，外国の名目金利は低下するよう応答している．このとき，代替的である場合には，外国の名目金利の低下に対し，産出量ギャップは低下し，インフレ率は上昇していること，一方，補完的である場合には，産出量ギャップは上昇し，インフレ率は低下している．これは，外国の金融政策が，産出量ギャップ，インフレ率に与える定性的な影響は，消費と通貨インデックスが代替的であるか，補完的であるかに依存することを意味する．また，通貨代替の程度が高まるほど，産出量ギャップ，インフレ率に与える定量的な影響が大きくなることがわかる．

　同様に，無条件分散を示した表2-3からも，通貨代替の程度が高まるほど，産出量ギャップ，インフレ率の無条件分散が高まっていることがわかる．

　消費と通貨インデックスが代替的であるか補完的であるかは，実証的な問題であるが，Kumamoto and Kumamoto（2017）は，Kumamoto and Kumamoto（2014a）のDSGEモデルを，ラテンアメリカ3カ国（チリ，メキシコ，ペルー）を対象に，ベイズ推定し，いずれの国でも補完的であること，また，効用関数における自国通貨に対するウェイトγの値はチリ，ペルーでは0.75，0.72であるのに対し，メキシコでは0.64とわずかに小さく推定され，このわずかな差が，通貨代替の程度δにおいては，チリ，ペルーでは0.02，0.04

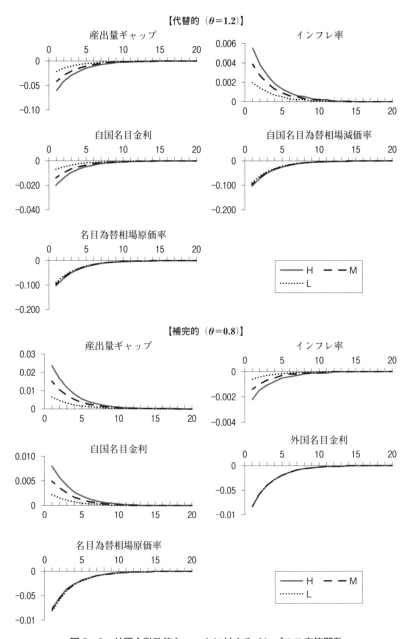

図2-3 外国金融政策ショックに対するインパルス応答関数

表 2-3 外国金融政策ショックに対する無条件分散

代替的 ($\theta=1.2$)

	産出量ギャップ	インフレ率	名目金利	名目為替相場減価率
High	0.0070	0.0001	0.0008	0.0208
Middle	0.0034	0	0.0004	0.0185
Low	0.0009	0	0.0001	0.0159

補完的 ($\theta=0.8$)

	産出量ギャップ	インフレ率	名目金利	名目為替相場減価率
High	0.0011	0	0.0001	0.0110
Middle	0.0004	0	0	0.0119
Low	0.0001	0	0	0.0128

であるのに対し，メキシコでは 0.23 と大きな差となり，この結果，メキシコでは外国の金融政策ショックが，国内経済に大きな影響を与えていることを示している．また，アジア3カ国（インドネシア，タイ，フィリピン）について実証分析をした Kumamoto and Kumamoto（2014c）においても，消費と通貨インデックスは補完的であることが示されている[10]．

5. 通貨代替と為替相場の関係

通貨代替と名目為替相場の関係について，通貨代替が進展すると，貨幣需要関数が不安定化するため，金融政策などの経済ショックが自国通貨と外国通貨間の需要をシフトさせ，これが名目為替相場のボラティリティを高める可能性が指摘されている．例えば，Kareken and Wallace（1981）は世代重複モデルを用い，完全な通貨代替下においては，名目為替相場に非決定性の問題が生じることを示している．もちろん，わずかな不完全代替性を導入すれば名目為替相場は一意に定まるが，このことは，通貨代替に内在する不安定性を示すものである．同様に，Girton and Roper（1981）は通貨代替の程

---

10) money-in-the-utility-function モデルは，shopping-time モデルの short-cut と考えられる．したがって，追加的に実質貨幣を保有するときの限界的な shopping-time の減少分が，消費量の増大により逓増し，かつ，消費と余暇の代替の程度が十分に小さければ，消費と実質貨幣保有残高は補完的となる．

度が高まるほど,自国と外国のインフレ率格差の拡大は,為替相場のボラティリティを増大させること,Isaac (1989) はポートフォリオ・バランス・モデルを用いて,自国通貨と外国通貨の代替性が高まるほど,名目為替相場が資産市場におけるショックに対してより大きく反応すること,Mahdavi and Kazemi (1996) は,cash-in-advance モデルを用いて,代替性が高まるほど,名目為替相場はファンダメンタルズの変化に対してより感応的となることを示した.

本章のモデルにおいては,自国と外国の金融政策ルール(25),(26)式によって,内生的に決定される自国と外国の内外名目金利格差から,金利平価式(24)式を通じて,その期待減価率が決定され,各期の名目為替相場の水準は,初期条件と期待減価率から決定される.

前掲の図2-2,表2-2より,自国の金融政策ショックが,名目為替相場減価率,及び名目為替相場減価率のボラティリティに与える影響は,消費と通貨インデックスが,補完的か代替的かに関わらず,通貨代替の程度の影響をほとんど受けないことがわかる.

一方,図2-3,表2-3より,外国の金融政策ショックは,消費と通貨インデックスが補完的か代替的かに関わらず,名目為替相場減価率に負の影響を与えていること,また,その定量的な影響の大きさは通貨代替の程度には関わらないことがわかる.しかしながら,消費と通貨インデックスが代替的である場合には,通貨代替の程度が高いほど,名目為替相場減価率の無条件分散が大きくなっている.

Kumamoto and Kumamoto (2014b) は,ラテンアメリカ,アジア,中東欧7カ国(アルゼンチン,ペルー,インドネシア,フィリピン,チェコ,ハンガリー,ポーランド)を対象に,外国通貨建て預金通貨比率として定義された通貨代替の程度が,名目為替相場変化率の条件付き分散として定義された為替相場のボラティリティに与える影響を,閾値分散不均一自己回帰(TARCH)モデルを用いて実証分析し,このうち5カ国では,通貨代替の程度が上昇すると名目為替相場のボラティリティが高まること,及び,名目為替相場に対する減価ショックの方が,増価ショックよりもボラティリティを高めるという非対称性が存在することを示した.

6. 通貨代替と固定相場制度

　以上の議論は，変動相場制度下においてのものであるが，通貨代替と固定相場制度の関係について，Giovannini（1991）は，通貨代替の程度が高まるほど，外貨準備のボラティリティが増大することを示した．外貨準備のボラティリティの増大は，固定相場制度の維持可能性に影響を与える可能性がある．すなわち，外貨準備のボラティリティが増大することにより，外貨準備が枯渇する水準までボラティリティするであろうと投機家が予測するならば，自己実現的な投機攻撃が発生する可能性もある．

　また，澤田（2003）は通貨代替を通貨危機モデルに組み入れることにより，拡張的なマクロ政策が採用されていない状況でも，通貨代替が通貨危機を誘発するケースがありうることを示した．さらに，Bennett, Borensztein, and Baliño（1999）は，固定相場制度下において通貨代替の程度が高まると，為替相場の切り下げ期待が生じた場合，国内居住者が自国通貨から外国通貨に急激に保有資産を切り替えるため，国内銀行に対する取り付けが発生し，金融危機が生じる可能性を指摘している．

7. おわりに

　以上，自由な資本移動の下，変動相場制度を採用する場合，通貨代替が進展すると，外国の金融政策ショックが自国により波及しやすくなるという意味において，自国の金融政策の自律性が制限されること，また，名目為替相場のボラティリティを高める可能性を指摘した．これは，国際金融のトリレンマの文脈では，変動相場制度を採用しても，為替相場による外国の経済ショックからの隔離機能が制限され，変動相場制度のメリットであるはずの金融政策の自律性が損なわれること，また，変動相場制度のデメリットである名目為替相場の不安定性が助長されることを意味する．

　一方，自由な資本移動の下，固定相場制度を採用する場合，通貨代替が進展すると，通貨危機，金融危機を誘発する可能性が高まるなど，金融システムの脆弱性を高める可能性があることを指摘した．

さらに，本文では触れなかったが，通貨代替はシニョリッジ（貨幣鋳造税）に影響を与える．政府がシニョリッジを徴収するため貨幣発行を増大させると，国内インフレ率に上昇圧力がかかるため，国内居住者は，保有通貨を自国通貨から外国通貨へ代替し，この結果，シニョリッジが減少する．

　したがって通貨代替を解消することは，変動相場制度を採用している国では，金融政策の自律性を高め，名目為替相場を安定化させる．一方，固定相場制度を採用している国では，金融・通貨システムの頑健性を高めるため，重要な課題となる．

　しかしながら通貨代替においては，マクロ経済環境が不安定なときには，急速にその程度は上昇するが，マクロ経済環境が安定した後も，短期的には自国通貨への回帰がみられないという「ラチェット効果」が存在することが知られている．これは，第1章において，「慣性」として説明された現象である．国内のインフレ率が上昇し，自国通貨が減価するときには，自国通貨の価値貯蔵手段としての機能が損なわれるため，国内居住者は保有通貨をドルなどの外国通貨へシフトし，通貨代替が進展する．しかし，一旦通貨代替が進展すると，ネットワーク外部性により外国通貨の支払い手段としての機能が増大し，価値貯蔵手段としての機能を上回るため，マクロ経済が安定化し，インフレ率が低下しても，通貨代替の程度は低下しないことになる．

　例えば，Kumamoto（2014）は，Kumamoto and Kumamoto（2014b）が分析した7カ国にタジキスタンを加えた8カ国に対し，自己回帰型分布ラグ（ARDL）モデルを用い，過去の通貨代替の程度の最大値として定義された「ラチェット変数」が，現在の通貨代替の程度に有意に正の影響を与えることを示した．この結果は，過去において通貨代替の程度が高い程，支払い手段としての外国通貨の交換利便性や外国通貨の利用に関わる知識・技術が高まり，この結果，「慣性」が働くことを意味している．また，先述のKumamoto and Kumamoto（2014b）が示した名目為替相場に対する減価ショックの方が，増価ショックよりもボラティリティを高めるという非対称性の存在も，ラチェット効果に拠るものと解釈できる．すなわち，国内のインフレ率の上昇により減価ショックが発生すると，自国通貨の価値貯蔵手段としての機能が損なわれるため，国内居住者は保有通貨をドルなどの外国通貨へシフ

トさせる結果，為替相場のボラティリティが高まる．しかし，国内経済が安定化し，増価ショックが発生しても，ラチェット効果の為，自国通貨へのシフト・バックは起こらず，この結果，為替相場のボラティリティは小さかったと考えられる．

したがって，通貨代替にラチェット効果が働くならば，マクロ経済環境を安定化させるだけでは，通貨代替を解消できないことになる．この限りにおいて，外貨保有に対する規制が抑止策となりうる．また，自国通貨と外国通貨の代替の弾力性が高まると，外国の金融政策ショックからの隔離機能が制限されることから，外国通貨の保有に対し課税などを行い，自国通貨と外国通貨の代替性を弱める政策も有効となろう．

なお，本章では，ドルによる通貨代替を前提としてきたが，以上の議論は，ユーロ，円，人民元など他の通貨による通貨代替に対しても当てはまるものである．しかし，通貨代替を前提とした上で，ドル一極の通貨代替にどのような問題が内在しているかについては議論できていない．したがって，これらについては，今後の課題としたい．

参考文献

Bennett, Adam, Eduardo Borensztein, and Tomás J. T. Baliño (1999), "Monetary Policy in Dollarized Economies," International Monetary Fund Occasional Papers, No. 171.

Calvo, Guillermo A. (1983), "Staggered Prices in a Utility-maximizing Framework," *Journal of Monetary Economics*, Vol. 12 (3), pp. 383-398.

Chiţu, Livia (2012), "Was Unofficial Dollarisation/Euroization an Amplifier on the "Great Recession" of 2007/9 in Emerging Economies?" European Central Bank Working Paper Series, No. 1473.

Giovannini, Alberto (1991), "Currency Substitution and the Fluctuations of Foreign-Exchange Reserves with Credibly Fixed Exchange Rates," NBER Working Paper Series, No. 3636.

Girton, Lance and Don E. Roper (1981), "Theory and Implications of Currency Substitution," *Journal of Money, Credit and Banking*, Vol. 13 (1), pp. 12-30.

Isaac, Allan G. (1989), "Exchange Rate Volatility and Currency Substitution," *Journal of International Money and Finance*, Vol. 8 (2), pp. 277-284.

Kareken, John and Neil Wallace (1981), "On the Indeterminacy of Equilibrium Exchange Rates," *Quarterly Journal of Economics*, Vol. 96 (2), pp. 207-222.

Kumamoto, Hisao (2014), "Recent Experiences with Currency Substitution," *International Journal of Financial Research*, Vol. 5 (4), pp. 1-12.

Kumamoto, Masao and Hisao Kumamoto (2014a), "Currency Substitution and Monetary Policy under the Incomplete Financial Market," *Japanese Journal of Monetary and Financial Economics*, Vol. 2 (2), pp. 16-45.

Kumamoto, Hisao and Masao Kumamoto (2014b), "Does Currency Substitution Affect Exchange Rate Volatility?" *International Journal of Economics and Financial Issues*, Vol. 4 (4), pp. 698-704.

Kumamoto, Hisao and Masao Kumamoto (2014c), "Currency Substitution and Monetary Policy in Inflation- Targeting Asian Countries," mimeo.

Kumamoto, Hisao and Masao Kumamoto (2017), "Currency Substitution and Monetary Policy Effects: The Case of Latin American Countries," *International Journal of Economics and Finance*, Vol. 9 (2), pp. 32-45.

Mahdavi, Mahnaz and Hossein B. Kazemi (1996), "Indeterminacy and Volatility of Exchange Rates under Imperfect Currency Substitution," *Economic Inquiry*, Vol. 34 (1), pp. 168-181.

Rogers, John H. (1990), "Foreign Inflation Transmission under Flexible Exchange Rates and Currency Substitution," *Journal of Money, Credit and Banking*, Vol. 22 (2), pp. 195-208.

小川英治（2019）「基軸通貨米ドルの慣性――ドルの効用と通貨競争の可能性」小川英治編『グローバリゼーションと基軸通貨――ドルへの挑戦』東京大学出版会，1-27頁，本書第1章．

熊本方雄（2014）「通貨代替と為替相場のボラティリティ」『東京経大学会誌』第283号，121-152頁．

澤田康幸（2003）「通貨代替と通貨危機――理論と実証」高木信二編『通貨危機と資本逃避――アジア通貨危機の再検討』東洋経済新報社，131-156頁．

第Ⅱ部

ユーロ・円の国際化によるドル体制への影響

第3章

国際通貨としてのユーロの位置づけ
——ユーロはドルに挑戦できるのか？——

高 屋 定 美

1. はじめに

　国際決済に利用される国際通貨は，国際決済手段とそのネットワークの提供といった国際流動性供給と，通貨価値の安定と債務履行の確実さという低いリスクを持ち合わせた決済手段である[1]．特に基軸通貨は，後述する国際通貨のすべての役割でシェアが高く，それゆえ国際決済で最も利用頻度の高い手段である．現在，基軸通貨の地位にあるのが周知の通り，米国ドル（以下，ドルと表記）である．本章の目的は，基軸通貨ドルの役割をEUの共通通貨ユーロが代替可能なのか，あるいは部分的にせよ現在のドルの役割を侵食することができるのか，できるとすればどのような条件が必要なのかを検討することである．

2. 国際通貨の役割とシナジー効果

　国際通貨の役割として，通貨の役割を援用したCohen（1971）による古典的な分類がある（表3-1）．それを援用すると，まず民間取引での国際通

---

[1] 　現実に国際通貨として機能するのは，当該国におく当該国通貨建ての決済性預金口座であり，その口座を利用してコルレス契約先の外国銀行が当該国の銀行や他の外国銀行との間で資金移転を行うことになる．

表3-1　国際通貨の機能

	計算単位	支払手段	価値貯蔵
民間レベル	①表示通貨	②取引通貨	③資産通貨
公的レベル	④基準通貨	⑤介入通貨	⑥準備通貨

出所：Cohen（1971）を参考に，筆者作成．

貨の機能として契約に利用される「建値通貨ないしは契約通貨」，実際の取引の支払いや決済に利用される「取引・決済通貨」，銀行間での為替取引を媒介する「為替媒介通貨」，そして投資家の投資に利用される「資産通貨」，あるいは企業の資金調達に利用される「調達通貨」という役割が挙げられる．また，政府や国際機関の取引，すなわち，公的取引での機能として「公的基準通貨」，政府の国際取引の決済に利用される「公的取引通貨」，為替介入の際に利用される「介入通貨」，そして外貨準備の保有に利用される「準備通貨」としての役割がある．日本円はアジアでの契約，取引通貨としての利用が高くなってきており，また準備通貨としての役割もある．しかし世界でのシェアはドルには及ばず，また為替媒介通貨などの役割を担ってはいない．ドルは上記のすべての役割を持ち，またシェアも高いため基軸通貨としての役割を担っているといえる．

　さらに，ある役割のシェアが高まれば別の役割のシェアを高め，それがまた別の役割に正の働きをするといったシナジー（協働）効果がある．たとえば，ドルの例が挙げられる．第2次大戦後，ブレトンウッズ体制が確立され，IMF（国際通貨基金）に加盟する各国政府はドルに対して実質的にペッグすることとなり（公的基準通貨），そのためドルが介入通貨として利用されることとなった．実際にはドル不足が続き，ドル利用を節約することが模索されたものの，このことが基軸通貨として認知されたことを表す．介入通貨として利用されると，外為市場での利用が頻繁となり，取引規模の拡大とともに，手数料を引き下げることができるようになる（為替媒介通貨）．低い手数料により，変動レート制下でも取引，決済通貨としての高い需要が維持され，それがブレトンウッズ体制崩壊後の変動レート制でも，ドルが基軸通貨として利用されることとなった．したがって，ドルへのペッグがブレトン

ウッズ体制発足時の IMF 協定により求められることで,ドルの利用が促進され,基軸通貨へと進化した.

　このように国際通貨のそれぞれの役割は,シナジー効果によって強化される.シナジー効果が増加すれば規模の経済が働き,それによってネットワーク外部性が働き,持続的に続くという慣性効果も強化される.逆に,このシナジー効果が薄れていくと,基軸通貨の役割を低下させていく.国際的に利用されている通貨の中で基軸通貨としての役割を担う通貨は,国際通貨機能のうちのどの役割でもいいが,どれかに抜きんでて,それが他の役割を引き上げる機能を持つ必要がある.それにより,その通貨は国際通貨のすべての機能を持ち,さらに十分に優位性のある基軸通貨として機能する必要がある.

　さらに,ここで注目する国際通貨の機能として,為替媒介通貨を取り上げる.為替媒介とは,銀行間市場である外国為替市場において,通貨間の取引を媒介する取引であり,それに利用される通貨を為替媒介通貨と呼ぶ.すなわち,直接的な通貨交換ではなく,いったん取引とは関わりのない別の通貨を介した,間接的な通貨交換の際に利用される通貨といえる.この為替媒介機能を担うのは,外為市場で最も取引規模が大きく,そのため交換手数料が最も低い通貨である.すなわち,基軸通貨が選択される.基軸通貨は,先の国際通貨の 6 つの役割すべてを高いシェアで担うために,受動的に,外為市場での取引量も増えた通貨とのマッチングも容易となる.そのため,基軸通貨を介した取引手数料は低いものとなり,さらにその手数料の低さが,為替媒介通貨として基軸通貨を選択させる.国際投資がよりグローバルな広がりをもち,また 1 日の外為取引量が膨大になっている現在,為替媒介通貨としての役割が重要となる.

　いま,貿易契約における建値通貨としてのドルの役割が低下したとしよう.しかし他の 5 つの役割がある程度,維持されたとする.そのような場合,1 日の外為市場に出てくるドル取引の規模はほぼ維持され,手数料の低さにも変化はないだろう.国際通貨としてのどれかの役割が大きく低下しても,他の役割が高ければ基軸通貨としての地位は低下しない.銀行間での基軸通貨の決済を担う外為市場での規模が多少低下としても,マッチングコストは他通貨に比べても高くはならないだろう.そうであれば,銀行間の為替媒介機

能は維持される.

もし基軸通貨の役割が大きく低下することがあるとすれば，複数の役割の低下が一斉に起きる時であろう．そのような事態が起きれば，当該の基軸通貨のマッチングコストが上昇し，他の国際通貨の利用が喚起されることはありえる．その通貨の利用が一斉に進めば，シナジー効果は規模の経済が働いて強まり，それがさらなるシナジー効果をもたらす．

3. 国際通貨の理論
―― 国際通貨形成の複数均衡の可能性とユーロの基軸通貨への可能性

国際通貨理論に関する過去の研究を Helleiner and Kirchner (2009) に基づいて整理すると，(1) 民間による市場取引ベースのアプローチ[2]，(2) 政府による公的意思決定による制度を重視するアプローチ，(3) 国際政治経済的アプローチがある．いずれのアプローチも，国際通貨の役割のある断面を切り取ったもので，前節で述べたように，国際通貨の役割にはシナジー効果があり，すべてを1つのアプローチで説明することは難しい．

ここでは，高屋 (2009) で展開した外国為替市場での収穫逓減を仮定した取引コストを用いた取引コストアプローチを用いて，基軸通貨の交替を説明しよう[3]．様々な役割として国際通貨（国際通貨建て外国為替手形）が売買される外為市場での取引コストは，国際通貨に対する需要を左右する重要な要素であり，それが基軸通貨の交替のきっかけになると考えるからである．ドルとユーロの2つの国際通貨が存在しているものとし，当初，ドルの取引コストがユーロよりも低いと想定する．また当該通貨の取引コストは，その通貨の取引量に依存すると想定し，さらに収穫逓減的な費用関数を想定する．さらに，同質的な投機家を想定し，代表的な投機家の動学的最適資産選択を考慮し，投機家はユーロとドルの2つの通貨建て資産からの予想収益を最大化するが，より高い収益を予想する通貨建て資産の保有を行うものとする．

---

[2] これを細分化すると，(1) 取引コストアプローチ，(2) サーチ理論に基づくアプローチ，(3) インボイス通貨の選択アプローチに分類することも可能である．

[3] 数理的な展開については高屋 (2009) 第5章を参照.

第3章　国際通貨としてのユーロの位置づけ

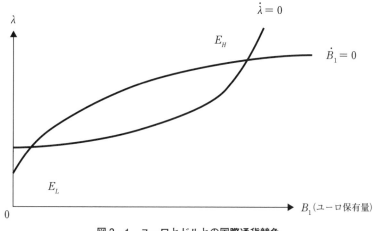

図3-1　ユーロとドルとの国際通貨競争

出所：筆者作成．

ただし，各予想収益はユーロドルレートと各通貨建て資産の予想収益率を合算した1つの変数とする．さらに各資産の取引には手数料がかかるものとし，当該通貨建て資産の予想値から手数料を差し引いた予想収益を最大化するものとする．

以上のような動学的最適化問題を解いた後の位相図を，図3-1に示している．図3-1の右上がりの$\dot{B}_1=0$線はユーロ建て資産の需給均衡線を，$\dot{\lambda}=0$線は2つの通貨の期待収益と取引コストが等しい関係を示している．λはユーロとドルの期待収益と取引コストの格差の現在価値（の流列）を表し，将来の取引コストの格差は，外部性に基づく将来の投資家の期待に依存する．

図3-1より2つの均衡点が存在する．どちらの均衡に至るのかは，将来の予想収益によって，また2つの通貨の手数料の大きさに依存する．図3-1に2つの均衡と，そこに至る経路を示している．ただし縦軸は1単位のユーロ建て資産の増加にともなって増加する収益の増加分を表している．横軸は，ユーロ建て資産の保有量を表す．

左下の均衡点はユーロの保有量が少なく，ドルの量が大きいことを表しているが，これは相対的にユーロ建て資産の予想収益率が低いからであり，右

上の均衡点は相対的にユーロの保有量を増加させており，ユーロ建て資産の予想収益率が高いことを示す．このどちらの均衡で安定するのかは一意には決まらず，どちらかの点を投機家は選択する．その選択のきっかけは，ユーロとドルとの予想収益率の差と手数料率である．たとえば，ユーロの取引コストがある一定程度引き下がれば，一気に取引量を凌駕するジャンプが確認できる．すなわち，取引コストを引き下げると認識できる要因があれば，投機家はユーロの保有を進めてドルの保有を低下させる．それによってユーロの手数料はさらに引き下がり，ユーロ利用が促進されるという，ユーロ利用に関する規模の経済が働く．このモデルでは投機家の行動を想定しているが，貿易インボイスなど民間での通貨選択に応用できる．したがって，いったん規模が大きくなるような状況が生まれれば，それを契機にユーロの利用は拡大できる．ユーロとドルとの基軸通貨の競争において，規模の経済という外部性が重要な要因となることを示している．国際決済上，どの国，どの通貨の銀行業ネットワークを利用することになるのか，システミックリスクの低さ等のネットワークの安定性，市場の流動性，利便性等によって国際決済手段が選ばれる．そして，いったんこれらの要因により基軸通貨が選択されると，それを覆すのはなかなか困難となるという，過去に強く依存する経路依存性がある．現在の米ドルが基軸通貨であり続けるのは，ブレトンウッズ体制下での公的なドルの利用を契機にした現在までのレガシーともいえる[4]．

4. 基軸通貨交替の歴史的事例——ポンドからドルへ[5]

　この節では基軸通貨が交替する事例として，再建金本位制からブレトンウッズ体制にかけての，英国ポンドの後退と米国ドルの台頭を取り上げる．第1次世界大戦後，1925年に英国が旧平価で金本位制に復帰し，世界的な

---

[4] ドルが基軸通貨であることを単なるレガシーとも呼べないのは，米国の金融業がドルの基軸通貨性を利用して国際資金循環の中心地となり，それがさらに同国の金融業の収益拡大に貢献しているからである．

[5] この節の分析は，前田・高屋（2019）による共同研究の成果の一部である．その掲載を許可して下さった前田直哉氏（神戸松蔭女子学院大学）に感謝する．

第3章 国際通貨としてのユーロの位置づけ

表3-2 各年度末の銀行引受手形残高 (100万)

年	1927	1928	1929	1930	1931	1932	1933	1934	1935
ロンドン（ポンド）	241	328	294	258	185	150	150	168	162
ニューヨーク（ドル）	864 (174)	1,095 (223)	1,426 (293)	1,244 (255)	708 (156)	480 (137)	487 (115)	350 (69)	287 (58)

注：（ ）内の数字は，それぞれの年平均のポンド・ドルレートでポンドに換算している．
出所：銀行引受手形については Baster（1937），p.297．ポンド・ドルレートについては Board of Governors of the Federal Reserve System（1943），p.681．

金本位制の再建が果たされた．この後，1931年に英国が金本位制を離脱するまでの間を，再建金本位制期とよばれる．

再建金本位制期から30年代の変動相場制期にシェア比率の観点から，ポンドの表示通貨と取引通貨の機能は維持されたものの，その資産通貨の機能はドルに取って代わられ，取引通貨全体ではドルがポンドを一時的に上回った．

ここでは貿易金融に利用された銀行引受手形残高の推移により，表示・取引通貨のシェアを比較する．貿易取引で利用される通貨によって，貿易金融が利用される傾向がある．その貿易金融が，銀行引受手形を利用して行われる．したがって銀行引受手形残高の推移から，当時の表示・取引通貨のシェアの推移を類推することができる．表3-2にはロンドン，ニューヨークの両金融市場での銀行引受手形総額を示しているが，これより1927年から35年の間，ドル利用が高まってポンド利用に追いついてきたものの，ポンドの利用がまだ上回っていることがわかる．さらに34年，35年はドル利用が大きく落ち込んでいる[6]．

また資産通貨の推移に関して，ここでは英米両国でのポンドとドルによる外国勘定資本発行の対外投資残高の推移を取り上げる．表3-3より，20年代では米国による投資がポンドを圧倒した．しかし大恐慌以降，米国の対外

---

6) また，ロンドン市場で第三国間貿易の目的で引き受けられた手形量は，1927年に1億4000万ポンド，1928年に2億100万ポンド，1929年に1億7600万ポンド，ニューヨーク市場のそれは8300万ポンド，1億400万ポンド，1億7100万ポンドであった．

表3-3 英米両国の外国勘定資本発行（借換を除く）

(年平均, 100万ドル)

年	1919～23	1924～28	1929～31	1932～38
米国	531	1,142	595	28
英国	416	587	399	143

出所：United Nations（1949），p.25．

表3-4 英国の対外純債務

(年末残高, 100万ポンド)

年	対外純債務	海外スターリング地域	非スターリング地域
1932	468	246	222
1933	538	275	263
1934	580	316	264
1935	600	346	254
1936	721	358	363
1937	808	387	421
1938	598	339	259

注：対外債務の中には外貨建ても含まれている．
出所：前田・髙屋（2019）より．原出所は上川（2015）177頁．

投資が激減し，資産通貨としてのドルの利用の限界を示しているといえる．

さらに，英国が金本位制を離脱した変動相場期の32年以降の海外スターリング地域，非スターリング地域の保有するポンド残高を示したものが表3-4である．ここで海外スターリング地域とは，31年の金本位制停止後に英国に追随した国々を指す．これらの国の通貨は，密接にポンドとつながっていた．この表より，30年代のポンド建ての対外純債務残高は，維持ないしは増加しており，ポンド利用が減少したとはいえない．その背景には，植民地を含む海外スターリング地域でのポンド残高が30年代を通じて増加しており，またスターリング地域には及ばないものの，非スターリング地域でも保有するポンド残高がわずかに増加している．すなわち，スターリング地域のポンド残高の増加が，ポンドの国際的利用において重要な役割を果たしていたことが推察される．一方，この時期のドルでの貿易金融及び対外投資はすでに掲げた表3-2と表3-3より，それぞれ残高は大きく減少している[7]．

以上より，戦間期の基軸通貨ポンドに関して，次のような解釈ができよう．国際的なドル利用が台頭したことから，英国の金本位制復帰というイベント

第3章 国際通貨としてのユーロの位置づけ

は,基軸通貨としてのポンド利用を必ずしも有利にするものではなかった.また,当時の米国の好況,英国の不況を反映し,米英の金利格差が生じ,英国から米国への資本・金流出が生じた.しかし,当時の英国は国際収支を調整する有効な政策手段を持ち合わせていなかった.高失業率が社会問題化している状況では,バンクレートの引き上げによるポンド防衛にも限界があったからである.その結果,基軸通貨ポンドのネットワーク効果とシナジー効果が十分に作用せず,基軸通貨ポンドの地位は揺らいだ.一方,米国の貿易金融,対外投資はともに戦間期には増加した.その結果,ネットワーク効果とシナジー効果が作用し,当時の国際通貨ドルの地位が高まった.しかし,そのポンドの履歴効果により,ドルがポンドを上回るほどの利用には至らなかったといえる.

英国の金本位制離脱後の1930年代の変動相場制下では,ポンドの表示通貨と取引通貨,そして資産通貨の機能では一定程度維持された一方で,ドルのそれらの機能は低下した.英国はポンド・ペッグ圏の形成と拡大に成功し,ポンドの基準通貨の高まり,それによる介入通貨の機能強化,そして準備通貨の機能の高まりがあったのに対し,米国もドル・ペッグ圏を形成したが,その規模はポンド・ペッグ圏に及ばなかった.また,米国も金本位制を停止し,ドル切り下げの不安が市場を支配したものの,同国での銀行危機により,金利引き上げによるドル防衛という政策調整はできなかった.そのため米国の貿易金融,対外投資もともに急減したため,ネットワーク効果とシナジー効果が作用せず,国際通貨ドルの地位は後退したといえる.

第2次大戦後,ブレトンウッズ体制の成立により,米国以外のIMF加盟国はドルに対して平価を設定することとなった.さらに1949年には,英国はポンドを切り下げた.こ2つの歴史的イベントは,基軸通貨ポンドの機能が失われる転換点になったと考えられる.当初は「ドル不足」が生じていたので,ポンド利用も一定程度存在したため,履歴効果も働き,ポンド利用の大幅低下はなかった.しかし,1950年代半ばに「ドル不足」が解消された

---

7) ただし,世界的な政情不安の反映により30年代末には,ポンド残高は急減し,一方ドル残高が増加している(島崎 1977,米倉 2000).

ことにより，基軸通貨としての地位はポンドからドルにシフトした．まず，米国以外の IMF 加盟国（スイスを除く）がドルに対して平価を設定したことにより，ドルの基準通貨としての地位が高まり，さらに介入通貨の利用も高まった．そして，為替介入のためのドルの準備通貨としての地位が高まり，ポンドのそれらを上回った．また米国が英国の2倍以上の対外投資を行ったこともあり，ドルの資産通貨機能がポンドを上回った．最後の段階でドルがポンドを上回ったのは，表示通貨と取引通貨の機能であったと考えられる．

　Clarke（1965）によれば，第2次大戦直後には世界貿易の3分の1，1950年代には4分の1がポンド建てでファイナンスされた．ドル建て銀行引受手形残高が戦間期の水準まで回復するのは，1960年代のことである（Solomon and Tamagna 1955, Cooper 1966）．一方，英国では対外投資規制が続いていたのに対し，米国の対外投資は1950年代前半には英国の3倍以上，1950年代後半には5倍以上のものであった．表3-5で示すように，ドル残高は1948年以降，一貫して増加している．ポンド残高をドル換算すると，

表3-5　40年代後半のドル残高とポンド残高

(100万ドル)

年	ドル残高	ポンド残高	ドルシェア
1945	6,883	14,516	32.17%
1946	6,475	14,871	30.33%
1947	5,519	15,999	25.65%
1948	6,327	14,710	30.08%
1949	6,329	10,738	37.08%
1950	7,340	11,878	38.19%
1951	7,978	12,309	39.33%
1952	9,258	11,127	45.42%
1953	10,266	11,749	46.63%
1954	11,354	12,292	48.02%
1955	11,895	12,001	49.78%
1956	13,797	12,166	53.14%
1957	14,383	11,712	55.12%
1958	15,367	11,908	56.34%
1959	17,261	12,608	57.79%

注：ドルシェア＝ドル残高÷（ドル残高＋ポンド残高）×100
出所：前田・高屋（2019）より．原出所は Board of Governors of the Federal Reserve System（1976），p. 932. Bank of England（1970），p. 125.

減少傾向にあり，110〜120億ドル台の範囲で増減を繰り返している．ドル残高がポンド残高を上回ったのは，1956年のことである．

このように，ブレトンウッズ体制の成立と，1949年の平価切り下げというポンドにとって不利なイベントがあったにもかかわらず，ドル残高がポンド残高を上回るのに，1956年まで時間がかかったのは，履歴効果が働いたためと考えられる．1950年代後半に「ドル不足」が解消されたことにより，ようやくドルとポンドの通貨シェアは逆転し，その差が拡大する一方となったのは，ドルにはネットワーク効果とシナジー効果が作用したからと考える．

ここで，Anthony and MacDonald（1998, 1999）及び Nieuwland, Verschoor and Wolff（1994）らが発展させた，為替レート制度のターゲットゾーンに関する実証分析を応用して，ポンドの一方向の変更がいつ起きたかの実証を試みる．固定レート制が安定的であり，一時的には変動しても，ターゲットゾーンの中心レートに回帰するかどうかを，単位根検定を応用して検証する．ただし先行研究とは異なり，構造変化のある単位根検定（unit root test with breakpoint）を用いて，為替レート変動に構造変化があったのかどうかも検証する．構造変化の検出には，Dickey-Fulle の t 統計値の最小値を用いる．またラグ字数の選択には SC 基準を用いて3とした．さらに推定期間は，1925年1月から1959年12月までとした．データは Riksbank が収集した，Historical monetary and financial statistics for Sweden のポンド＝スウェーデン・クローネレート及びドル＝スウェーデン・クローネレートの月次データより，ポンド＝ドルレートを算出し，利用した[8]．

これより，まず構造変化の時期は1期のみで，1949年8月と検出した．したがって，この期を前後に，為替レートの動きに構造変化が起きたものと推定される．いいかえると，レジームチェンジがこの時期に起きたものと推察できる．また t 統計値の変化を示したのが，図3-2である．ADF での t 統計値が1935年以降，単位根の存在を棄却する方向に動いている．すなわち，これはこの時期より，回帰的な為替変動が不安定となり，平均回帰的な

---

8) データは Historicalstatistics.org（http://historicalstatistics.org/）のサイトから利用した．

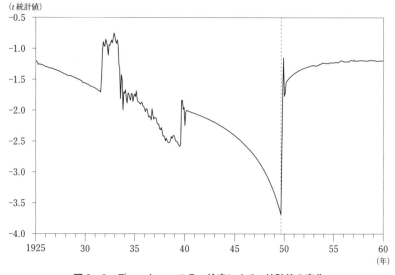

図3-2 ディッキー＝フラー検定による t 統計値の変化
出所：筆者作成.

動きを見せていないことを示唆する．さらに40年代には，単位根の存在を棄却し，この時期よりポンドレートは不安定であると推定される．さらには1949年に大きな構造変化が起き，その後，再び単位根を棄却できない非定常な動き，すなわち平均回帰的な変動に戻っている．したがって，49年の平価切り下げ以降，ポンド・ドルレートはある一定幅内を変動していることを示唆している．

このようにポンドからドルへの歴史的事例にみられるように，基軸通貨交替には履歴効果を打ち破るようなイベントが必要であることを示唆している．では，基軸通貨としてユーロもドルを上回る契機となるようなイベントが起きうるだろうか．次節以降，ユーロの役割について検討してゆく．

5. ユーロの国際的役割

ここでは，国際通貨としてのユーロの現状を検討しよう．ユーロ圏での貿易建値通貨としてのユーロ利用を，表3-6に掲げている．これよりユーロ圏

表3-6 ユーロ圏での貿易建値通貨としてのユーロ利用

【財の輸出入でのユーロ建て比率】 (%)

年	2007	2008	2009	2010	2011	2012	2013	2014	2015	2016
輸出										
ユーロ圏	59.6	63.6	64.1	63.4	69.9	66.7	60.0	58.9	57.4	56.1
ベルギー	52.8	56.2	57.4	52.3	55.3	56.6	—	57.4	56.0	55.9
フランス	51.5	49.3	52.3	51.8	52.4	49.3	48.9	48.3	46.0	46.4
イタリア	64.3	68.7	69.2	67.4	—	—	—	—	—	—
ギリシャ	35.5	32.6	36.3	33.7	35.5	32.3	31.1	48.3	53.3	57.8
ポルトガル	61.4	63.1	64.2	63.4	62.1	59.3	55.9	58.1	59.6	64.5
スロバキア	—	96.5	94.8	94.4	96.0	96.5	96.0	94.9	93.4	94.5
輸入										
ユーロ圏	47.9	47.5	45.2	49.4	52.2	51.3	47.1	47.5	47.5	47.3
ベルギー	56.1	56.4	57.7	53.0	55.7	57.3	—	75.3	71.4	68.0
フランス	44.8	44.2	44.3	44.4	40.6	39.9	40.0	42.0	42.4	43.5
イタリア	44.3	47.8	49.7	46.9	—	—	—	—	—	—
ギリシャ	33.6	37.3	37.9	30.8	32.9	23.6	23.4	32.3	41.7	47.4
ポルトガル	51.8	53.7	56.6	51.4	45.9	39.8	37.5	42.7	47.1	52.9
スロバキア	—	82.1	77.8	76.5	69.2	67.6	65.5	68.5	66.8	67.9

【サービス貿易でのユーロ建て比率】 (%)

年	2007	2008	2009	2010	2011	2012	2013	2014	2015	2016
輸出										
ユーロ圏	54.5	55.5	53.4	52.7	55.0	49.6	62.9	63.2	62.7	62.9
ベルギー	74.2	73.9	75.9	74.8	75.1	72.8	79.9	84.5	82.3	81.5
フランス	49.0	39.9	35.5	31.4	59.0	59.8	63.6	62.8	61.2	59.2
イタリア	59.3	80.4	75.7	77.1	74.0	74.7	79.4	83.2	81.8	83.4
ギリシャ	13.3	15.5	19.0	19.2	25.2	27.8	29.1	28.4	36.0	52.2
ポルトガル	59.9	65.8	68.1	62.1	65.1	63.6	67.3	67.8	70.2	73.4
スロバキア	—	—	—	—	—	—	—	85.7	91.5	92.2
輸入										
ユーロ圏	55.7	57.7	56.1	56.9	60.5	55.9	51.7	52.7	52.4	52.3
ベルギー	72.4	74.0	71.1	72.2	70.2	67.9	72.9	76.4	74.0	73.4
フランス	54.8	54.9	49.4	49.8	35.7	36.0	37.2	38.5	39.0	38.0
イタリア	59.1	65.6	62.7	64.4	64.3	61.8	61.0	63.9	61.6	61.4
ギリシャ	27.5	28.9	34.4	28.5	31.7	33.7	39.6	40.4	49.7	58.6
ポルトガル	72.6	73.3	72.7	71.3	73.9	73.2	73.5	71.3	71.1	71.5
スロバキア	—	—	—	—	—	—	—	72.6	83.1	84.1

出所：European Central Bank (2017) より．

表 3-7 非ユーロ圏での貿易建値通貨としてのユーロ利用

【財の輸出入でのユーロ建て比率】 (%)

年	2007	2008	2009	2010	2011	2012	2013	2014	2015	2016
輸出										
ブルガリア	60.5	61.5	68.6	56.1	52.9	48.6	55.9	57.9	59.7	65.4
チェコ	72.0	73.6	76.0	76.4	77.0	77.2	79.1	78.4	78.5	78.7
クロアチア	—	—	—	—	—	81.0	80.0	—	—	—
ポーランド	69.8	68.2	66.1	—	—	—	—	—	—	—
ルーマニア	67.7	68.5	75.9	71.3	67.1	70.1	73.2	77.0	76.9	76.3
スウェーデン	—	—	—	22.0	22.0	23.4	23.4	20.6	20.6	16.8
輸入										
ブルガリア	60.2	65.7	70.9	46.2	45.4	46.5	44.6	51.7	53.9	59.6
チェコ	68.0	68.3	68.9	68.5	68.0	68.0	68.9	68.4	68.0	67.9
クロアチア	—	—	—	—	—	70.4	70.6	—	—	—
ポーランド	59.1	56.4	54.8	—	—	—	—	—	—	—
ルーマニア	71.5	70.9	73.2	66.8	64.2	60.5	64.0	64.2	68.6	71.0
スウェーデン	—	—	—	18.8	18.5	17.3	19.0	20.4	21.7	23.0

【サービス貿易でのユーロ建て比率】 (%)

年	2007	2008	2009	2010	2011	2012	2013	2014	2015	2016
輸出										
ブルガリア	76.3	77.9	79.0	82.5	76.5	76.9	80.1	76.8	72.8	66.9
チェコ	67.2	72.3	76.0	76.9	78.5	80.5	75.9	70.8	69.9	67.3
ポーランド	69.8	68.2	66.1	—	—	—	—	—	—	—
ルーマニア	71.2	75.2	73.8	62.2	67.0	65.1	66.3	61.8	64.5	73.8
輸入										
ブルガリア	77.1	77.1	80.8	66.5	65.2	66.4	66.5	63.0	55.4	52.0
チェコ	61.3	69.3	78.4	75.6	75.3	77.3	74.6	73.5	74.9	75.9
ポーランド	54.0	54.0	58.9	—	—	—	—	—	—	—
ルーマニア	74.6	74.5	78.6	69.4	69.5	63.7	67.7	57.3	48.5	49.7

出所：European Central Bank（2017）より．

　全体の財・サービスの輸出では60％弱の利用にとどまっており，近年，その比率は低下しつつある．ユーロ以外の通貨としてはドル，日本円の利用があると考えられる．

　表 3-7 には，非ユーロ圏の貿易取引での通貨別比率を示している．非ユーロ圏周辺国の輸出，輸入では，スウェーデンを除いて60％程度はユーロが利用されている．これも貿易相手がユーロ圏諸国である比率が高いためである．ユーロ圏，非ユーロ圏も貿易相手がユーロ圏加盟国である場合には，

第3章　国際通貨としてのユーロの位置づけ

表3-8　EUと日本との貿易取引に占める通貨別比率

日本からの輸入	通貨名	ユーロ	円	米ドル	英ポンド	スウェーデン・クローナ	その他
	比率	19.6	30.1	13.4	6.1	0.4	0.4
日本への輸出	通貨名	ユーロ	円	米ドル	英ポンド	スイスフラン	その他
	比率	28.2	58.1	10.2	2.1	0.8	0.6

注：輸出・輸入はEUからの輸出，EUの輸入を表す．
出所：関税・外国為替等審議会（2016）．

　ユーロが貿易建値通貨として選択される傾向があるものの，それ以外の地域との取引では，ドルや円が利用されていることが考えられる．表3-8には，わが国とEUとの貿易取引の際の通貨別比率を掲げている．これより，わが国との取引ではユーロよりも円の利用比率が高いことがわかる．したがって，貿易建値通貨としてのユーロの利用は，ユーロの建値通貨としての利用は自身が貿易相手国である場合に限られ，またその割合もそれほど高いものではないといえよう[9]．

　次に，国際金融市場でのユーロのシェアを確認するために，資産通貨，準備通貨としての役割を検討しよう．図3-3はユーロの公的利用のうち準備通貨のシェアの動向を示している．これをみると，ドルのシェアが60%を超えており，基軸通貨として準備通貨としてもシェアが最も高い．ただし，2003年から2014年までドル，ユーロ共に金利低下の影響もあって準備通貨シェアは低下している．さらに，ユーロは債務危機の影響もあり，信用リスクの高まりとともに大きくシェアを低下させている．信用リスクが低下した2016年以降には，ユーロはややシェアを回復している．

　さらに，国際金融市場での状況として，金融機関による国際融資において利用される通貨別比率を示したのが表3-9である．表3-9より，すべての国際融資においてドルの比率が上昇し，ユーロ圏外での融資においてはドルの比率が大幅に増加し，ユーロの比率は低下している．ユーロ圏外での融資では特に，ユーロのシェア低下が顕著である．これは2007年からの金融危機

---

9)　工業国間では，輸出国の通貨が貿易建値通貨では選択される傾向にあるという．

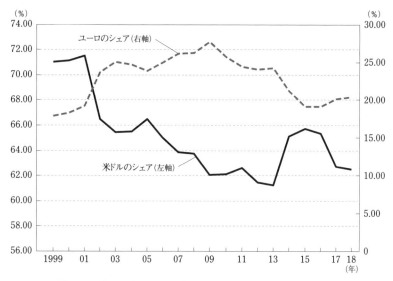

図3-3 米ドルとユーロの世界各国の外貨準備に占めるシェア

注:米ドルの比率は左軸,ユーロの比率は右軸を利用.
出所:IMF DATA access to Macroeconomic and Financial data, COFER より.

表3-9 国際貸付市場での通貨別シェア比率

年	すべての国際融資における通貨別比率				ユーロ圏外の金融機関による域外融資における通貨別比率			
	ユーロ	ドル	円	その他	ユーロ	ドル	円	その他
2003	24.5	54.5	5.9	15.1	36.3	33.5	10.2	19.9
2004	24.7	53.9	5.8	15.7	39.3	36.3	6.5	18.0
2005	24.5	55.1	5.0	15.4	29.7	44.8	9.6	15.9
2006	22.2	56.8	4.0	17.0	23.9	46.8	6.0	23.2
2007	23.2	54.8	4.4	17.7	25.1	44.5	6.0	24.4
2008	25.2	55.2	3.8	15.8	19.8	51.9	4.2	24.0
2009	23.7	56.2	2.9	17.2	16.9	52.4	2.9	27.7
2010	24.2	56.3	2.9	16.7	24.1	55.7	2.5	17.8
2011	24.6	55.2	3.4	16.7	16.6	55.4	2.8	25.1
2012	24.8	54.6	3.5	17.1	14.6	60.3	1.9	23.2
2013	22.2	55.4	4.6	17.7	12.8	62.4	2.8	22.0
2014	22.9	56.1	4.2	16.8	14.2	63.7	0.4	21.7
2015	21.5	58.5	3.5	16.5	11.5	67.6	0.9	20.0
2016	21.3	59.1	3.6	16.0	14.1	65.7	1.0	19.2

出所:European Central Bank (2017) より.

第3章 国際通貨としてのユーロの位置づけ

表3-10 ユーロ建て証券の保有者別シェア (%)

年	居住者発行・居住者保有	居住者発行・非居住者保有	非居住者発行・居住者保有	非居住者発行・非居住者保有	ユーロ建て債券の発行額(10億ユーロ)
2008	74	13	9	5	16,961
2009	68	17	9	6	15,143
2010	68	18	9	5	16,155
2011	69	18	9	5	16,625
2012	69	17	9	5	17,184
2013	67	20	9	5	16,839
2014	64	21	9	6	16,818
2015	66	19	9	6	16,673
2016	66	17	10	6	16,787

出所:European Central Bank, "The International Role of the EURO"各号より.

表3-11 ユーロ建て証券の国際債券市場のシェア (%)

年	ユーロ	ドル	円	その他	合計
2003	28.4	46.6	8.8	16.2	100
2004	29.3	46.1	7.7	16.8	100
2005	29.2	46.2	6.8	17.7	100
2006	27.5	48.6	5.9	18.0	100
2007	26.4	49.6	5.8	18.3	100
2008	27.3	49.7	5.8	17.2	100
2009	26.1	51.6	5.1	17.2	100
2010	24.1	53.7	4.8	17.4	100
2011	22.9	55.5	4.4	17.2	100
2012	22.4	57.0	4.0	16.7	100
2013	21.1	59.9	3.4	15.6	100
2014	21.3	60.9	3.1	14.7	100
2015	22.4	61.4	2.9	13.3	100
2016	22.0	63.0	2.6	12.3	100

出所:Bank for International Settlements.

と,2010年からの一連の債務危機によって欧州金融機関のリスクテーク能力が低下し,国債市場での融資が低下していることに起因する.

また,調達・資産通貨としてのユーロの役割を確認するために表3-10では,国際債券市場でのユーロ建て証券のシェアを示している.2008年からのデータを示しているが,ユーロ圏非居住者発行のユーロ圏居住者のシェアは9%,非居住者発行・非居住者保有のシェアも5%程度で維持されており,

非居住者による資金調達手段としての利用は低い．資産通貨としての役割では，ユーロ建て証券は主に居住者発行・居住者保有が過半数であり，非居住者保有のシェアも20%弱と，非居住者のユーロ建て証券でのプレゼンスは高くはないといえる．それは表3-11のユーロ建て証券の国際債券市場のシェアの低下にもあらわれている．

以上の現状では，国際的な役割の上でユーロがドルを上回る決定的な兆候は出ておらず，しばらくはドルの利用が続くものと想定される．

6. ユーロの国際通貨への意志と信頼

ユーロが国際化して有力な国際通貨，あるいは基軸通貨になることを，ユーロを発行する欧州中央銀行（ECB）ははたして望んでいるのだろうか．これを考える視点として，国際通貨として機能することによるユーロ圏の便益と費用を考えるのが適切である．

まず便益として，(1) ユーロ圏外からユーロ圏内への投資が進み，金融市場の厚みがでてくる．それにより金融市場の流動性が高まり，効率的な取引や価格形成が実現すると想定できる．また，(2) ドル建て債務など，ユーロ以外の国際通貨で海外からの借入を行う必要がなく，自国通貨建て海外債務を負うことになり為替レートの影響を受けない．さらに，(3) (2) と同様にユーロ圏内の企業が貿易を行う時には，自国通貨建て契約・決済を増やすことができ，為替リスクを減ずることができる．最後に，(4) ユーロ圏外からの預金が増加し，また海外への融資も自国通貨で実施できる量が増加するので，為替リスクを減じたままユーロ圏の金融機関のビジネスチャンスは拡大する．またこれと類似して，ユーロ建て紙幣の海外流通が増え，ECBの海外からのシニョレッジ（通貨発行益）の拡大も見込まれる．

一方，費用としては次のものが挙げられる．(1) 金融政策がより難しくなることが考えられる．通貨が国際化することで，ユーロ圏外の金融市場からの資金流入が大規模となり，また資金も海外に流出しやすくなり，ユーロ圏内の金融市場のコントロールが難しくなろう．ユーロ圏での危機が発生すればいっそう海外に資金が流出しやすくなり，資産価格の急落を招く懸念はあ

る．(2) ユーロがより国際通貨化することで，今以上にユーロ圏外からの資金流入が起きるならば，ユーロレートが各通貨に対して過大評価される可能性があり，それがユーロ圏の国際競争力を減ずることもありうる．また，(3) 国際通貨となることで，より金融リスクを引き受けることになりえる．現在の基軸通貨国米国には，海外からの預金流入があり，それを利用して積極的に米国の金融機関は海外投資を行う，あるいは海外投資を行う投資家に融資を実行している．国際資金循環のポンプとしての役割を米国が担っているのだが，これは米国全体としてはハイリスク・ハイリターンのポートフォリオ形成につながる．このようなポジションを，基軸通貨国は保有せざるを得なくなる．ユーロ圏も同様のポジションを持つことはコストにつながる．

では，現時点でどちらが勝るとECBは想定しているだろうか．ユーロ発足時からECBは，ユーロの国際化を目指してこなかったといえ，それはユーロの国際化による便益よりも，費用の方が高いと判断してきたといえる．ECBの政策目標は原則，物価安定を実現する金融政策の実行であり，そのために他の経済指標も参考にはする．しかし，金融政策の実効を難しくするような状況を好ましくは考えておらず，現在もユーロの国際化を目指してはいない．また物価安定を重視するため，為替レートからの物価への影響もECBは配慮しており，ユーロが国際化することでユーロレートが過大評価されるとデフレバイアスがかかるため，やはりECBとしてはそのような状況を回避したい．また欧州では従来，間接金融が中心であり，そのため海外投資家が投資するための金融商品はそもそも少ない．無論，直接金融の比重をより高めるという方向もあるものの，市場での流動性は低く，リスク余力に見合った適切なポートフォリオを構成することが難しい．そのためたとえユーロを国際化させようとしても，資金流入が限られ，国際化によって金融市場が享受する便益は少ないものに留まると考えられる．したがってユーロの基軸通貨化は，便益よりも費用の方が高いと判断していると考えられる．

次にユーロを基軸通貨として需要するユーザーの，信頼や利便性を検討しよう．ユーザーは基軸通貨に対して価値が安定し，債務履行も確実なリスクの低い国際流動性であることを求める．まず決済インフラの国際流動性として，ユーロは十分に機能できる．しかし米国の金融・証券市場の規模や金融

商品の少なさも含めると，ユーロの流動性はドルよりも劣る．またユーロへの信頼に関しては，2007年からの欧州金融危機，欧州債務危機を経験しており，ユーロ圏経済や域内の金融機関の財務状況に対して厳しい目が向けられてきた．特に欧州危機でみられた弱みとは，次のようなものがある．まず，(1) 政治統合の不備が露呈したことである．ユーロ圏のみならずEUの有事の際の危機管理能力についての疑問が広がった．また，(2) ドイツなどの北部欧州と南欧との間の域内経済格差が存在し，それが債務危機の背景にある．しかし単一通貨ユーロが導入されたことで，為替レートによる調整機能が喪失し，格差をさらに拡大してきた．さらに，(3) 国境を越えた金融活動に対する金融監督制度の不備が，欧州の金融機関の財務状態を悪化させた可能性もあり，それがユーロへの信頼を貶めた．いずれもユーロ導入時には十分には検討されてこなかった事項であり，ユーロ価値への疑問をもたらすこととなった．

当初，その危機に対するECBならびにEUの対応も万全なものとは言いがたく，ユーロへの信頼を低下させたといえる．2010年から欧州金融安定ファシリティ (10〜13年の時限機関)，欧州安定メカニズム (恒久機関) が整備され，またEU全体の金融規制を行う銀行同盟が整備されたこと，さらには各国政府による金融機関の不良債権処理が進んできたことで，ユーロへの信頼も回復しつつある．

しかし，ギリシャの債務返済問題が根本的に解決したわけではなく，これからもデフォルトリスクが高まる懸念は残る．またユーロ圏の潜在成長力や全要素生産性といった，経済ファンダメンタルズも低いままであり[10]，ユーロへの信頼がドルに比べて恒常的に高いとまではいえない．もし海外での安定したユーロの利用を企図するなら，ユーロ圏の金融機関の経営の安定のみならず，フェイルセイフ (Fail to Safety) の思想の下に，来たるべき危機が起きることを想定したEUとECBによるセイフティネットの整備が必要であろう．現在は銀行同盟が整備され，引き続き資本同盟の準備に入ったが，ユーロ圏加盟国間の経済格差とそれを反映した各国の域内経常収支不均衡の

---

[10] 欧州委員会，AMECOデータベースより．

第3章　国際通貨としてのユーロの位置づけ

是正が望まれる．

　さらには，英国の EU 離脱，すなわちブレグジットによるユーロ利用への影響も考慮せねばならない．現在，多額のユーロ建て金融商品がロンドン・シティで取引されているが，それらの金融商品の清算をブレグジット後もシティで行うのか，それともユーロ圏内のどこかの金融市場に移転せねばならないのかが議論されている[11]．EU の単一パスポートと呼ばれる EU 単一市場へのアクセス権に係わる規則のうち，「清算機関やデリバティブ取引に関するルールを定める欧州市場インフラ規則（Emir）」が英国に適用できるかどうかに係わる．もし適用されれば，現行通り，シティに清算機関が置かれるであろう．しかし適用されなければ，シティから清算機関は移転する[12]．清算機関の移転自体は，ユーロの需要を直接には左右しないであろうが，移転にともなう副次的な金融機関の移転や，EU 単一パスポートの制限が起きれば，ブレグジットの影響は避けられない．

　いま，清算機関が移転する状況を仮定しよう．従来，シティでのユーロ建て金融商品の取引は盛んに行われ，シティはユーロ圏の居住者に対しても，ユーロ関連取引のリスクヘッジ機能を提供してきた．一方，ユーロ圏内の金融市場はシティに比べ規模も小さく，また魅力度も劣ってきた．そのためユーロ建て商品の取引はシティが中心であり，いわばユーロ圏もシティも共存共栄の関係にあるといえる．もし清算機関がユーロ圏内に移転され，それをきっかけにしてシティから金融機関が移転することになったとすれば，

11）　もともと 2011 年に ECB はユーロシステム監督ポリシーフレームワークを公表し，ユーロ建て金融商品の清算のためのインフラはユーロ圏に設立せねばならないとした．それに対して英国は，LCH クリアネット等の清算所があり，この決定の無効を欧州裁判所に提訴した．判決では，ECB が証券精算システムを監督する権限を持たないということで，このポリシーフレームワーク自体を無効とした．しかし，ECB は証券決済の監督権限も追加することを見込んでいるようで，議会や理事会の承認も得られる可能性があると考える．

12）　欧州委員会より英国が Emir に基づく同等性評価を受ければ，EU 規則が適用されるので，現行通り EU 域内から英国清算機関でのユーロ建て商品の清算が可能となる．しかし，同等性評価までに Emir を国内法に置き換えておかないと，同等性評価が行われない．また EU 加盟国の首脳からも，ノルウェーと同様に EU 法の適用国でないと清算機関を置けないと発言しており，この適用にも困難が予想される．

ユーロ自体の魅力が低下すると考えられる．移転先の金融都市がシティからの金融機関の進出によって，金融人材の流入，インフラの整備，新たな金融商品の開発等が生まれ，魅力を高めることはありえる．しかし，それには時間がかかるであろう．現在のシティが担っているユーロと他の通貨との取引を媒介する役割を，容易には別の市場では置き換えられない．その間，国際通貨としてのユーロの需要が他の通貨，たとえばドルやポンドにシフトすることも想定せざるをえない．

7. おわりに

　本章は，ユーロはドルに挑戦できるのかという問いへの一つの答えである．その答えは，現時点では否である．国際通貨，基軸通貨の役割のシナジー効果について分析を進め，また基軸通貨の交替に関する理論的な検討を行ったことにより，現在のユーロの利用度を前提にすれば，基軸通貨ドルに交替できるだけの実力を得るのはなかなか難しいと考えられる．その主因としては，ユーロの利便性とその信頼性がドルを上回ることが難しく，外国為替市場において，ユーロの有利さが表れないことにある．

　では将来，ユーロはドルにチャレンジできるのだろうか？　ユーロ圏の課題としては，ユーロの価値安定と，その利便性を高めなければならない．そのためにまず，ユーロ圏の安定性のためには，預金保険の各国統一基準を採用して銀行同盟を完成させることや，長期的な経済ファンダメンタルの改善，そしてEU経済ガバナンスを強化するための各国政治の安定が求められる．

　またユーロへの魅力のために，現在検討が進んでいる資本市場同盟の推進，ロンドン市場からの金融機関の移転を利用した金融市場の充実などの，ユーロを利用した金融取引の利便性の改善が求められよう．なによりも，ユーロが基軸通貨へと飛躍するためには，EUが今後，域内だけのユーロ利用を重視するだけでなく，域外利用も視野に入れるのかどうかが問われよう．さらには，ユーロ圏諸国そしてECBが，ユーロの国際化を積極的に受け入れるかどうかの意志が重要となる．もしユーロ圏が，ユーロを基軸通貨に押し上げる意志で統一するのならば，それは可能かもしれない．今後の進展を見守

りたい．

参考文献

Angeloni, Ignazio, Agnès Bénassy-Quéré, Benjamin Carton, Zsolt Darvas, Christophe Destais, Jean Pisani-Ferry, André Sapir, and Shahin Vallée (2011), "Global Currencies for Tomorrow : A European Perspective," CEPII Research report 2011-01/Bruegel Blueprint 13. http://bruegel.org/wp-content/uploads/imported/publications/Global_currencies_for_tomorrow__a_European_perspective___English___2_.pdf

Anthony, Myrvin and Ronald MacDonald (1998), "On the Mean-Reverting Properties of Target Zone Exchange Rates : Some Evidence from the ERM," *European Economic Review*, Vol. 42(8), pp. 1493-1523.

Anthony, Myrvin and Ronald MacDonald (1999), "The Width of the Band and Exchange Rate Mean-Reversion : Some Further ERM-Based Results," *Journal of International Money and Finance*, Vol. 18(3), pp. 411-428.

Bank of England (1970), *Statistical Abstract*, London : Bank of England.

Baster, Albert S. J. (1937), "The International Acceptance Market," *American Economic Review*, Vol. 27(2), pp. 294-304.

Bénassy-Quéré, Agnès, and Benoît Coeuré (2010), 《Le Rôle International de l'Euro : Chronique d'une Décennie》, *Revue D'Économie Politique*, tom. 120, pp. 355-377.

Board of Governors of the Federal Reserve System (1943), *Banking and Monetary Statistics, 1914-1941*, Washington, D. C. : Board of Governors of the Federal Reserve System.

Board of Governors of the Federal Reserve System (1976), *Banking and Monetary Statistics, 1941-1970*, Washington, D. C. : Board of Governors of the Federal Reserve System.

Chinn, Menzie and Jeffrey A. Frankel (2008), "Why the Euro will Rival the Dollar," *International Finance*, Vol. 11(1), pp. 49-73.

Chitu Livia, Barry Eichengreen, and Arnaud J. Mehl (2014), "When did the Dollar Overtake Sterling as the Leading International Currency? Evidence from Bond Markets," *Journal of Development Economics*, Vol. 111, pp. 225-245.

Clarke, William M. (1965), *The City in the World Economy*, London : Institute of Economic Affairs.

Cohen, Benjamin J. (1971), *The Future of Sterling as an International Currency*, London : Macmillan.

Cohen, Benjamin J. (2009), "Dollar Dominance, Euro Aspirations : Recipe for Discord?" *Journal of Common Market Studies*, Vol. 47(4), pp. 741-766.

Committee on Finance and Industry (1931), *Report*, London : His Maj. Stationery Office.

（加藤三郎・西村閑也訳『マクミラン委員会報告』日本経済評論社，1985年）

Cooper, Robert L. (1966), "Bankers' Acceptances," *Monthly Review Federal Reserve Bank of New York*, Vol. 48(6), pp. 127-135.

Eichengreen, Barry J. (2008), *Globalizing Capital : A History of the International Monetary System*, 2nd edition, Princeton : Princeton University Press.

Eichengreen, Barry, Livia Chiṭu, and Arnaud Mehl (2016), "Network Effects, Homogeneous Goods and International Currency Choice : New Evidence on Oil Markets from Older Era," *Canadian Journal of Economics*, Vol. 49(1), pp. 173-206.

European Central Bank (2017), *The International Role of the EURO*, July.

Goldberg, Linda, Signe Krogstrup, John Lipsky, and Hélène Rey (2014), "Why is Financial Stability Essential for Key Currencies in the International Monetary System?" *Vox Column*, 26 July. https://voxeu.org/article/new-thinking-reserve-currency-status

Hartmann, Philipp (1998), *Currency Competition and Foreign Exchange Markets : The Dollar, the Yen and the Euro*, Cambridge : Cambridge University Press.

Helleiner, Eric and Jonathan Kirchner (2009), "The Future of the Dollar : Whither the Key Currency?" in : Eric Helleiner and Jonathan Kirshner (eds.), *The Future of the Dollar*, Ithaca : Cornell University Press, pp. 1-23.

Krugman, Paul R. (1980), "Vehicle Currencies and the Structure of International Exchange," *Journal of Money, Credit and Banking*, Vol. 12(3), pp. 513-526.

Matsuyama, Kiminori, Nobuhiro Kiyotaki, and Akihiko Matsui (1992), "Towards a Theory of International Currency," *Review of Economic Studies*, Vol. 60(2), pp. 283-307.

Nieuwland, Fred, Willem F. C. Verschoor, and Christian C. P. Wolff (1994), "Stochastic Trends and Jumps in EMS Exchange Rates," *Journal of International Money and Finance*, Vol. 13(6), pp. 699-727.

Portes, Richard and Helene Rey (1998), "The Emergence of the Euro as an International Currency," *Economic Policy*, Vol. 13(26), pp. 307-343.

Solomon, Robert and Frank M. Tamagna (1955), "Bankers' Acceptance Financing in the United States," *Federal Reserve Bulletin*, May, pp. 482-494.

United Nations (1949), *International Capital Movements during the Inter-War Period*, New York : United Nations.（楊井克己・中西直行訳『国際投資論』日本評論社，1970年，所収）

上川孝夫（2015）『国際金融史――国際金本位制から世界金融危機まで』日本経済評論社．

関税・外国為替等審議会外国為替等分科会（2016）参考資料，6月15日．https://www.mof.go.jp/about_mof/councils/customs_foreign_exchange/sub-foreign_exchange/report/20160615sanko.pdf

島崎久弥（1977）「ポンド残高の史的変遷」『国際金融』第580号，10-18頁．

高屋定美（2009）「ユーロとUSドルとの基軸通貨競争」高屋定美著『ユーロと国際金融の経済分析』関西大学出版部，95-110頁．

高屋定美（2011）『欧州危機の真実——混迷する経済・財政の行方』東洋経済新報社.
高屋定美（2015）『検証　欧州債務危機』中央経済社.
前田直哉・高屋定美（2019）「ポンド・ネットワークの盛衰——国際通貨のネットワーク効果，協働効果，履歴効果の観点から」『信用理論研究』第 37 号，63-82 頁.
米倉茂（2000）『英国為替政策——1930 年代の基軸通貨の試練』御茶の水書房.

第4章

円の国際化政策と貿易建値通貨の選択
―――日本の産業別・商品別輸出の建値通貨シェアの推定―――

佐 藤 清 隆

1. はじめに

　通貨の国際化は，国際金融の分野における重要な研究課題の一つである．また，いかに自国通貨の国際化を進めるか（あるいは進めないか）は，重要な政策課題でもある．日本政府は1970年代以降，積極的に円の国際化を推進する政策を採用してきた．しかし，周知のように円の国際化は意外なほど進まなかった．円の国際化に関する研究は1990年代を中心に数多く発表されたが，これらの研究は円の国際化がヨーロッパ諸国通貨の国際的な使用の程度と比較しても大きく立ち遅れていることを指摘している（Tavlas and Ozeki 1992, 河合 1992, Fukuda and Ji 1994, Kawai 1996, Sato 1999）.

　本章は貿易取引における円の使用という観点から，円の国際化を論じることを目的としている．すなわち「貿易建値通貨」と呼ばれる国際通貨の機能を中心に，円の使用状況に焦点を当てる[1]．

＊本章の内容は，伊藤隆敏教授（Columbia University），清水順子教授（学習院大学），鯉渕賢教授（中央大学），吉元宇楽氏（横浜国立大学大学院博士課程）と行った共同研究の成果に一部依拠している．

1)　貿易建値通貨は，「契約通貨」または「決済通貨」と呼ばれることもある．最近の理論研究では建値通貨と決済通貨を区別して分析されており（Friberg 1998），現実に建値通貨と決済通貨が区別されているのか否かは実証分析の課題である．Friberg and Wilander (2008), Ito et al. (2018) は，建値通貨と決済通貨が区別されるケースは少ないことを企業アンケート調査によって明らかにしている．

貿易建値通貨の分析を行う場合，データの制約が大きな障害となる．現在最も広く使われているのは，財務省が公表する「貿易取引通貨別比率」のデータである[2]．この統計は日本の対世界貿易，対米貿易，対EU貿易，そして対アジア貿易の建値通貨のシェアを報告している．ただし，上半期と下半期の年2回のデータ公表のみしか行っておらず，産業別もしくは品目別のデータは公表されていないという制約がある．

　貿易建値通貨のデータは，日本銀行も公表している．同データの特徴は，産業別の建値通貨の比率を，輸出と輸入の両方で公表している点にある．ただし，利用可能なデータは1990年からのものであり，基本的に毎年12月の月次データのみが公表されているという制約がある．

　このようにそれぞれのデータには制約があるが，財務省と日本銀行のデータを使えば，日本の輸出入における貿易建値通貨選択の現状をある程度把握することができる．本章の第1の目的は，これら公表データに基づきながら，政府の円の国際化政策によって，円建て貿易がどこまで進展したのかを確認することにある．政府は金融資本取引の自由化を進めることで，円の国際化を促進しようとした．資本取引に対する制限を取り払い，発達した金融市場を育成することで，円建て取引の阻害要因を取り除き，円の国際化を促進しようという考えからである．1980年の外為法（外国為替及び外国貿易管理法）改正によって，対外的な金融資本取引が原則自由となり，さらに1998年の改正では，事前の許可・届出制度の原則廃止と外国為替業務の完全な自由化によって，欧米先進諸国並みの対外取引環境が整備された．これらの政策対応が実際に円建て取引を促進することができたのか，本章で改めて振り返ることにする．

　本章の第2の目的は，データ利用の制約が大きい貿易建値通貨の比率を，産業別及び商品別に推定することにある．Ito *et al.*（2016, 2018）は，日本銀行が公表する輸出物価指数及び輸入物価指数を用いて，日本の輸出と輸入における貿易建値通貨の比率を，産業別及び商品別に推定する手法を開発して

2）　財務省貿易統計のウェブサイトを参照（http://www.customs.go.jp/toukei/shinbun/trade-st/tuukahappyou.htm）．

第4章　円の国際化政策と貿易建値通貨の選択

いる．上述のように日本銀行が公表する産業別の建値通貨比率は，12月のみの月次データであり，産業レベルよりも詳細な，商品レベルでの建値通貨比率のデータは公表されていない．本章はIto *et al.*（2016, 2018）が開発した新しい推定方法に基づいて，日本の輸出における建値通貨比率を産業別，商品別に推定し，円建て取引の実態を明らかにする．

本章の構成は次の通りである．第2節では，財務省関税局が公表するデータを用いて，日本の貿易建値通貨選択の全体像を示す．第3節では，日本銀行の輸出・輸入物価指数データを用いた貿易建値通貨比率の推定方法を説明する．第4節では，日本の輸出の建値通貨比率を商品群レベルで示し，その特徴について考察する．最後に第5節で本章の結論を述べる．

2. 円建て貿易の推移と円の国際化政策

2.1 輸出の円建て貿易の推移

まず財務省関税局が公表する貿易建値通貨のデータに基づいて，円建て取引の推移を輸出先別に確認してみよう．財務省関税局がデータを公表し始めたのは，2000年の下半期からである．それ以降，上半期と下半期のデータの公表を続けている．それ以前の1998年までは，通産省が詳しいデータを公表していた[3]．図4-1はこの通産省と財務省関税局のデータを接続して，貿易建値通貨ドル建て比率の推移を示している．

図4-1(a)は，日本の対世界輸出の円建て比率と米ドル建て比率の1980年から2017年までの変化を示している．対世界輸出では，一貫して米ドル建て取引の比率が円建て取引の比率を上回っていることが確認できる．2017年下半期の時点で，米ドル建て取引が51.2%であるのに対して，円建て取引は35.9%に過ぎない．図4-1には示されていないが，ユーロ建て取引は6.4%であり，円，米ドル，ユーロの3通貨で日本の輸出全体の93.5%を占

---

[3] 図4-1における1980年の建値通貨のシェアは，日本銀行のデータに基づいている．なお，1999年のデータはどこからも公表されていない．

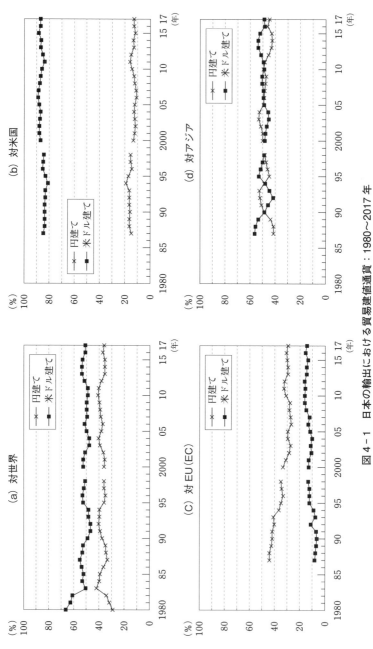

図 4-1 日本の輸出における貿易建値通貨：1980〜2017 年

注：1992 年から 1997 年は 9 月のデータ．1998 年は 3 月のデータ．1999 年以降のデータは公表されていない．2000 年以降のデータは下半期のデータ．
出所：日本銀行「輸出信用状統計」，通産省「輸出確認統計」，同「輸出報告書通貨建動向」，同「輸出入決済通貨建動向調査」，財務省関税局ウェブサイト．

めている．ユーロに次いで4番目のシェアを占めるのは人民元であるが，日本の全輸出に占める割合はわずか1.6%に過ぎない．近年，日本の貿易相手国として，中国のウェイトが増大していることは広く知られている．また，人民元の国際化も注目を集めているが，日本の輸出全体に占める人民元建て取引は非常に小さいことをここで強調しておこう[4]．

図4-1は対世界輸出以外に，対米輸出，対EU輸出，そして対アジア輸出の3地域（国）向け輸出における建値通貨比率の推移を示している．この地域別の建値通貨選択行動は，対世界輸出と大きく異なっている．図4-1(b)の対米輸出をみると，米ドル建て比率が圧倒的に高い．2017年下半期において，日本の対米輸出の87.0%が米ドル建てであり，円建て比率は12.8%に過ぎない．貿易建値通貨選択の「定型化された事実」として，先進国間の貿易では輸出国通貨建てで取引される傾向があるという「グラスマンの法則(Grassman's Law)」が広く知られている[5]．日本の対米輸出には，このグラスマンの法則はまったく当てはまらない．その理由として考えられるのは，米国が依然として世界の基軸通貨の役割を果たしていることである．そして，以下で改めて論じるように，日本の貿易建値通貨選択の最大の特徴は，米ドル建て比率の高さにある．

次に，日本の対EU輸出をみると，円建て比率は1987年の44%から2017年の29.5%まで低下している（図4-1(c)）．対EU輸出では米ドル建て比率も低く，2017年下半期で14.2%に過ぎない．最大のシェアを占めるのはユーロ建て輸出であり，51.0%に達している．英ポンド建て比率の4.7%と，スウェーデン・クローナ建て比率の0.3%も含めると，対EU輸出の56.0%がヨーロッパ通貨建てでの取引となっている．この対EU輸出でも，グラスマンの法則は成り立たない．輸出国通貨である円よりも，輸入国のEU諸国通貨建ての比率の方が高いからである．

日本の対EU輸出においてEU諸国通貨建て輸出比率が高いことは，輸出

---

4) 人民元の国際化については，Ito (2017), Sato and Shimizu (2018) を参照．
5) グラスマンの法則や貿易建値通貨選択の定型化された事実については，伊藤他 (2008), Ito et al. (2018) を参照．

先別価格設定行動（Pricing-to-Market：PTM）と整合的である[6]．先行研究によれば，日本の輸出企業は先進国向け輸出において，相手国通貨建て輸出価格を安定させる行動をとる傾向が強い．建値通貨が円建てではなく相手国（EU 諸国）通貨建てであれば，少なくとも短期的には為替レートの変動が相手国の輸出価格に反映されない．このように，日本の輸出企業の PTM 行動と相手国通貨建て輸出は密接な関係にある．

最も注目すべきは，対アジア輸出の円建て比率である．1987 年の 41.1% から円建て比率はやや上昇し，2003 年には 50% まで円建て比率が高まった．しかしその後は緩やかな低下傾向にあることが，図 4-1(d) から確認できる．2017 年下半期時点で，アジア向け輸出で最大のシェアを占めているのは米ドル建て取引である．1987 年以降，アジア向け輸出では円建て比率とドル建て比率がほぼ拮抗しているという見方もできるが，2006 年以降はほぼ一貫して米ドル建て比率が円建て比率を上回っている．2017 年下半期において，円建て比率は 44.6%，米ドル建て比率は 49.0% である．

1990 年代の研究では，日本からアジアへの直接投資を通じて，日系企業がアジアでの生産拠点をいっそう拡大し，日本とアジアの間で企業内貿易が進展すれば，日本―アジア間の円建て貿易が増加することが予想されていた[7]．実際に日系企業はアジアへの投資を増加させ，アジア域内での生産ネットワークを構築し，域内の工程間分業と企業内貿易を大きく拡大させた．それにもかかわらず，なぜ対アジア貿易において円建て取引が進展しないのか．これは日本の貿易建値通貨選択行動に関するパズル（難問）である[8]．

2.2　輸入の円建て貿易の推移

図 4-2 は，日本の輸入における建値通貨選択の推移を，輸入相手地域

---

6) PTM 行動に関する実証研究は数多く存在する．日本の PTM 行動に関する代表的な研究として，Takagi and Yoshida (2001)，Parsons and Sato (2008)，Ceglowski (2010) などを参照．
7) 例えば河合 (1992)，Kawai (1996) を参照．ここで述べたように，アジアにおいて円建て取引が進展する可能性があることは，その当時の一般的な理解であった．
8) 本章で使用する日本銀行の輸出物価指数は，輸出先別のデータを公表していないため，このパズルを考察することができない．Ito et al. (2018) は，このパズルに対する一つの解答を提示している．

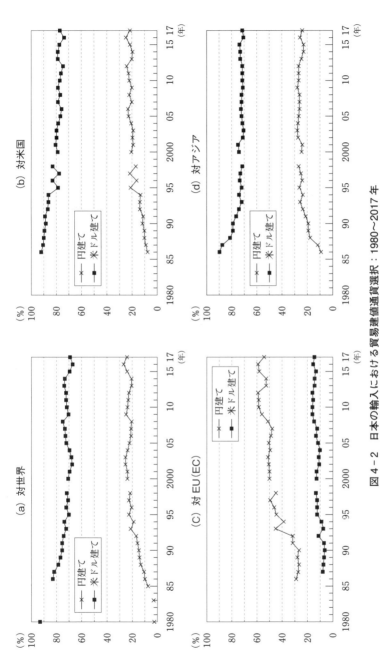

図 4-2 日本の輸入における貿易建値通貨選択：1980〜2017 年

注：1992 年から 1997 年は 9 月のデータ．1998 年は 3 月のデータ．1999 年のデータは公表されていない．2000 年以降のデータは下半期のデータ．
出所：通産省「輸入承認届出報告書」，同「輸入報告書統計」，同「輸入報告書」，同「輸入報告書通貨動向」，同「輸出入決済通貨建動向調査」，財務省関税局ウェブサイト．

（国）別に示している．まず図 4-2(a) は，日本の対世界輸入における円建て比率と米ドル建て比率の変化を報告している．日本の輸入では，米ドル建て取引の割合が非常に大きい．1980 年の 93.1% から米ドル建て比率は幾分低下したが，1990 年代から現在まで，ほぼ 7 割前後の比率で推移している．これに対して円建て輸入比率は，1993 年に初めて 20% を超えた後，現在まで一度も 30% を超えていない．2017 年下半期において，米ドル建て輸入比率は 68.9%，円建て比率は 24.2% である．なお図 4-2(a) には示していないが，ユーロ建て比率（4.1%）も含めると，日本の輸入の 97.2% が円，米ドル，ユーロの 3 通貨で占められている．

図 4-2(b) は，日本の対米輸入を示している．2000 年から 2007 年まで，米ドル建て輸入比率は 70% から 80% の間を推移しており，圧倒的に高いシェアを占めている．円建て比率は 20% をやや上回る程度であり，2017 年下半期時点で米ドル建て比率は 77.3%，円建て比率は 21.8% である．これを米国の視点からみると，米国の日本向け輸出の 77.3% が米ドル建て輸出であり，グラスマンの法則が妥当する．

次に日本の対 EU 輸入をみると（図 4-2(c)），1980 年代まで 30% を下回っていた円建て比率が，90 年代に入って大きく上昇し，2000 年代には 50%，そして 2010 年以降は一時 60% 近くまで円建て比率が上昇している．2017 年下半期において円建て比率が 54.1%，米ドル建て比率が 11.7%，そして図 4-2(c) には示されていないが，ユーロ建て比率が 30.5% を占めている．日本の EU からの輸入は先進国間同士の貿易であるが，グラスマンの法則に従えばユーロ建て比率が高くなるはずである．しかし，日本の EU からの輸入（EU の日本向け輸出）で円建て比率が高い理由は，EU 諸国の日本向け輸出における PTM 行動にあると考えられる．上述の図 4-1(c) では，日本の対 EU 輸出でユーロを中心とする EU 諸国通貨建て比率が 50% を超えていた．つまり，日本と EU との間の貿易では相手国通貨建てで輸出する傾向が顕著であり，PTM 行動と整合的な建値通貨選択となっていることが確認された．日本や EU 諸国など，米国を除く先進国間の貿易ではグラスマンの法則ではなく，PTM 行動で輸出の建値通貨の選択がかなりの程度説明できるとも言える．

日本の対アジア輸入の建値通貨の状況は，図 4-2(d) に示されている．1990 年代に入ってから米ドル建て比率が一貫して 70% 以上を占めており，円建て比率は 20% から 30% の間を推移している．アジア経済の成長とともに，日本のアジアからの輸入に占める工業製品の割合は増加してきた．日本のアジア投資が拡大し，アジアの生産拠点からの製品輸入が増えたこと，したがって企業内貿易を通じた輸入が増えていると考えられるが，それでも日本のアジアからの輸入において円建て比率は意外なほど低い．

2.3 政策によって円建て貿易は促進されるのか

円の国際化に対して，日本政府・当局がどのような政策を行ったかについては，河合（1992）が 1990 年代初めまでの動向を的確に整理している[9]．円の国際化に対する関心が高まったのは，日本が経済成長を遂げて世界経済におけるプレゼンスを高めた 1970 年代からである．しかし，円の対米ドル為替レートが大きくかつ急激に変動することによって，日本経済への悪影響が懸念されたため，政策当局は円の国際化に対して消極的なスタンスを崩さなかった．その後，1970 年代後半から経常収支黒字が拡大し，為替取引，対外資本取引に対する自由化の圧力が国内外で高まったため，1980 年 12 月に外為法を大幅に改正した．経常取引は，ほぼ完全に自由化された．資本取引は，原則規制から原則自由となった．さらに 84 年 2 月には「日米円・ドル委員会」が設置され，同年 5 月には『円・ドル委員会報告書』と『金融の自由化及び円の国際化についての現状と展望』が発表された．1985 年 3 月には外国為替審議会の答申『円の国際化について』が発表され，国内金融資本市場の整備と自由化が進められることとなった．

こうした 1980 年代の政策は，円建て取引を促進したと考えられる．図 4-1 は，日本の対世界輸出における円建て比率が，1980 年からかなり上昇したことを示している．また図 4-2 では，1980 年時点で円建て輸入比率がほぼゼロであったが，それ以後 20% を超える水準まで円建て比率が上昇している．

---

[9] 以下では河合（1992）に依拠しながら，日本政府・当局の政策対応を簡潔に整理している．

しかし，図 4-1 を改めて見ると，日本の輸出では 1980 年代半ばから，輸入では 1990 年代半ばから，円建て比率がほぼ横ばいに推移している．1998 年 4 月に施行された改正外為法では，事前の許可・届出制度の原則廃止と外国為替業務の完全な自由化によって，欧米先進諸国並みの対外取引環境が整備された．こうした金融資本取引の自由化に関わる円の国際化促進政策の推進にもかかわらず，日本の輸出と輸入の円建て比率は 2000 年代に入ってからほとんど伸びていない．確かに外国為替取引は完全に自由化されたが，日本企業はこの自由化によって円建て取引を拡大したのではなく，むしろ外貨建て取引を自由化のメリットとして享受していると考えられる．

以上の考察は，円の国際化を政策によって促進しようとしても，必ずしも円建て取引が進展するわけではないことを示唆している．金融資本取引の自由化は，当該国の通貨が国際的に使用できるための前提条件である．日本政府はこの自由化政策を積極的に推し進めたが，日本企業は金融取引が自由化された環境下で，自国通貨よりも外国通貨（特に米ドル）の使用を選択してきたと言えるだろう．

次節以降では，日本銀行の輸出物価データを用いた新しい推定方法に基づいて，特に日本の機械産業の輸出に焦点を当てて，円建て取引の現状を産業別・商品別に考察する．

3. 貿易建値通貨比率の推定方法

本節以降で，貿易建値通貨の選択行動を産業レベルで，そしてさらに詳細な商品レベルで分析する．Ito *et al.*（2016, 2018）が開発した貿易建値通貨比率の推定方法を応用し，1995 年から 2017 年までの月次データを用いて，日本の輸出の建値通貨比率を推定する．具体的には，日本の輸出の約 3 分の 2 を占める 3 つの機械産業（一般機械[10]，電気機械，輸送用機械）に絞って推定を行う．後述するように，差別化された財の輸出は輸出国通貨建てで取引

---

[10] 正式な名称は「はん用・生産用・業務用機器」であるが，本章では簡略して「一般機械」と呼ぶ．

されるという,貿易建値通貨選択の「定型化された事実」が知られている[11].一般に差別化された財を輸出しているとみなされる機械産業において,輸出の建値通貨選択にどのような違いがみられるのか,そして過去20年以上にわたって建値通貨選択行動がどのように変わってきたかを考察することが目的である[12].

3.1 貿易建値通貨の推定方法

Ito et al.（2016, 2018）は,日本銀行が公表する2つの輸出物価指数,すなわち「円ベース」と「契約通貨ベース」の輸出物価指数を用いて貿易建値通貨比率を推定する方法を開発した.まず,この2つの輸出物価指数を定義してみよう.

日本企業が円,米ドル,ユーロの3通貨のみを契約通貨（建値通貨）として用いていると仮定する[13].この仮定に基づくと,上記2つの輸出物価指数は次のような関係にある.

円ベースの輸出物価指数：$P_{yen}^{EX}=(P_{yen})^{\alpha}(P_{usd} \cdot E_{yen/usd})^{\beta}(P_{eur} \cdot E_{yen/eur})^{\gamma}$ （1）

契約通貨ベースの輸出物価指数：$P_{c}^{EX}=(P_{yen})^{\alpha}(P_{usd})^{\beta}(P_{eur})^{\gamma}$ （2）

ただし,円建ての輸出物価指数を P_{yen},米ドル建ての輸出物価指数を P_{usd},そしてユーロ建ての輸出物価指数を P_{eur} とする.

日本銀行は輸出（輸入）の物価指数を作成するにあたって,通関ベースで調査対象企業から当該財の輸出（輸入）価格,輸出（輸入）数量,建値通貨

[11) ここで指摘した定型化された事実についてはMcKinnon（1979）を参照.また,定型化された事実に関するサーベイについてはIto et al.（2018）が詳しい.
[12) 本節の以下の説明は,佐藤・吉元（2019）の説明をより簡潔に整理した内容となっている.
[13) この仮定は,日本の輸出における貿易建値通貨選択の実態を適切に反映している.日本銀行の統計によると,2017年12月時点で日本の対世界輸出の95.3%が円,米ドル,ユーロの3通貨で取引されている.また,図4-1で用いた財務省関税局の統計を用いても,2017年下半期において日本の対世界輸出の93.5%が,上記の3通貨で取引されている.

の情報を収集し,建値通貨ごとに輸出(輸入)物価指数を構築している.つまり,契約通貨ベースの輸出価格（P_c^{EX}）が最初に計算される.次に契約通貨に対する円の名目為替レート（$E_{yen/usd}$ と $E_{yen/eur}$）を乗じることによって,円ベースの輸出価格（P_{yen}^{EX}）を計算している.上の式では $\alpha+\beta+\gamma=1$ を仮定しているが,これは日本の輸出の貿易建値通貨が円,米ドル,ユーロの3つのみであるという仮定に基づいている.

ここで,(1)式を(2)式で除すると,次の(3)式が得られる.

$$\frac{P_{yen}^{EX}}{P_c^{EX}} = \frac{(P_{yen})^{\alpha}(P_{usd}\cdot E_{yen/usd})^{\beta}(P_{eur}\cdot E_{yen/eur})^{\gamma}}{(P_{yen})^{\alpha}(P_{usd})^{\beta}(P_{eur})^{\gamma}} = E_{yen/usd}^{\beta}\cdot E_{yen/eur}^{\gamma} \qquad (3)$$

さらに,(3)式の自然対数をとると,次の(4)式が得られる.

$$\ln(P_{yen}^{EX}/P_c^{EX}) = \beta\cdot\ln E_{yen/usd} + \gamma\cdot\ln E_{yen/eur}. \qquad (4)$$

仮定より,β は米ドル建て輸出比率,γ はユーロ建て輸出比率を表す.また,円建て輸出比率は,$\alpha=1-\beta-\gamma$ によって求められる.ここですべての変数は時系列データであるため,変数の定常性を確認する必要がある.以下では,自然対数値の階差をとることで変数が定常になると仮定し,次の回帰式によって貿易建値通貨のシェアを計算する[14].

$$\Delta\ln(P_{yen}^{EX}/P_c^{EX})_t = \beta\cdot\Delta\ln E_{yen/usd,t} + \gamma\cdot\Delta\ln E_{yen/eur,t} + \varepsilon_t \qquad (5)$$

ここで Δ は階差オペレーター,ε は誤差項を表す.

本章では,(5)式を時変パラメーター・モデルに拡張して推定する.観測方程式(6)と状態方程式(7)は,次の通りである.

$$\Delta\ln(P_{yen}^{EX}/P_c^{EX})_t = \beta_t\cdot\Delta\ln E_{yen/usd,t} + \gamma_t\cdot\Delta\ln E_{yen/eur,t} + \varepsilon_t \qquad (6)$$

$$\beta_t = \beta_{t-1} + \nu_t \qquad (7a)$$

$$\gamma_t = \gamma_{t-1} + \mu_t \qquad (7b)$$

---

[14] 本章で単位根検定の結果は示さないが,階差をとるとすべての変数が定常であることを確認している.

ここで β_t と γ_t は時変係数であり，ν_t と μ_t が誤差項である．(7)式が示す通り，時変係数はランダムウォーク過程に従うと仮定されている．円建てシェアは $\alpha_t=1-\beta_t-\gamma_t$ で求められる．

3.2 日本銀行の輸出・輸入物価指数

日本銀行は全輸出（総平均）に加えて，7産業の輸出物価指数と，全輸入（総平均）に加えて，10産業の輸入物価指数を公表している．この産業レベルの物価指数データは最も大きな分類であり，「類別」指数と呼ばれている．この指数は「小類別」，「商品群」，「品目」の順番でさらに詳細な分類となる[15]．具体例として，自動車が輸出物価指数でどのように分類されているかをみると，輸送用機器が「類別」，自動車が「小類別」，乗用車が「商品群」，そして普通乗用車（ガソリン車）が「品目」という分類になる．

次節では初めに，日本銀行が公表する輸出と輸入の産業別（類別）建値通貨比率を考察する．次に，日本の機械産業の輸出に焦点を当て，商品群レベルの輸出物価指数を用いて建値通貨比率の推定を行う．推定には円ベースと契約通貨ベースの両方の輸出物価指数が必要であるが，類別指数の場合は1975年から円ベースと契約通貨ベースの両方の指数が利用可能であるのに対して，小類別以下では契約通貨ベースのデータが利用可能になるのが1980年以降に限られる．さらに，小類別以下のすべての項目で1980年からデータが利用できるわけではない．2010年もしくは2015年からのデータしか利用できない系列があり，その傾向は品目レベルのデータほど顕著になる．したがって，最も詳細な品目データを用いて建値通貨比率を推定することが望ましいが，実際には多くの品目で短い期間のデータしか利用できない．そこで本章では，品目データの次に詳細な商品群データを使用する．一般機械，電気・電子機器，輸送用機器の3つの産業（類別）の輸出に絞って商品群データを収集し，最終的に42の商品群データを用いて建値通貨比率の推定

---

15) 各分類の項目数（カッコ内の数字）は次の通りである．2015年基準の輸出物価指数は「総平均 (1) ― 類別 (7) ― 小類別 (23) ― 商品群 (79) ― 品目 (209)」，輸入物価指数は「総平均 (1) ― 類別 (10) ― 小類別 (37) ― 商品群 (96) ― 品目 (258)」となる．

を行った[16]．以下の表 4-1 が示すように，上記 3 産業が日本の輸出総額に占める割合は 68.0% に達する．商品群データを用いた建値通貨比率の推定は，1995 年 1 月から 2017 年 12 月までの期間で行った．また，(6)〜(7)式の推定に用いる名目為替レートは，円の対米ドル及び円の対ユーロの月中平均の為替レートであり，IMF, *International Financial Statistics* から入手している．なお，1995 年 1 月から 1998 年 12 月までの対ユーロレートは，対ドイツマルク・レートを Euro Conversion Rate によって対ユーロレートに換算し，接続している．

4. 産業別の円建て貿易の推移

4.1 輸出・輸入の建値通貨比率の推移

表 4-1 と表 4-2 は，日本の輸出における円建て比率と米ドル建て比率を産業別に示している．上述の通り，同データは日本銀行が公表したものであり，図 4-1 と図 4-2 で示した財務省関税局のデータとは作成方法が異なっている．例えば，表 4-1 と表 4-2 によると，2000 年時点の日本の全輸出の円建て比率は 29.7%，米ドル建て比率は 59.6% であるのに対して，図 4-1 では円建て比率が 36.1%，米ドル建て比率が 52.4% となっている．つまり，日本銀行のデータに基づく表 4-1 と表 4-2 の方が，円建て比率をやや低く報告している．その理由は，2 つのデータが対象とする輸出入企業のカバー率の差にあると思われる．財務省関税局が公表する建値通貨のデータは，通関段階で輸出入企業が報告した建値通貨の情報に基づいて作成されており，最も広範に建値通貨の情報を捕捉している．これに対して日本銀行が公表する建値通貨のデータは，輸出（輸入）物価指数を作成するために代表的企業から収集した情報に基づいて作成されている．調査対象企業数は財務省関税局の方がはるかに多く，より正確に輸出入業の建値通貨選択の実態を反映していると考え

[16) この商品群データを用いることで，全 42 項目のうちの 34 項目が 1980 年から，6 項目が 2000 年から，そして 2 項目が 2005 年からのデータを利用することができる．全 42 項目の商品群の名称は，後掲表 4-5 と表 4-6 に記載されている．

第4章 円の国際化政策と貿易建値通貨の選択

表4-1 日本の輸出の円建て比率：産業別内訳 (%)

年	繊維品 (1.38)	化学製品 (9.84)	金属・同製品 (10.85)	一般機械 (18.94)	電気・電子機器 (20.55)	輸送用機器 (28.52)	その他産品・製品 (9.92)	全輸出 (100.00)
1999	9.1	9.2	14.8	64.1	19.7	12.8	16.2	26.7
2000	9.1	9.7	17.1	58.7	30.3	12.8	17.8	29.7
2001	9.4	9.9	11.1	56.6	19.4	9.0	20.1	24.3
2002	24.0	17.3	7.8	46.8	27.5	22.5	29.7	28.5
2003	24.0	19.8	15.5	46.3	35.7	22.2	27.9	31.8
2004	27.0	19.6	15.7	47.9	36.8	21.0	29.9	32.3
2005	27.0	21.1	15.4	51.0	36.8	21.0	34.9	33.3
2006	27.2	20.4	18.1	49.2	39.8	21.0	33.3	34.0
2007	21.2	20.3	16.4	45.6	37.3	23.9	34.3	32.1
2008	16.0	20.0	13.2	44.8	36.9	19.0	34.8	30.3
2009	16.0	20.3	12.2	43.6	36.1	19.8	35.0	30.0
2010	16.0	20.6	12.7	44.9	35.5	21.0	28.0	30.0
2011	17.8	23.5	19.1	49.3	37.3	19.8	24.3	31.7
2012	10.8	28.7	19.4	64.1	40.8	32.3	35.3	38.6
2013	7.5	29.4	21.1	64.0	41.3	29.8	34.5	38.1
2014	9.5	28.9	21.5	61.9	37.3	29.8	33.0	36.7
2015	9.5	26.4	21.9	59.4	36.0	29.8	34.0	35.9
2016	38.8	28.6	20.2	59.8	37.6	35.7	30.1	37.8
2017	34.8	28.6	20.2	60.7	38.1	35.7	32.6	38.2

注：日本銀行の輸出物価指数の契約通貨別構成比．各年12月の月次データ．括弧内の数値は2015年基準で作成された輸出物価指数の産業別ウェイト（すなわち日本の輸出全体に占める各産業の輸出額の割合）を示す．
出所：日本銀行ウェブサイト（http://www.boj.or.jp/statistics/pi/index.htm/）．

られる．

そこで改めて表4-1と表4-2の最近の建値通貨比率をみると，2017年12月時点の輸出の円建て比率は38.2%，米ドル建て比率は51.1%であり，図4-1の2017年下半期の円建て比率35.9%及び米ドル建て比率51.2%と概ね一致している．また，2017年12月時点の輸入の円建て比率は26.2%，米ドル建て比率は68.5%であり，図4-2における2017年下半期の円建て比率24.2%，米ドル建て比率68.9%ともほぼ等しい水準である．このように近年では，日本銀行の公表するデータは財務省関税局のデータとほぼ一致した動きをするようになっている．日本銀行は5年に一度の基準年改訂時に調査対象品目の見直しも行っており，より正確に実態を反映するデータが提供されるようになったと考えられる．

表 4-2 日本の輸出の米ドル建て比率：産業別内訳　　(%)

年	繊維品 (1.38)	化学製品 (9.84)	金属・同製品 (10.85)	一般機械 (18.94)	電気・電子機器 (20.55)	輸送用機器 (28.52)	その他産品・製品 (9.92)	全輸出 (100.00)
1999	88.2	90.2	82.8	26.8	74.8	52.1	78.2	62.4
2000	88.2	89.6	82.8	32.1	64.4	52.1	76.6	59.6
2001	87.8	87.8	88.9	33.3	72.4	51.6	74.3	62.8
2002	75.7	79.1	90.9	34.7	64.3	53.4	61.4	59.0
2003	75.7	76.4	83.2	34.6	55.5	54.4	63.7	55.5
2004	72.7	76.4	83.1	34.9	53.2	49.6	60.8	53.8
2005	72.7	74.7	83.4	32.1	53.8	49.6	55.9	53.0
2006	72.8	75.3	80.7	33.6	52.5	53.0	57.6	53.4
2007	78.8	75.6	82.6	36.6	54.1	48.3	57.5	54.4
2008	78.8	76.7	85.8	36.9	53.1	49.1	57.3	54.7
2009	78.8	76.3	86.8	38.7	54.1	52.4	52.0	55.7
2010	78.8	76.4	86.3	36.4	54.1	52.8	63.2	56.0
2011	66.7	74.8	80.2	35.6	52.6	54.8	67.7	55.3
2012	69.9	70.3	80.0	24.4	49.2	48.7	59.6	51.4
2013	73.3	68.5	78.2	23.2	49.2	50.3	60.3	51.2
2014	79.8	69.4	77.8	26.0	53.5	50.3	62.3	53.1
2015	79.8	70.5	77.4	27.7	55.6	48.3	60.7	53.3
2016	51.1	69.4	78.8	26.0	54.6	46.3	62.0	51.6
2017	55.1	69.4	78.8	24.5	53.4	46.3	62.1	51.1

注：日本銀行の輸出物価指数の契約通貨別構成比．各年 12 月の月次データ．括弧内の数値は 2015 年基準で作成された輸出物価指数の産業別ウェイト（すなわち日本の輸出全体に占める各産業の輸出額の割合）を示す．
出所：日本銀行ウェブサイト（http://www.boj.or.jp/statistics/pi/index.htm/）．

4.2　輸出・輸入の産業別建値通貨比率

次に表 4-1 と表 4-2 に基づいて，日本の輸出の建値通貨選択を産業別に確認してみよう．1999 年時点で日本の輸出は，一つの産業を除いてすべて円建て比率が 20% を下回っている．一般機械のみ，円建て輸出比率が 64.1% という高い水準にある（表 4-1）．この 1999 年においては，米ドル建て輸出比率が非常に高く，一般機械と輸送用機器を除くすべての産業で米ドル建て輸出比率が 75% から 90% に達している（表 4-2）．輸送用機器の米ドル建て比率が 52.1% にとどまっているのは，日本の輸出企業が PTM 行動をとっており，ヨーロッパ向け輸出では，ヨーロッパ諸国通貨を建値通貨として選択していることと深く関わっている[17]．

第 4 章　円の国際化政策と貿易建値通貨の選択

　2000 年代に入ってから，ほとんどの産業で円建て比率が上昇しているが，2017 年 12 月時点でも，円建て比率は 20〜30% 台にとどまっており，一般機械の円建て比率のみが 60.7% と高い．日本の輸出産業の中でも，一般機械，電気・電子機器，輸送用機器は製品競争力が相対的に高く，差別化された輸出財とみなされることが多い．先行研究によれば，輸出企業が差別化された財を輸出する場合は輸出国通貨建てで取引されるが[18]，表 4-1 と表 4-2 は先行研究に対する反証と解釈することもできる．この点については，以下の 4.3 項で，機械産業の建値通貨比率を商品群レベルで詳しく考察することにする．なお，電気・電子機器と輸送用機器は日本の輸出全体の 49.0% を占めており，この 2 つの産業で円建て輸出比率が伸びない状況が，日本の輸出全体の円建て比率の上昇を阻んでいると言えよう．

　表 4-3 と表 4-4 で，日本の輸入における建値通貨選択を産業別にみると，次の 3 つの特徴がある．第 1 に，石油・石炭・天然ガスにおいては，米ドル建て比率が圧倒的に高い．これは原油の国際的な取引が米ドル建てで行われていることを反映している．日本の輸入に占める同産業の輸入は 25.23% であり，輸入全体の米ドル建て比率を引き上げる要因となっている（表 4-3 及び表 4-4）．第 2 に，電気・電子機器の円建て輸入比率が低下傾向にある点である．建値通貨のデータが利用可能になった 2007 年からしばらくは，円建て比率が 40% を超えていた．しかし，2015 年から円建て比率が大幅に低下し，2017 年時点で円建て輸入比率は 35.1% に過ぎない．電気・電子機器が日本の輸入全体に占めるシェアは 19.66% と 2 番目に高く，同産業の円建て輸入比率が高まらなければ，輸入全体の円建て比率も上昇することは期待できない．第 3 に，化学製品の輸入では円建て比率が 50% 前後を占めている．化学製品はヨーロッパからの輸入が多いが，図 4-2 が示す通り，日本のヨーロッパ諸国からの輸入では円建て比率が 50% を超えている．化学製品輸入における円建て比率の高さは，ヨーロッパの対日輸出における PTM 行

---

17)　日本の輸出先別かつ産業別の建値通貨選択行動については，Ito *et al.*（2012, 2018）が企業レベルのデータに依拠して詳しく検討している．

18)　Giovannini（1988），Friberg（1998），Bacchetta and van Wincoop（2005）などの理論研究を参照．

表 4-3 日本の輸入の円建て比率：産業別内訳

(%)

年	食料品 (8.04)	繊維品 (6.13)	金属・同製品 (9.58)	木材・木製品 (1.73)	石油・石炭・天然ガス (25.23)	化学製品 (9.47)	(機械器具)	一般機械 (6.81)	電気・電子機器 (19.66)	輸送用機器 (4.95)	その他産品・製品 (8.40)	全輸入 (100.00)
1999	20.4	22.3	14.7	0.0	0.0	35.2	24.9	n.a.	n.a.	n.a.	13.8	17.0
2000	16.7	22.3	14.7	0.0	0.0	35.2	30.6	n.a.	n.a.	n.a.	14.4	18.3
2001	16.7	20.4	14.9	0.0	0.0	36.0	32.8	n.a.	n.a.	n.a.	13.9	18.7
2002	17.1	45.6	13.0	1.4	0.0	38.6	36.9	n.a.	n.a.	n.a.	19.2	23.1
2003	17.0	47.4	14.7	1.6	0.0	39.4	38.7	n.a.	n.a.	n.a.	16.8	23.9
2004	16.8	45.8	15.3	2.2	0.0	41.1	37.7	n.a.	n.a.	n.a.	16.5	23.6
2005	18.8	46.1	14.2	5.4	0.3	42.5	36.6	n.a.	n.a.	n.a.	15.2	23.4
2006	19.5	46.1	13.6	7.4	0.4	39.8	37.9	n.a.	n.a.	n.a.	15.0	23.8
2007	19.3	55.1	14.7	10.6	0.0	40.4	n.a.	22.4	43.6	52.7	17.9	23.3
2008	19.0	54.8	14.7	10.4	0.0	43.0	n.a.	24.4	46.9	53.1	19.9	24.6
2009	18.2	48.9	14.3	3.8	3.4	43.3	n.a.	24.4	43.1	51.9	17.9	24.0
2010	19.8	46.2	13.5	3.2	6.3	41.5	n.a.	24.4	45.5	40.7	20.5	24.8
2011	25.9	47.8	15.1	3.2	6.4	43.0	n.a.	27.5	45.7	40.7	22.7	26.2
2012	32.1	54.4	11.7	7.5	8.7	51.3	n.a.	41.0	45.6	42.1	21.5	27.2
2013	31.9	55.9	10.8	7.5	8.7	50.9	n.a.	40.1	44.7	42.1	22.1	27.2
2014	30.3	57.5	11.0	4.1	8.7	51.5	n.a.	40.1	44.9	42.1	21.9	27.2
2015	32.1	56.4	11.9	4.1	8.7	51.3	n.a.	35.0	33.7	37.1	23.3	25.0
2016	27.6	62.1	15.5	5.1	3.3	49.3	n.a.	35.7	32.7	40.7	25.9	26.2
2017	26.8	58.1	16.1	5.1	3.3	48.7	n.a.	36.2	35.1	40.0	24.3	26.2

注：日本銀行の輸入物価指数の契約通貨別構成比。各年12月の月次データ。括弧内の数値は2015年基準で作成された輸入物価指数の産業別ウェイト（すなわち日本の輸入全体に占める各産業の輸入額の割合）を示す。2006年まで機械製品の輸入に関する部門別内訳は公表されず、「機械器具」という産業分類にまとめて公表されていた。
出所：日本銀行ウェブサイト（http://www.bojor.jp/statistics/pi/index.htm/）．

表4－4　日本の輸入の米ドル建て比率：産業別内訳

(%)

年	食料品 (8.04)	繊維品 (6.13)	金属・同製品 (9.58)	木材・木製品 (1.73)	石油・石炭・天然ガス (25.23)	化学製品 (9.47)	(機械器具)	一般機械 (6.81)	電気・電子機器 (19.66)	輸送用機器 (4.95)	その他産品・製品 (8.40)	全輸入 (100.00)
1999	72.4	70.6	83.6	100.0	100.0	63.8	65.4	n.a.	n.a.	n.a.	68.2	76.9
2000	76.2	71.0	83.6	100.0	100.0	63.8	59.3	n.a.	n.a.	n.a.	67.6	75.6
2001	76.2	72.9	83.4	100.0	100.0	59.8	57.3	n.a.	n.a.	n.a.	68.2	74.9
2002	72.2	49.8	84.3	82.0	100.0	56.0	56.6	n.a.	n.a.	n.a.	70.0	71.3
2003	71.9	47.7	82.6	80.9	100.0	54.9	55.1	n.a.	n.a.	n.a.	72.1	70.5
2004	71.5	50.0	82.0	80.1	99.7	53.2	56.2	n.a.	n.a.	n.a.	74.8	71.1
2005	69.7	49.3	83.2	80.1	99.6	52.4	57.1	n.a.	n.a.	n.a.	74.3	71.1
2006	68.5	48.8	83.8	80.2	100.0	55.3	55.7	n.a.	n.a.	n.a.	74.5	70.7
2007	68.1	42.8	83.4	76.4	100.0	52.9	n.a.	61.7	55.7	30.9	74.0	71.8
2008	67.8	43.1	84.1	73.6	96.6	50.1	n.a.	59.6	52.5	30.9	72.7	70.4
2009	68.7	49.0	84.4	70.1	93.7	50.3	n.a.	59.6	55.5	30.9	71.1	70.6
2010	67.4	52.4	85.2	73.2	93.6	51.4	n.a.	59.6	53.9	34.7	72.2	69.9
2011	61.9	50.2	83.3	73.8	91.3	50.7	n.a.	58.1	52.6	34.7	70.9	68.5
2012	59.9	45.0	87.0	67.0	91.3	36.4	n.a.	53.5	53.8	42.2	73.0	68.9
2013	61.3	43.6	87.2	67.0	91.3	36.9	n.a.	54.4	54.3	42.8	72.4	69.1
2014	62.6	40.9	87.0	70.3	91.3	36.2	n.a.	54.4	54.0	42.8	71.9	69.0
2015	60.9	40.1	86.1	79.7	91.3	36.4	n.a.	59.5	64.9	47.4	71.7	71.3
2016	63.0	33.1	80.9	78.5	96.7	41.0	n.a.	56.5	65.0	42.4	66.5	68.8
2017	63.0	37.2	80.3	78.5	96.7	41.7	n.a.	54.9	62.2	42.4	68.1	68.5

注：日本銀行の輸入物価指数の契約通貨別構成比。各年12月の月次データ。括弧内の数値は2015年基準で作成された輸入物価指数の産業別ウェイト（すなわち日本の輸入全体に占める各産業の輸入額の割合）を示す。2006年まで機械製品の輸入に関する部門別内訳は公表されず、「機械器具」という産業分類にまとめて公表されていた。

出所：日本銀行ウェブサイト（http://www.boj.or.jp/statistics/pi/index.htm/）。

動と整合的である．しかし，化学製品の輸入が日本の輸入全体に占めるシェアは9.47%であり，上述の2つの産業よりも低い水準である（表4-3）．日本の輸入に占めるシェアが化学製品とほぼ同じ水準である金属・同製品（9.58%）では，2017年時点で米ドル建て比率が80%を超えており，その他産品・製品（8.40%）においても68.1%が米ドル建てで輸入されている．輸入全体に占めるウェイトの大きな産業の多くで米ドル建て比率が高いことが，日本の輸入の円建て比率の上昇を阻む要因となっている（表4-4）．

4.3　機械産業の建値通貨比率──商品群レベルの分析

第3節で説明した推定方法を用いて，日本の3つの機械産業に対して輸出の建値通貨比率の推定を行った結果が，表4-5と表4-6に示されている．第3節で述べた通り，円建て比率は米ドル建て比率とユーロ建て比率の推定値を1（100%）から差し引くことによって計算した値である．米ドル建て比率の推定値はほとんどのケースで有意だが，ユーロ建て比率の推定値は有意でない場合も多い．円建て比率を計算した結果，マイナスの比率となった場合もあるが，表4-5と表4-6にはマイナスの値のまま報告している．このようなマイナスの比率は一部にとどまっているが，本章の分析には以上のような限界があることを留意する必要がある．

表4-5Aは，一般機械輸出の円建て比率を商品群別に示したものである．第1に，1項目目の一般機械の数値は，産業（類別）レベルの円建て輸出比率を示している．これは月次の時変係数の推定値の年平均をとった値である．当然であるが，表4-1の各年12月の円建て比率と表4-5Aの年平均値は完全に一致しない．しかし，両者の動きは概ね一致しており，本章が建値通貨比率を適切に推定していることを示唆している．

第2に，表4-1において日本の一般機械輸出の円建て比率が相対的に高いことを確認したが，表4-5Aが示すように，一般機械よりもさらに詳細な分類（商品群）でみると，円建て比率のばらつきが非常に大きい．まず，一般機械の中で最もウェイトの大きい「半導体・フラットパネルディスプレイ製造装置」（3.34%）は，2011年以降完全に円建てで取引されている[19]．半導体製造装置は日本の輸出企業の競争力が非常に強く，価格交渉力の面で輸入

者側に対して圧倒的に優位な状況を反映した建値通貨選択となっている．次にウェイトが大きいのは「建設・鉱山機械」(2.08%)であるが，2017年時点で49.5%であり，ほぼ半分が円建て取引である．3番目にウェイトが大きい「金属工作機械」(1.92%)では，2012年から一貫して円建て比率が60%を超えている．対照的に，「冷凍機応用製品」や「光学機器・光学機械用レンズ」では，2010年以降の円建て比率が非常に低い．ただし，この2つの商品群のウェイトは，それぞれ0.32%，0.68%と比較的小さい．このように，一般機械の中でも円建て比率のばらつきは大きいが，ウェイトが大きな商品群で円建て比率が高い傾向がみられる．これが一般機械産業の円建て輸出比率が高いことと関係している．

第3に，電気・電子機器産業（類別）の建値通貨比率をみると，米ドル建て比率が近年50%を超えているのに対して（表4-6B），円建て比率は40%程度にとどまっている（表4-6A）．しかし，同産業の建値通貨比率を商品群レベルで観察すると，建値通貨比率のばらつきが大きいことが確認できる．電気・電子機器で最大のウェイトを占めるのが「集積回路」(4.59%)であるが，2017年時点で74.5%が米ドル建てで取引されている．次にウェイトが大きいのが，「その他の電気機器」である．近年低下傾向にあるものの，米ドル建て比率は一貫して50〜60%台である．他方で3番目のウェイトを占める「重電機器」の米ドル建て比率は，2017年時点で28.3%にとどまっており，その裏側で円建て比率は66.6%に達している．さらに注目すべきは，全体で15ある商品群のうち，2017年時点で円建て比率が50%を上回っている商品群が8あることである．それにもかかわらず電気電子産業の円建て比率が2017年で41.1%にとどまっているのは，円建て比率の高い商品群のウェイトが小さいことに求められる．その代表例が「電球・配線・電気照明器具」であり，2017年の円建て比率は95.2%に達するが，全体に占めるウェイトはわずか0.45%に過ぎない．つまり，商品群レベルでみると，電

---

19) 2011年以降，「半導体・フラットパネルディスプレイ製造装置」の円ベースの輸出価格と契約通貨ベースの輸出価格は完全に一致している．つまり完全に円建てで取引されている．したがって，2011年以降は時変パラメーター・モデルの推定は行わず，「100%円建て取引」として表4-5を作成している．

第Ⅱ部　ユーロ・円の国際化によるドル体制への影響

表4-5A　日本の商品群別

	ウェイト	1995	1996	1997	1998	1999	2000	2001	2002	2003
一般機械	(18.94)	65.7	58.0	57.5	57.3	60.7	54.8	50.5	47.4	44.3
原動機	(1.07)	90.9	90.9	90.9	90.9	90.9	88.7	82.0	79.4	76.9
ポンプ・圧縮機器	(1.60)	33.7	33.2	33.5	33.6	34.3	31.3	31.7	30.8	33.7
動力伝導装置・軸受	(1.69)	41.5	40.5	41.2	41.1	41.4	40.1	43.0	44.9	42.1
冷凍機応用製品	(0.32)	4.9	1.5	3.5	13.8	5.5	-10.0	1.7	4.9	4.9
その他のはん用機器	(0.59)	100.1	100.1	100.3	100.4	100.1	94.0	76.0	66.3	65.7
農業用機械	(0.44)	8.7	23.3	28.8	38.4	69.9	37.9	29.5	50.0	98.9
建設・鉱山機械	(2.08)	n.a.	n.a.	n.a.	n.a.	n.a.	55.3	58.6	55.7	49.9
繊維機械	(0.51)	100.0	100.0	100.0	100.0	100.0	99.7	98.0	96.3	95.2
生活関連産業用機械	(0.64)	n.a.	n.a.	n.a.	n.a.	n.a.	31.1	30.6	28.4	28.0
半導体・フラットパネルディスプレイ製造装置	(3.34)	n.a.	n.a.	n.a.	n.a.	n.a.	70.7	69.8	71.4	71.2
基礎素材産業用機械	(0.53)	50.6	34.3	37.1	43.7	45.2	37.5	29.7	28.9	32.6
金属工作機械	(1.92)	40.0	40.6	40.2	37.9	36.8	54.2	45.4	42.2	40.7
金属加工機械	(0.51)	n.a.	n.a.	n.a.	n.a.	n.a.	30.8	31.6	30.7	29.4
機械工具類	(0.66)	61.0	55.8	61.7	66.3	81.9	75.3	72.2	66.8	66.6
ロボット	(0.34)	n.a.	n.a.	n.a.	n.a.	n.a.	23.6	24.8	23.9	23.9
計測機器	(1.13)	61.7	61.5	59.0	59.0	60.6	61.1	61.4	60.4	60.1
医療用具	(0.89)	29.7	26.6	24.1	24.1	36.7	38.3	36.7	32.9	31.2
光学機器・光学機械用レンズ	(0.68)	54.1	53.7	52.7	50.0	50.6	41.3	28.8	21.4	17.7

出所：筆者推計．

表4-5B　日本の商品群別米

	ウェイト	1995	1996	1997	1998	1999	2000	2001	2002	2003
一般機械	(18.94)	32.5	33.3	34.9	38.9	32.9	34.8	35.2	37.1	35.8
原動機	(1.07)	8.8	8.8	8.8	8.8	8.8	9.2	10.2	10.9	10.5
ポンプ・圧縮機器	(1.60)	65.4	65.4	65.6	67.4	65.1	66.8	65.9	65.2	59.8
動力伝導装置・軸受	(1.69)	49.6	49.7	49.4	51.3	50.6	50.2	47.4	45.1	44.9
冷凍機応用製品	(0.32)	91.5	94.2	91.9	81.5	89.7	91.1	74.1	65.9	61.5
その他のはん用機器	(0.59)	0.1	0.1	0.1	0.2	0.2	7.6	19.5	28.8	31.7
農業用機械	(0.44)	95.6	78.0	71.1	66.9	30.9	62.0	71.7	43.5	1.1
建設・鉱山機械	(2.08)	n.a.	n.a.	n.a.	n.a.	n.a.	32.6	29.8	31.5	36.7
繊維機械	(0.51)	0.0	0.0	0.0	0.0	0.0	0.2	0.9	1.9	2.6
生活関連産業用機械	(0.64)	n.a.	n.a.	n.a.	n.a.	n.a.	68.7	69.4	70.5	69.5
半導体・フラットパネルディスプレイ製造装置	(3.34)	n.a.	n.a.	n.a.	n.a.	n.a.	11.2	10.1	8.9	6.4
基礎素材産業用機械	(0.53)	31.2	45.8	47.0	75.9	33.8	64.3	70.1	71.2	65.5
金属工作機械	(1.92)	53.3	52.8	52.9	54.9	55.5	47.7	47.8	48.9	48.4
金属加工機械	(0.51)	n.a.	n.a.	n.a.	n.a.	n.a.	34.0	34.3	34.9	32.4
機械工具類	(0.66)	22.3	25.9	14.8	33.3	2.2	3.3	3.7	6.4	1.6
ロボット	(0.34)	n.a.	n.a.	n.a.	n.a.	n.a.	36.7	36.4	37.3	35.8
計測機器	(1.13)	38.7	38.2	40.3	41.7	40.3	39.6	39.1	39.8	38.9
医療用具	(0.89)	58.9	58.8	61.8	64.6	60.3	62.0	63.4	65.8	65.9
光学機器・光学機械用レンズ	(0.68)	47.0	46.5	47.2	50.2	50.6	52.7	54.4	55.8	54.2

出所：筆者推計．

第 4 章　円の国際化政策と貿易建値通貨の選択

円建て輸出比率：一般機械

(%)

						円建て								
2004	2005	2006	2007	2008	2009	2010	2011	2012	2013	2014	2015	2016	2017
47.5	46.1	48.3	47.3	46.4	46.5	57.7	63.2	64.9	62.4	63.0	58.4	61.6	63.0
72.2	69.2	66.4	62.8	55.2	43.6	45.2	47.7	50.9	53.1	52.4	51.0	51.8	53.3
40.7	41.3	51.2	52.0	54.3	54.6	64.3	73.3	75.3	74.6	74.8	70.8	71.6	74.9
36.4	34.3	34.0	34.9	36.3	35.1	39.0	47.7	49.6	51.6	55.2	49.7	41.9	40.1
12.8	16.3	16.8	−9.3	−16.4	−10.7	−2.1	−1.9	−2.6	1.3	6.8	2.9	2.4	1.3
67.4	69.3	80.4	78.9	69.4	59.9	59.5	60.7	61.2	59.6	59.2	56.4	59.5	62.3
99.5	74.7	73.3	73.1	76.2	78.6	61.7	58.9	60.9	59.9	55.4	36.7	41.8	41.8
47.9	48.1	49.8	37.7	26.3	24.3	21.0	29.0	45.7	53.5	55.7	45.6	46.2	49.5
93.5	92.3	90.6	88.8	83.6	74.2	72.7	71.4	68.6	62.6	60.0	57.2	57.0	56.2
34.2	46.6	73.8	77.5	79.7	81.7	87.9	84.9	84.8	82.6	84.0	86.0	96.5	100.2
89.3	90.6	85.7	86.4	92.6	93.4	97.9	100.0	100.0	100.0	100.0	100.0	100.0	100.0
57.4	56.4	57.7	60.7	61.0	60.4	70.2	77.5	82.3	78.2	77.0	74.4	77.0	75.6
37.6	35.6	35.3	34.0	33.4	24.9	39.1	52.9	62.4	68.2	67.8	65.8	66.8	64.4
28.8	35.6	38.9	47.3	53.1	54.3	59.7	63.1	64.7	63.1	64.9	56.6	31.7	31.3
70.9	69.4	70.4	63.3	58.5	43.9	54.5	50.1	44.4	39.0	45.0	35.3	38.8	37.0
23.6	23.6	24.5	24.4	25.7	27.3	40.9	44.6	56.8	59.4	58.4	64.8	64.4	67.1
62.5	62.1	62.3	61.8	63.4	64.8	80.2	93.3	97.7	99.6	93.9	87.9	84.7	84.6
35.5	35.1	35.9	35.7	22.3	9.5	6.7	3.3	0.5	−1.6	4.6	6.2	20.1	25.0
19.8	18.9	21.7	21.1	21.7	20.6	20.4	13.2	6.7	1.5	4.4	1.7	2.5	4.0

ドル建て輸出比率：一般機械

(%)

						米ドル建て								
2004	2005	2006	2007	2008	2009	2010	2011	2012	2013	2014	2015	2016	2017
33.4	36.1	35.6	34.8	36.0	38.0	30.2	27.9	27.0	29.3	30.2	32.7	30.8	28.4
10.7	11.3	13.0	14.4	17.2	20.2	21.4	23.1	23.0	22.9	23.8	25.9	26.4	25.9
50.9	55.1	47.6	46.6	45.1	44.0	36.0	26.1	24.2	24.5	25.3	28.3	29.2	26.4
49.7	51.9	53.4	53.3	51.8	53.2	46.5	33.4	32.1	29.3	26.6	25.9	31.7	32.0
44.8	40.4	41.6	41.8	40.6	40.8	30.3	34.4	38.2	35.7	33.2	34.9	35.5	34.5
32.1	27.7	15.2	10.7	20.3	35.5	37.8	38.4	38.6	39.5	40.5	43.4	41.5	39.4
3.8	17.3	26.4	26.8	24.2	23.6	38.8	41.4	39.5	42.6	48.3	63.4	59.3	59.7
36.8	37.0	35.0	39.7	47.6	51.0	57.0	54.4	44.4	39.7	38.2	43.6	41.0	37.9
3.6	4.4	5.6	6.5	8.9	12.2	13.1	14.0	15.1	17.8	19.3	21.3	21.9	22.7
66.5	52.3	23.2	14.6	10.5	9.6	7.3	13.6	15.3	17.9	16.6	14.7	7.1	2.4
1.3	8.4	12.5	13.2	7.2	6.8	1.7	0.0	0.0	0.0	0.0	0.0	0.0	0.0
42.6	43.0	42.0	38.5	38.9	37.6	28.9	22.1	18.5	21.3	24.5	23.8	23.0	25.2
46.9	45.6	45.0	44.3	43.5	47.9	39.9	32.5	28.4	24.3	23.9	25.0	24.2	25.4
30.4	38.9	43.8	45.5	45.2	44.9	40.3	36.8	35.6	36.9	38.7	41.9	61.7	57.1
−1.2	3.4	3.0	3.0	5.3	14.6	19.7	30.5	35.5	39.2	41.4	41.0	34.2	29.7
34.9	35.6	35.7	36.3	36.4	39.0	32.6	31.5	29.4	30.0	31.4	32.0	33.3	30.6
37.7	38.3	38.1	37.9	36.6	34.5	21.7	7.6	3.9	1.6	1.8	0.3	−0.1	0.7
64.5	65.2	64.4	64.3	70.9	66.3	70.7	78.9	82.0	83.5	85.2	83.8	70.9	65.0
52.0	51.8	48.7	43.0	38.1	37.7	47.3	64.6	72.2	77.4	79.1	82.6	81.0	80.3

第Ⅱ部　ユーロ・円の国際化によるドル体制への影響

表4-6A　日本の商品群別円建て輸出

	ウェイト	1995	1996	1997	1998	1999	2000	2001	2002	2003
電気・電子機器	(20.55)	31.6	24.6	25.7	36.5	37.5	43.3	31.7	24.4	28.3
光電変換素子	(0.58)	100.0	100.0	100.0	100.0	100.0	100.0	100.0	99.3	98.4
半導体素子	(0.44)	19.9	18.7	19.5	20.4	22.3	16.2	6.4	2.8	4.2
集積回路	(4.59)	n.a.	n.a.	n.a.	n.a.	n.a.	26.1	24.0	7.2	10.7
ディスプレイデバイス	(1.14)	n.a.	n.a.	n.a.	n.a.	n.a.	n.a.	n.a.	n.a.	n.a.
受動部品	(1.72)	37.1	33.9	32.3	24.8	35.2	43.9	56.4	56.3	59.5
接続部品	(1.45)	87.9	85.8	85.7	85.5	86.9	89.4	90.4	84.3	85.0
その他の電子部品	(1.66)	15.8	9.2	11.9	13.6	20.4	7.1	10.7	12.3	19.4
重電機器	(1.79)	n.a.	n.a.	n.a.	n.a.	n.a.	n.a.	n.a.	n.a.	n.a.
電球・配線・電気照明器具	(0.45)	100.0	100.0	100.0	100.0	100.0	100.0	100.0	100.0	100.0
電子応用装置	(0.86)	46.9	47.7	45.8	43.0	42.9	58.0	50.9	59.6	67.8
電気計測器	(1.61)	32.3	29.7	30.3	27.3	26.9	37.7	39.0	39.0	42.7
その他の電気機器	(2.03)	11.2	3.4	9.6	27.8	36.8	28.0	24.9	23.1	20.6
通信機器	(0.68)	100.0	100.0	100.0	100.0	100.0	100.1	100.1	100.1	100.0
映像音響機器	(0.86)	37.8	38.2	36.1	32.6	20.4	9.0	6.4	2.6	-5.3
電子計算機・同附属装置	(0.69)	52.9	51.1	37.0	28.9	22.5	11.4	-0.6	-0.5	-6.5
輸送用機器	(28.52)	15.6	12.0	15.9	18.8	16.7	14.1	24.0	22.8	18.5
乗用車	(14.30)	1.0	-4.2	-2.9	2.0	-1.2	-8.8	5.7	6.4	2.1
バス	(0.54)	74.5	71.9	74.8	92.3	79.6	73.3	84.6	71.8	55.3
トラック	(1.50)	63.2	65.5	63.5	60.6	58.0	57.9	56.3	45.3	38.5
二輪自動車	(0.40)	8.1	5.3	8.6	15.4	19.3	-1.1	-3.5	3.5	28.2
自動車部品	(7.26)	n.a.	n.a.	n.a.	n.a.	n.a.	31.5	31.7	31.8	31.1
船舶・同部品	(2.72)	100.1	100.0	100.0	100.2	100.1	79.3	39.7	22.1	17.6
航空機部品	(1.41)	n.a.	n.a.	n.a.	n.a.	13.3	13.6	13.4	11.5	
産業用運搬車両・同部品	(0.21)	34.9	56.8	58.1	56.1	51.0	50.2	53.4	53.9	51.9
自転車部品	(0.18)	46.3	46.2	44.7	42.4	45.2	38.8	57.3	96.2	84.2

出所：筆者推計．

表4-6B　日本の商品群別米ドル建て輸

	ウェイト	1995	1996	1997	1998	1999	2000	2001	2002	2003
電気・電子機器	(20.55)	58.0	66.7	70.6	64.7	62.2	59.4	61.5	65.8	60.4
光電変換素子	(0.58)	-0.2	-0.2	-0.2	-0.2	-0.2	-0.2	-0.2	0.4	1.1
半導体素子	(0.44)	79.6	79.6	79.1	80.1	78.5	85.3	91.8	95.1	90.4
集積回路	(4.59)	n.a.	n.a.	n.a.	n.a.	n.a.	73.5	75.6	91.2	82.1
ディスプレイデバイス	(1.14)	n.a.	n.a.	n.a.	n.a.	n.a.	n.a.	n.a.	n.a.	n.a.
受動部品	(1.72)	62.9	63.4	68.1	72.6	66.6	54.3	43.9	42.9	39.2
接続部品	(1.45)	12.6	13.3	13.1	14.5	14.0	11.4	10.0	13.5	14.4
その他の電子部品	(1.66)	78.9	79.9	84.8	88.6	82.0	80.0	71.6	66.1	61.8
重電機器	(1.79)	n.a.	n.a.	n.a.	n.a.	n.a.	n.a.	n.a.	n.a.	n.a.
電球・配線・電気照明器具	(0.45)	0.0	0.0	0.0	0.0	0.0	0.0	0.0	0.0	0.0
電子応用装置	(0.86)	53.1	52.6	53.6	55.6	56.2	44.3	37.6	30.2	26.8
電気計測器	(1.61)	66.5	67.6	69.0	74.2	68.7	64.4	62.2	60.8	54.3
その他の電気機器	(2.03)	60.7	69.4	65.2	59.4	51.3	58.0	60.3	61.0	57.7
通信機器	(0.68)	0.0	0.0	0.0	0.0	0.0	0.0	0.0	0.1	0.0
映像音響機器	(0.86)	24.2	47.4	52.1	48.0	59.2	88.0	86.3	90.2	90.6
電子計算機・同附属装置	(0.69)	48.2	46.6	62.7	74.8	77.6	83.9	80.7	75.0	66.0
輸送用機器	(28.52)	59.2	62.4	63.3	65.1	64.1	62.5	56.7	56.0	54.0
乗用車	(14.30)	80.7	80.7	81.6	85.9	87.7	84.6	70.7	65.7	62.7
バス	(0.54)	28.2	30.8	26.9	15.5	30.6	18.9	5.0	19.1	25.1
トラック	(1.50)	36.0	35.2	35.8	37.8	39.9	40.0	41.5	48.6	48.2
二輪自動車	(0.40)	48.0	59.4	49.0	55.7	35.7	54.0	48.8	43.9	40.3
自動車部品	(7.26)	n.a.	n.a.	n.a.	n.a.	49.5	51.7	50.8	47.7	
船舶・同部品	(2.72)	0.1	0.1	0.1	0.4	0.2	22.9	50.5	69.1	77.6
航空機部品	(1.41)	n.a.	n.a.	n.a.	n.a.	86.9	86.6	86.1	84.7	
産業用運搬車両・同部品	(0.21)	32.6	21.5	39.3	41.0	40.6	51.7	47.8	46.7	45.8
自転車部品	(0.18)	38.5	45.9	53.5	59.4	55.8	63.5	47.6	10.9	15.2

出所：筆者推計．

第 4 章　円の国際化政策と貿易建値通貨の選択

比率：電気・電子機器，輸送用機器 (%)

	円建て													
2004	2005	2006	2007	2008	2009	2010	2011	2012	2013	2014	2015	2016	2017
35.3	33.5	38.6	39.5	38.6	39.5	39.8	42.4	43.6	40.4	44.5	37.0	41.6	41.1
97.6	97.0	96.0	94.5	90.7	85.2	83.3	82.0	79.5	74.5	73.4	72.7	71.4	68.7
28.0	40.7	55.2	64.3	70.1	66.0	55.5	50.5	48.1	58.4	59.8	59.4	41.9	34.0
44.3	42.8	45.7	50.2	42.4	28.1	27.1	28.9	30.9	28.9	35.0	21.8	25.7	22.1
n.a.	48.8	36.6	46.0	53.7	57.2	59.6	71.4	77.8	71.1	66.3	66.3	61.4	58.8
49.5	42.8	42.4	39.1	43.5	55.0	58.4	57.5	49.5	43.4	45.8	50.0	57.5	59.6
86.8	87.4	90.5	90.2	84.6	84.4	81.3	78.3	78.1	77.2	73.2	54.9	51.3	55.6
21.8	20.1	20.2	18.0	16.6	20.6	31.8	35.2	31.9	25.5	26.4	20.8	25.6	28.4
n.a.	50.3	48.0	48.8	50.1	50.7	41.7	48.2	52.5	53.2	55.5	57.7	65.1	66.6
100.0	100.0	100.0	99.9	99.7	99.2	99.0	98.9	98.7	98.0	97.6	96.7	96.3	95.2
75.1	73.4	65.2	61.9	60.3	61.5	49.3	39.5	36.2	35.6	34.6	38.2	41.6	44.9
50.1	46.4	47.4	47.9	48.8	44.1	57.6	67.5	65.3	62.4	60.9	63.4	58.2	59.8
23.3	21.5	27.7	24.6	12.6	9.3	20.1	25.4	27.0	20.9	29.1	16.0	31.6	34.5
99.9	98.3	92.2	88.3	84.3	81.4	80.5	80.7	79.3	74.1	70.6	69.9	70.0	68.2
2.6	- 7.4	0.9	- 0.4	2.3	0.0	4.3	- 3.4	- 1.2	3.0	9.2	- 4.6	- 0.6	0.2
6.2	7.9	12.9	14.8	14.9	15.1	17.6	15.7	16.8	15.3	23.3	10.3	6.9	10.1
21.3	22.1	26.8	23.1	22.8	20.7	28.7	30.4	32.4	30.8	34.5	28.7	34.6	39.7
5.3	0.0	7.5	8.6	8.5	0.1	15.4	17.8	18.4	16.1	19.9	13.7	14.8	22.1
66.2	79.6	77.8	46.4	34.9	54.5	70.9	71.8	75.2	74.0	85.2	77.2	76.2	83.3
44.2	47.5	41.7	21.5	5.3	7.7	25.2	39.0	51.0	55.7	61.2	58.0	58.1	64.6
29.1	17.6	24.2	28.0	26.6	22.8	6.7	11.3	11.3	13.0	16.7	12.1	7.7	16.7
32.9	34.0	43.6	40.0	39.2	38.6	46.8	52.4	53.2	51.7	52.7	48.9	50.7	51.1
13.7	12.4	18.7	20.9	21.9	22.6	29.3	42.2	31.5	26.0	27.8	37.4	69.5	85.7
15.1	9.9	- 0.7	0.0	- 0.7	0.7	- 0.2	- 1.9	- 2.1	0.9	5.1	0.6	0.7	1.7
53.8	55.6	53.1	26.7	31.6	38.1	66.7	71.1	71.4	69.5	79.8	78.5	77.5	78.3
85.1	95.7	100.1	100.0	100.0	100.0	100.0	100.0	100.0	100.0	100.0	100.0	100.0	100.0

出比率：電気・電子機器，輸送用機器 (%)

	米ドル建て													
2004	2005	2006	2007	2008	2009	2010	2011	2012	2013	2014	2015	2016	2017
57.1	56.8	53.4	51.7	53.3	52.5	51.2	49.2	47.9	49.3	51.2	56.0	53.3	53.4
1.8	2.2	3.0	3.9	6.0	8.5	9.9	11.2	12.1	14.2	14.7	15.0	15.9	17.5
74.4	61.3	49.4	41.1	33.6	33.8	42.2	48.5	49.8	44.5	41.3	44.1	54.8	59.3
56.7	55.0	53.9	50.6	59.7	70.3	70.3	65.8	62.0	62.4	65.3	74.1	71.4	74.5
n.a.	53.7	61.7	55.5	49.2	44.1	40.7	29.9	23.9	29.4	34.3	33.5	38.1	41.0
47.4	58.2	58.1	60.8	57.8	44.6	40.3	41.8	48.7	54.6	55.5	48.8	42.9	41.4
14.0	13.2	9.8	9.1	13.4	14.9	17.8	20.9	21.6	22.4	26.2	41.1	46.3	41.1
66.4	72.1	75.1	77.6	82.8	77.7	67.8	64.9	67.1	73.4	77.3	80.5	75.1	72.9
n.a.	50.4	52.0	50.4	50.0	48.4	50.6	40.3	37.1	37.0	37.5	37.9	30.6	28.3
0.0	0.0	0.0	0.0	0.2	0.4	0.5	0.6	0.9	1.1	1.5	1.8	2.4	
24.0	24.0	27.4	28.5	28.7	27.6	31.3	37.4	40.3	40.9	41.4	43.9	43.1	42.0
50.4	52.3	52.0	51.9	51.8	53.6	41.2	31.8	34.6	38.5	42.2	36.4	40.8	41.3
56.0	58.8	54.7	53.2	63.3	68.4	61.6	57.1	56.7	60.8	60.5	65.0	57.0	53.3
0.1	1.4	7.2	10.1	12.5	13.3	13.8	12.8	13.3	16.5	18.8	19.5	20.2	22.4
88.9	84.2	71.5	65.2	64.7	67.2	65.8	72.3	71.9	70.0	67.7	75.2	72.1	69.0
59.2	63.1	67.7	65.5	63.8	66.4	65.7	69.2	74.9	77.6	76.5	71.3	76.1	77.8
51.0	50.3	49.4	51.8	51.2	51.7	49.8	52.1	54.7	58.6	57.4	57.1	54.4	50.6
58.8	59.0	60.4	59.7	58.2	63.2	61.1	63.8	67.7	71.8	69.5	71.5	72.1	66.4
8.0	7.1	11.3	15.1	13.5	7.1	3.7	9.5	14.0	23.0	16.5	10.7	13.7	10.6
41.9	42.5	47.1	49.6	52.1	48.5	38.0	32.6	30.3	30.2	28.2	24.4	24.3	21.0
44.6	50.5	49.8	48.4	50.0	55.3	65.1	52.7	53.0	48.7	49.9	53.8	54.5	46.1
44.0	43.0	34.6	34.7	37.7	40.8	39.8	38.2	38.7	40.6	40.5	41.3	41.3	40.7
84.4	87.3	82.7	80.0	78.8	77.7	64.7	45.0	45.0	43.9	44.0	40.2	21.5	10.8
84.2	87.8	96.5	96.7	99.3	98.3	99.7	101.4	102.7	101.1	99.9	100.9	100.6	100.4
45.4	47.8	41.4	40.4	38.0	30.7	21.2	24.0	24.2	24.4	17.7	18.9	22.8	22.6
14.4	3.1	0.3	0.0	0.0	0.0	0.0	0.0	0.0	0.0	0.0	0.0	0.0	0.0

気・電子機器産業でも円建て輸出比率はかなり高いのである．にもかかわらず産業全体でみて円建て比率が低くなるのは，集積回路（その他の電子部品も含む），その他の電気機器などの産業全体に占めるウェイトが大きいからである．

第4に，輸送用機器の円建て比率は2017年で39.7%にとどまっているが，ここでも商品群の間で建値通貨比率のばらつきが大きい（表4-6）．輸送用機器の中で最大のウェイトを占める商品群は「乗用車」（14.30%）であるが，2010年以降，60～70%が米ドル建てで取引されており，円建て比率は，最大でも22%程度である．日本の自動車輸出がPTM行動をとっていることは多くの研究で指摘されているが，米ドルを中心とした外貨建て取引の比率の高さはPTM行動と整合的である．しかし，次にウェイトが大きい「自動車部品」（7.26%）の円建て比率は2011年以降ほとんどの年で円建て比率が50%を上回っている．また，2017年において円建て比率が50%を上回っているのは，全9商品群のうちの6商品群である．それにもかかわらず輸送用機器産業の円建て比率が低いのは，乗用車が輸送用機器の半分を占めるほどウェイトが大きいからである．

以上の考察は，日本本社企業へのアンケート調査に基づいて企業レベルの貿易建値通貨選択の実態を明らかにしたIto et al.（2012, 2018），伊藤他（2010, 2016, 2018）の一連の研究と整合的な結果である．図4-3は，日本の本社企業へのアンケート調査結果に基づく日本企業の輸出の建値通貨選択の情報である．「単純平均」は企業が回答した建値通貨の比率の平均をとったものであるが，このデータは企業の規模を考慮せずに平均値を算出している．これに対して，企業規模を考慮した比率の平均値が「加重平均」である[20]．

2009年調査の結果をみると，単純平均では円建て比率が米ドル建て比率を上回っている．これは円建て比率が高い企業数の方がより多いことを示唆しているが，加重平均の円建て比率をみると，単純平均の比率から大幅に低下する．加重平均では円建て比率が28.7%であるのに対して，米ドル建て比

---

20) この加重平均の計算においては，調査対象企業の総売上高（連結ベース）を企業規模の代理変数として用いている．

第 4 章 円の国際化政策と貿易建値通貨の選択

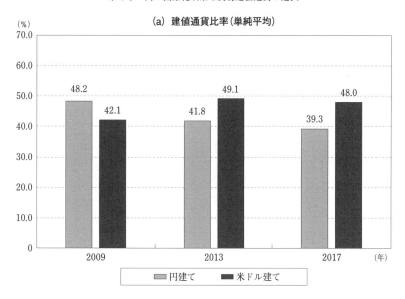

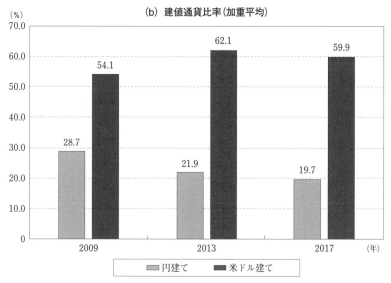

図 4-3 日本企業の輸出における建値通貨選択

注：日本本社企業向けアンケート調査に基づく，日本の輸出企業の建値通貨比率の集計結果．2009 年調査（227 社），2013 年調査（185 社），2017 年調査（151 社）の回答企業の建値通貨比率を単純平均した値が「(A) 単純平均」，企業の海外売上高（連結ベース）で加重平均した値が「(B) 加重平均」に基づく集計結果．
出所：伊藤他（2010, 2016, 2018）から引用．

率は 54.1% に上昇する．2013 年調査と 2017 年調査では，単純平均において米ドル建て比率が円建て比率を上回るようになり，加重平均における円建て比率と米ドル建て比率の差がさらに拡大している．

この図 4-3 の調査結果が示すのは，大企業ほど米ドル建て比率を選好しているという実態である．すなわち，企業数でみると少ないが，大規模企業ほど米ドル建てを選択しているのに対して，海外売上高でみた企業規模は小さいが，円建て取引を選択する企業数は非常に多いことを示唆している．日本の大規模企業ほど海外に生産拠点を拡大し，本社と海外拠点との間で活発な企業内貿易を行っている．この企業内貿易では，円建てではなく米ドル建てで取引される傾向が強いことが示唆される．日本企業が国際的な事業展開を進めるほど，それだけ米ドル建て取引が行われる結果となっている．金融資本取引の自由化は，企業が効率的な為替戦略を行うことを可能にしたが，大規模企業ほど円建てではなく米ドル建て取引する傾向が顕著になっていると言えるだろう．

5. おわりに

本章は，貿易建値通貨のデータを可能な限り収集し，円建て貿易の時系列的な変化，地域別の円建て貿易比率の違い，そして産業別に見た円建て貿易の実態を明らかにした．さらに，企業レベルの貿易建値通貨に関する最近の研究の成果を利用して，日本企業の貿易建値通貨の現状についても，産業レベル・商品群レベルデータを用いて考察を行った．

1980 年代を中心に，政策当局は金融資本取引の自由化を進めることで，円の国際化を促進しようとした．資本取引に対する制限を取り払い，発達した金融市場を育成することで，円建て取引の阻害要因を取り除き，円の国際化を促進しようという目的からである．1998 年の外為法改正によって外国為替業務が完全に自由化され，欧米諸国並みの対外取引環境が整備された．それにもかかわらず，日本企業は円建てではなく，むしろ米ドル建て取引を選好したと解釈することができる．しかし，本章が行った建値通貨比率の推定によって，産業レベルよりさらに詳細な商品群レベルで輸出の建値通貨選

択行動を考察すると，一般機械，電気・電子機器，輸送用機器の3つの主要産業では，円建て取引比率が最大である商品群の数の方が大きいことが明らかになった．しかし，特に電気・電子機器と輸送用機器では，円建て輸出比率の高い商品群のウェイトが相対的に小さいため，産業全体としてみると米ドルを中心とする外貨建て輸出のシェアが高くなっている．さらに，企業アンケート調査に基づく既存の研究が示すデータから，大規模企業ほど米ドル建て輸出比率が高いことが示唆された．

近年の企業の国際的な事業展開や生産ネットワークの構築によって，日本と海外の生産販売拠点との間で活発な企業内貿易が行われるようになったが，この企業内貿易において，日本企業は合理的な選択として米ドル建ての取引を進めている．こうした企業内貿易は大企業ほど顕著に行われており，円建て取引を阻む要因となっている．今後円建て取引が拡大しうるかどうかを考える上で，大規模企業だけでなく，中小規模企業の通貨選択に関する分析をさらに深める必要があるだろう．

参考文献

Bacchetta, Philippe and Eric van Wincoop (2005), "A Theory of the Currency Denomination of International Trade," *Journal of International Economics*, Vol. 67(2), pp. 295-319.

Ceglowski, Janet (2010), "Has Pass-Through to Export Prices Risen? Evidence for Japan," *Journal of the Japanese and International Economies*, Vol. 24(1), pp. 86-98.

Friberg, Richard (1998), "In which Currency Should Exporters Set their Prices?" *Journal of International Economics*, Vol. 45(1), pp. 59-76.

Friberg, Richard and Fredrik Wilander (2008), "The Currency Denomination of Exports: A Questionnaire Study," *Journal of International Economics*, Vol. 75(1), pp. 54-69.

Fukuda, Shin-ichi and Ji Cong (1994), "On the Choice of Invoice Currency by Japanese Exporters: The PTM Approach," *Journal of the Japanese and International Economies*, Vol. 8(4), pp. 511-529.

Giovannini, Alberto (1988), "Exchange Rates and Traded Goods Prices," *Journal of International Economics*, Vol. 24(1-2), pp. 45-68.

Ito, Takatoshi (2017), "A New Financial Order in Asia: Will a RMB Bloc Emerge?" *Journal of International Money and Finance*, Vol. 74, pp. 232-257.

Ito, Takatoshi, Satoshi Koibuchi, Kiyotaka Sato, and Junko Shimizu (2012), "The Choice of

an Invoicing Currency by Globally Operating Firms: A Firm-Level Analysis of Japanese Exporters," *International Journal of Finance and Economics*, Vol. 17(4), pp. 305-320.
Ito, Takatoshi, Satoshi Koibuchi, Kiyotaka Sato, and Junko Shimizu (2016), "Choice of Invoicing Currency in Japanese Trade: Industry and Commodity Level Analysis," RIETI Discussion Paper Series, No. 16-E-031.
Ito, Takatoshi, Satoshi Koibuchi, Kiyotaka Sato, and Junko Shimizu (2018), *Managing Currency Risk: How Japanese Firms Choose Invoicing Currency*, Cheltenham, UK: Edward Elgar.
Kawai, Masahiro (1996), "The Japanese Yen as an International Currency: Performance and Prospects," in: Ryuzo Sato, Rama V. Ramachandran, and Hajime Hori (eds.), *Organization, Performance, and Equity: Perspectives on the Japanese Economy*, Boston: Kluwer Academic Publishers, pp. 305-355.
McKinnon, Ronald I. (1979), *Money in International Exchange: The Convertible Currency System*, New York: Oxford University Press.
Parsons, Craig R. and Kiyotaka Sato (2008), "New Estimates of Exchange Rate Pass-Through in Japanese Exports," *International Journal of Finance and Economics*, Vol. 13(2), pp. 174-183.
Sato, Kiyotaka (1999), "The International Use of the Japanese Yen: The Case of Japan's Trade with East Asia," *World Economy*, Vol. 22(4), pp. 547-584.
Sato, Kiyotaka and Junko Shimizu (2018), "International Use of the Renminbi for Invoice Currency and Exchange Risk Management: Evidence from the Japanese Firm-Level Data," *North American Journal of Economics and Finance*, Vol. 46, pp. 286-301.
Takagi, Shinji and Yushi Yoshida (2001), "Exchange Rate Movements and Tradable Goods Prices in East Asia: An Analysis Based on Japanese Customs Data, 1988-1999," *IMF Staff Papers*, Vol. 48(2), pp. 266-289.
Tavlas, George S. and Yuzuru Ozeki (1992), "The Internationalization of Currencies: An Appraisal of the Japanese Yen," International Monetary Fund, Occasional Paper, No. 90.
伊藤隆敏・鯉渕賢・佐藤清隆・清水順子 (2010)「日本企業の為替リスク管理とインボイス通貨選択――「平成21年度 日本企業の貿易建値通貨の選択に関するアンケート調査」結果概要」RIETI Discussion Paper Series, No. 10-J-032.
伊藤隆敏・鯉渕賢・佐藤清隆・清水順子 (2016)「日本企業の為替リスク管理とインボイス通貨選択――「平成25年度 日本企業の貿易建値通貨の選択に関するアンケート調査」結果概要」RIETI Discussion Paper Series, No. 16-J-035.
伊藤隆敏・鯉渕賢・佐藤清隆・清水順子 (2018)「日本企業の為替リスク管理とインボイス通貨選択――「2017年度 日本企業の貿易建値通貨の選択に関するアンケート調査」結果」RIETI Discussion Paper Series, No. 18-J-025.

第4章　円の国際化政策と貿易建値通貨の選択

伊藤隆敏・鯉渕賢・佐々木百合・佐藤清隆・清水順子・早川和伸・吉見太洋（2008）「貿易取引通貨の選択と為替戦略――日系企業のケーススタディ」RIETI Discussion Paper Series, No. 08-J-009.

河合正弘（1992）「円の国際化」伊藤隆敏編『国際金融の現状』有斐閣，275-326頁.

佐藤清隆・吉元宇楽（2019）「日本企業の貿易建値通貨選択の決定要因」『フィナンシャル・レビュー』第136号（2019年1月号），100-117頁.

第 5 章

安全通貨としての円とドル
―― ファンダメンタルズから不確実性へ ――

増 島 雄 樹

1. はじめに

　戦争や金融危機などが起こった際に，取引量が多く価値が安定している通貨が避難先として買われてきた．相場の格言で「有事のドル買い」という言葉がある通り，かつては安全通貨と言えばドルだった．また，欧州に目を向ければ，リスクイベントが起こった際に買われるのはスイスフランだ．

　近年，通貨間あるいは各資産間の同時相関性が強まった2007年以降，金融危機や紛争など投資家のリスク回避志向が高まる（リスクオフ）時には，低金利で流動性が高く経常収支黒字国の通貨が，一時的な「安全通貨」として買われる傾向がみられる．日本は「安全通貨」である円の性質によって，世界的な金融ショックの発生や，政治・政策の不確実性の高まりに伴う円高に悩まされてきた．実際，新聞の市場欄を見れば，円高が進んだ際には「安全通貨として円が買われ……」といった説明が散見される．

　しかし，少子高齢化で生産年齢人口が減少し，政府債務も拡大し続ける国の通貨である円が「安全通貨」として買われるのは，やや違和感がある．また地政学リスクの高まりは，本来的にはその周辺の国・地域の通貨が売られる状況であるが，最近の円の動きはその逆だ．例えば，2017年夏に北朝鮮の核開発への懸念が深まり，北朝鮮から日本近海へミサイルが発射された際に円が買われた一方，2018年に入り，トランプ米大統領と金正恩朝鮮労働

第Ⅱ部　ユーロ・円の国際化によるドル体制への影響

表 5 - 1　避難（安全）通貨

順位＼年	2002	2003	2004	2005	2006	2007	2008
1	CHF	CHF	CHF	THB	CHF	CHF	JPY
2	EUR	金	原油	HKD	THB	JPY	CHF
3	SGD	EUR	HKD	原油	GBP	THB	THB
4	金	THB	EUR	MYR	USD	USD	USD
5	GBP	SGD	金	USD	IDR	HKD	HKD
6	JPY	GBP	GBP	GBP	EUR	原油	原油
7	THB	原油	THB	CHF	原油	CNY	CNY
8	USD	JPY	USD	EUR	HKD	EUR	金
9	HKD	USD	CAD	IDR	AUD	GBP	EUR
10	AUD	IDR	KRW	AUD	SGD	SGD	KRW
11	原油	HKD	SGD	SGD	CAD	CAD	SGD
12	KRW	KRW	IDR	金	CNY	金	GBP
13	CAD	AUD	JPY	JPY	JPY	IDR	MYR
14		CAD	AUD	CAD	KRW	KRW	IDR
15				KRW	MYR	MYR	CAD
16				CNY	金	AUD	AUD
17							
18							

注：AUD＝オーストラリアドル，CAD＝カナダドル，CHF＝スイスフラン，CNH＝中国オフショア人民元，CNY＝中　KRW＝韓国ウォン，MYR＝マレーシアリンギット，SGD＝シンガポールドル，THB＝タイバーツ，USD＝米ドルを
出所：筆者推計．ブルームバーグ・エコノミクス．

党委員長が米朝対談を行うとの報道とその後の会談の実現時には，朝鮮半島の緊張緩和の期待から円が売られた．リスクイベント時の市場の反応は，地政学リスクが高まった際に，その地域以外のアンカーとなる通貨や金などの安全資産が買われるかつての傾向とは明らかに異なっている．本章では，こうした危機時に買われる円の謎を定量的に解き明かしていく．

　戦後のブレトン・ウッズ体制の下で，米国が軍事力でも経済力でも絶対的な存在として君臨してきた．また，地政学リスクという点でも，米国本土が直接危機にさらされたのは 1962 年のキューバ危機以降，テロによる攻撃以外ほとんどみられない．ただ一方で，国際通貨としてのドルの地位を揺るがす象徴的な現象は起こっている．2016 年の大統領選挙で勝利したトランプ大統領は，これまでの WTO（世界貿易機関）を中心とした世界的な自由貿易体制の主導者から，保護主義に軸線を移す姿勢を見せている．通貨政策もちぐはぐだ．ムニューチン米財務長官は，2017 年の就任当初は強いドルを

第 5 章 安全通貨としての円とドル

ランキング (2002〜2017 年)

2009	2010	2011	2012	2013	2014	2015	2016	2017
JPY	**JPY**	USD	USD	**JPY**	**JPY**	**JPY**	**JPY**	**JPY**
HKD	USD	**JPY**	**JPY**	ビットコイン	CHF	CHF	CHF	金
USD	THB	金	金	HKD	ビットコイン	HKD	ビットコイン	CNY
CNY	CNY	ビットコイン	CNH	USD	CNY	金	EUR	CHF
CHF	ビットコイン	CHF	CNY	IDR	USD	EUR	金	ビットコイン
THB	IDR	CNH	IDR	CNY	金	CNY	USD	USD
MYR	HKD	CNY	ビットコイン	CNH	EUR	USD	CNY	CNH
金	CNH	THB	HKD	GBP	HKD	GBP	MYR	EUR
IDR	CHF	HKD	CHF	MYR	CNH	CNH	IDR	SGD
KRW	金	IDR	THB	KRW	IDR	SGD	HKD	MYR
GBP	MYR	MYR	MYR	THB	GBP	ビットコイン	SGD	IDR
EUR	KRW	原油	原油	CHF	原油	THB	CNH	THB
原油	EUR	GBP	GBP	金	CAD	AUD	GBP	HKD
SGD	GBP	EUR	GBP	原油	THB	IDR	THB	GBP
CAD	原油	KRW	EUR	EUR	MYR	KRW	KRW	原油
AUD	SGD	CAD	CAD	SGD	KRW	原油	原油	AUD
	CAD	SGD	SGD	CAD	SGD	MYR	AUD	KRW
	AUD	AUD	AUD	AUD	AUD	CAD	CAD	CAD

国オンショア人民元, EUR= ユーロ, GBP= イギリスポンド, HKD= 香港ドル, IDR= インドネシアルピア, JPY= 円, 指す.

支持するが,2018 年 1 月の世界経済フォーラムの年次総会(ダボス会議)の記者会見では,「ドル安」を歓迎するような姿勢を示し,トランプ大統領が発言の火消しに回った.反対に,同年 7 月のアルゼンチンの首都ブエノスアイレスで開かれた 20 カ国・地域(G20)財務相・中央銀行総裁会議では,トランプ大統領がより強いドルと米金利上昇が米国の競争上の優位を奪っていると発言した後,同財務相は,投資家の懸念の沈静化に努めたと報じられた.これまで,党派を問わず示してきた米政権の「強いドル」への絶対的な姿勢は揺らぎつつある.

こうした背景の中,本章では (1) 円はドルより志向される安全通貨なのか,(2) どのようなチャネルを通じて安全通貨効果としての円高・あるいはドル高が進むのか,(3) 円の安全通貨の地位は安泰かという 3 つの疑問に,Masujima (2017) による避難通貨指数の手法を用いて答えていく.同指数に基づいた 2002 年から 17 年の避難(安全)通貨ランキングをみると,米ド

ル，円，スイスフランの米州・アジア・欧州の各地域アンカーとなる3つの通貨が，不確実性の高まりとともに買われる傾向が続いている．しかし，3つの主要通貨間での，避難通貨としての順位は変わっている（表5-1）．例えば，日本がまだ銀行の不良債権処理を続けている2000年代前半は，円の避難通貨としての順位は低い．一方，欧州債務危機で欧州金融機関によるドル調達懸念が高まった2010年代前半は，スイスフランの順位が低下し，米ドルの順位が高まっている．ただ，2008年以降は，東日本大震災の起こった2011年とその翌年の12年を除く期間で，円は同ランキングで一番の避難通貨となり，リスクオフ時の円高が過去10年間で定着してきた状況がうかがえる．

　結論を先取りすれば，不確実性が上昇し投資家のリスク回避度が高まる際に，円はドルよりも安全通貨として志向される傾向がある．その際の，円高が進む主要なチャネルは，低金利通貨で調達し，高金利通貨で運用するキャリートレードの巻き戻し（もしくは同取引があるとの前提による投資家行動）であるのに対して，ドル高が進むチャネルは，世界の需給ショックに伴う資源通貨安の動向とより強く関連している．円の安全通貨の地位は，金融緩和が続く間は安泰と見られる．しかし，日本銀行の大規模緩和からの出口政策に伴い，累積する政府債務が意識され，市場のファンダメンタルズ重視の傾向が強まる際には，ドル・他の安全通貨に地位を奪われる可能性がある．

2. 安全通貨とは何か

2.1 安全通貨を生む背景

　金融市場でリスクオフ時（先行きの不確実性があり，投資家のリスク回避度が高まる状況）に買われる通貨は，安全通貨もしくは避難通貨と呼ばれる．過去の研究では安全（避難）通貨となるための要件として，①経常黒字，対外純資産，金融市場の発展度など経済のファンダメンタルズの側面，②為替や債券市場の価格スプレッドなど流動性に関わる側面，③低金利通貨で資金調達を行い高金利通貨に投資する「キャリートレード」などの投資家の投資

第 5 章 安全通貨としての円とドル

表 5-2 外国為替市場での各国通貨の取引シェア

通貨	2001 年		2004 年		2007 年		2010 年		2013 年		2016 年	
	シェア	順位	シェア	順位	シェア	順位	シェア	順位	シェア	順位	シェア	順位
USD	89.9	1	88.0	1	85.6	1	84.9	1	87.0	1	87.6	1
EUR	37.9	2	37.4	2	37.0	2	39.0	2	33.4	2	31.4	2
JPY	23.5	3	20.8	3	17.2	3	19.0	3	23.0	3	21.6	3
GBP	13.0	4	16.5	4	14.9	4	12.9	4	11.8	4	12.8	4
AUD	4.3	7	6.0	6	6.6	6	7.6	5	8.6	5	6.9	5
CAD	4.5	6	4.2	7	4.3	7	5.3	7	4.6	7	5.1	6
CHF	6.0	5	6.0	5	6.8	5	6.3	6	5.2	6	4.8	7
CNY	0.0	35	0.1	29	0.5	20	0.9	17	2.2	9	4.0	8
SGD	1.1	12	0.9	14	1.2	13	1.4	12	1.4	15	1.8	12
HKD	2.2	9	1.8	9	2.7	8	2.4	8	1.4	13	1.7	13
KRW	0.8	15	1.1	11	1.2	14	1.5	11	1.2	17	1.7	15
THB	0.2	24	0.2	22	0.2	25	0.2	26	0.3	27	0.4	24
MYR	0.1	26	0.1	30	0.1	28	0.3	25	0.4	25	0.4	25
IDR	0.0	28	0.1	27	0.1	29	0.2	30	0.2	30	0.2	31

注:通貨記号は表 5-1 を参照.
出所:Bank for International Settlement (2016).

行動に関わるもの,そして,④大きなショックからの影響から比較的隔離されているという強靭性,の大きく4つが挙げられる.日本の通貨である円に関していえば,経済のファンダメンタルズに関しては,日本は1981年以降経常黒字を続けており,対外純資産残高は2016年でGDPの約6割だ.また,市場流動性に関わる為替の取引量で,円はドル,ユーロに次ぐ第3位の取引シェアを占めている(表5-2).投資家行動に関わる面では,日本の翌日物金利は20年以上も1%以下という低金利で推移している.従って,最初の3つの条件については概ね満たしていると言って良いだろう.

では,不確実性がある状況をどのように定量的に評価すればよいのだろうか[1].2008年の世界金融危機以降,様々な不確実性指標や市場参加者のリスク態度のモニタリングをするための指標が考案されている.例えば,金融市

---

1) 「不確実性」は本来,経済学的には事前に起こることを予測するのが難しい状況を指し,定量的に示されるリスクとは異なる概念である.しかし,2008年のサブプライム危機以降,「不確実性」のある状況が続いたことから,国際機関や学術機関を中心に,不確実性を定量化する試みが続いている.

場における資産価格のボラティリティ（変動率）が高まると，市場のリスク回避度が高まる傾向があることから，シカゴオプション取引所（CBOE）が算出する恐怖指数（VIX）（米S&P500株式指数の将来の予想変動率）が，市場の不確実性の指標としてしばしば用いられる．こうした株式市場の変動率指数は，日経平均株価ボラティリティ指数（日経平均VI）や独VDAX新指数など，日経平均株価指数や独DAXの株式指数に対しても算出されている[2]．また，新聞各紙やニュース各社で配信される記事の語句の頻出頻度や，市場への影響を勘案した指数も，こうした不確実性を捕捉する手段として開発されている[3]．

　本章では円の安全（避難）通貨効果を見る上で，円の対ドル為替レートの変化率との相関が高く，高頻度で一般的にもよく知られている（より幅広い投資家にモニタリングされている）VIXの動向に着目して議論を進めていく．

　なぜ米国の株式指数のボラティリティ指数であるVIXが，円の対ドル為替レートとの変動との相関が高いのだろうか．これは2つの相関で成り立っている．一つは国際的な株価連動，もう一つは日経平均株価とドル円の高い相関だ．円の対ドル名目為替レートのインプライド・ボラティリティ（将来の予測変動率に基づいて通貨オプション市場で取引される変動率）と，日米独の3市場の株式指数のボラティリティ指数の動向を見てみると，1987年にニューヨーク株式市場で過去最大規模の暴落が発生したブラックマンデー後の株価の国際連動に代表されるように，株式の3市場のボラティリティ指

---

[2] これらの不確実性指標は，満期が1カ月程度のオプションから算出しているため，長期的な価格変動リスクを反映しているわけではなく，株価の暴落といったテールリスクを反映しにくいため，崎山・眞壁・長野（2017）は，先行き1カ月の株価収益率に対する市場参加者のリスク認識の偏りを計測する「SKEW」や，1カ月を超えるインプライド・ボラティリティの期間構造も併せて観察することが重要だとしている．

[3] 有力新聞各紙の掲載記事の語句の頻出頻度をベースに月次で算出される経済政策不確実性（EPU）指数（Baker, Bloom, and Davis 2016）や，ブルームバーグ・ニュース内のアルゴリズムでフィルタリングされた「潜在的なポジティブニュース」と「潜在的なネガティブニュース」の毎日のニュース数の差を市場の不確実性指標として取り入れる試み（Jäggi, Schlegel, and Zanetti 2016）など，様々な手法が開発されている．

数の変動は従来から相関が高い．

それに加えて，株式と為替の相関も 2007 年以降明確に高まっている（図 5-1）．この株式と為替の同時相関性の強まりの背景として藤原（2013）は，海外投資家のシェアの高まりとプログラム売買の拡大を挙げている．米株と日本株，日本株と円相場の 2 つの相関の高まりの結果，VIX とドル円の変動率の相関は高まっている．直感的には円の安全（避難）通貨効果を見る上では，日経平均 VI を用いる方が適しているように思える．しかし，ドル円の日次変化率と各国株式市場の価格指数の日次変化率（250 営業日）についてローリング相関係数を算出すると，ドル円と VIX との相関係数が金融危機のピーク時に − 0.6 を超えているにもかかわらず，日経平均 VI との相関係数は − 0.4 に過ぎない（図 5-2）．特に第 2 次安倍政権が始まり，日本銀行による量的質的金融緩和が始まった 2013 年から 15 年半ばまでは，日経平均 VI との相関はゼロに近く，独 VDAX 新指数よりも相関が弱い．従って，同効果を考える上では，VIX が不確実性指標としてより適していると見受けられる．

欧州が統合し，中国が台頭し，東南アジア諸国連合（ASEAN）共同体が発足し世界経済の多極化が進む中，市場がリスク回避的になった際に円が志向されるのは，円がドルを上回る絶対的な安全通貨になったというよりは，安全通貨が市場のセンチメントに左右されるより相対的な存在になってきつつあると考える方が自然だろう．その背景には，過去の相場の動きから反射的に取引を行うアルゴリズム取引や高頻度取引の隆盛，リスクオン時には低金利通貨で調達した資金を高金利通貨に投資し，危機時（リスクオフ時）にはその巻き戻しで低金利通貨に資金が還流するといった投資行動があるとみられる．そこで本章では，こうした危機時に一時的に買われる短期的な側面での安全通貨を，避難通貨と呼ぶことにする．

2.2　避難通貨効果の計測

近年になり，不確実性の高まりや投資家のリスク回避度の高まりに伴い増価する避難通貨に関わる研究は，不確実性の測定と避難通貨かどうかの判定の両面から進んでいる．例えば，Habib and Stracca（2012）は，対外純資

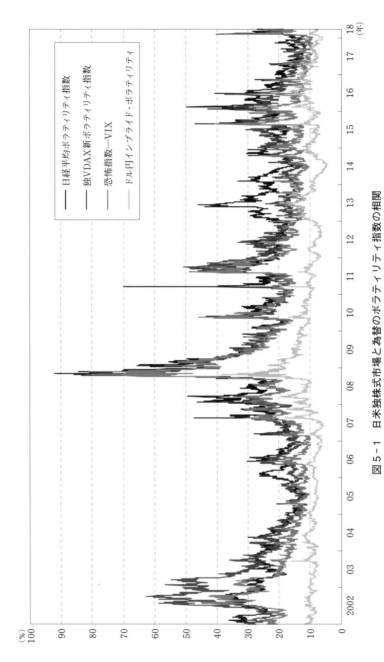

図5-1 日米独株式市場と為替のボラティリティ指数の相関

出所：筆者推計，ブルームバーグ・エコノミクス．

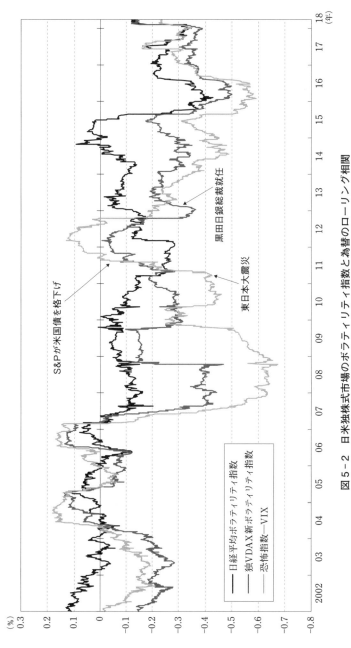

図5-2 日米独株式市場のボラティリティ指数と為替のローリング相関

注:ドル円の日次変化率と各株式変動率指数の日次変化幅の過去250営業日の相関係数。
出所:筆者推計。ブルームバーグ・エコノミクス。

産残高が大きい程,避難通貨の性質との関係が強いという傾向がみられる一方で,株式市場の時価総額の大きさは避難通貨の性質との関係が薄いと,避難通貨となる上での条件を示している.また Ozturk and Sheng（2018）は,不確実性の指標を,経済活動に対して持続的な影響を持つグローバルな不確実性指標と,短期の個別国への効果に留まる不確実性指標の2つに分けて計測している.前述の VIX と日経平均 VI との関係で言えば,前者が持続的な影響を持つグローバルな不確実性指標であり,後者が短期で地域的な影響を反映する指標と考えれば,円の対ドルでの避難通貨効果は 2007 年以降,グローバルな不確実性指標をより強く反映するようになったと解釈できよう[4].円の避難通貨という側面では,Fatum and Yamamoto（2014）は,円だけが不確実性指標の水準に関わらず避難通貨の性質を持つことを示している.

また危機時には,質への逃避で一時的に国債への資金流入によって金利が低下する一方,避難通貨効果から通貨高となることから,為替と金利との関係の変化も起こる.Ismailov and Rossi（2018）は,不確実性と「カバーなし金利平価」（後述）との関係に注目し,相対的に不確実性が低い（リスクオンの）期間に同理論が成立しやすいとしている.

本章の分析で用いられている円の避難通貨指数は,米国の VIX と日米国債2年物の金利差及び日米国債 10 年－2 年のスプレッドの変化幅で,ドル円レートの日次変化率に対して 250 営業日ごとのローリング回帰分析を行うことによって算出している.

$dln($対米ドル為替レート$_t)$
$= \alpha + \beta_1 d($日米国債2年物の金利差$_t)$
$+ \beta_2 d($日米国債10年－2年の金利スプレッド$_t) + \beta_3 d(VIX_t) + \varepsilon_t$

---

[4] ただし,米国の保護主義の動きが高まるに伴い,VIX がグローバルな不確実性指標から,地域的な不確実性指標に変遷する可能性に留意したい.2018 年入り後,VIX と米国金利の相関が高まった結果,金利変化の為替への影響を制御すると,VIX の円の為替レートへの影響は統計的に有意でなくなる（18 年 7 月末までのデータ）.これが一時的な変化か恒久的な変化かを本章執筆時点で評価するのは難しいが,仮にこのような傾向が続けば,たとえ VIX とドル円レートの相関が高くても,それは見せかけの関係となる.

第5章 安全通貨としての円とドル

上記の回帰式の中における VIX の係数（β_3），すなわち VIX が1ポイント上昇した際のドル円の変化率を，避難通貨効果と定義する[5]．従って避難通貨効果は，上記の金利水準やイールドカーブの変化に伴う為替変動の影響を制御したものとなっている[6]．

このように測定された円の避難通貨としての性質は，東日本大震災が起こり，Ｓ＆Ｐによる米国債の格付けが最上位の地位を失った 2011 年から 12 年の一時期を除いて，2007 年以降は安定的に続いている．日米金利差の変化による影響を除くと，VIX が 1 ポイント上昇した際に，円は対ドルで 0.1% から 0.25% 程度増価しており，2017 年末での避難通貨効果は 0.1% 程度となっている（図 5-3）．

金利変動の為替レートへの影響と，金利水準が避難通貨効果に与える影響を考えてみよう．金利と為替レートの関係を示す理論として伝統的な「金利平価説」は，中長期的に各通貨に投資した際の収益が「均衡」するように，金利が低い通貨ほど通貨高が進むとしている．同説は投資家がリスク中立的であり，2カ国金利の金利に基づいて投資をした収益率が同じになるように為替レートが変化すると仮定し，現時点で決定されるフォワードレートを用いた「カバー付き金利平価説」と，金利差による収益率の差を埋めるように為替レートが変化すると想定する（相対的に高金利な国の通貨ほど減価するとする）「カバーなし金利平価説」の2つに分けられる．前者については，現時点でヘッジする（カバーする）前提のため実証的にも成り立ち易いが，後者については短期的には，実証的に成り立たない場合が多い．その背景には投資家のリスク態度の変化に伴う投資行動の変化がある．

日本円やスイスフランなどの低金利通貨で資金調達を行い，高金利通貨に投資する「キャリートレード」などの投資行動によって，高金利通貨ほど通

---

[5] アジア時間で取引が終わるアジア新興国通貨については，米国市場で取引される同日の VIX の変動の影響を受けないため，VIX の前営業日（$t-1$）引け値を用いている．

[6] 新興国通貨の 10 年物国債の取引は薄く，日次でのイールドカーブの変化の信頼性に問題があるため，避難通貨ランキングを含む通貨間の避難通貨効果の比較では，イールドカーブの項（β_2）を回帰式から除いて推計している．この場合でも，円の VIX 項の係数の水準と変化のトレンドは大きく変わらない．

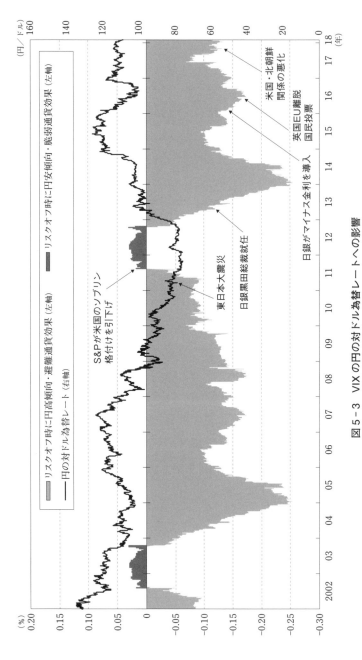

図5-3 VIXの円の対ドル為替レートへの影響

注：金利変動の影響を除いた、VIXの1ポイント上昇時の円の対ドル為替レートへの影響。
出所：筆者推計、ブルームバーグ・エコノミクス。

貨高が進み，低金利通貨は通貨安が進む（フォワードバイアスとも呼ばれる）．こうして積み上がった投資家の持ち高は，不確実性の高まり（VIXの上昇）によって持ち高解消による巻き戻しが進み，低金利通貨の通貨高要因となる．つまり短期的に見れば，投資家がリスク志向的になるリスクオンの期間とリスク回避的になるリスクオフの期間によって投資行動が変わる．

ただ，短期の投資家のリスク志向度が平均的にはより中立に近くなると考えれば，中長期的には「カバーなし金利平価説」も一定程度成り立つと言える．こうした投資家のリスク態度の変化を「避難通貨効果」の変化として捕捉することによって，「カバーなし金利平価説」が成り立ちにくい短期の動きを説明できる[7]．

3. 安全通貨，リスクイベントと金融政策

3.1 リスクイベント発生ケースの為替への影響

では，投資家のリスク回避度が上昇する際の，避難通貨効果と金利効果のドル円に対する影響を，2つのリスクイベントで比較しよう．まず，一国の政治リスクの顕現化が世界経済に波及する例（2016年6月の英国の欧州連合（EU）離脱が国民投票で可決される（ブレグジット））を振り返る．東京金融取引所に提示されている「くりっく365」の為替証拠金取引のドル円の持ち高は，ブレグジット投票まで，日米金利差を背景にドルの買い持ち，円の売り持ちの残高が積み上がっていた．ブレグジットを機に急速な円高が進むと，マージンコールで同ポジションの解消が急速に進み，円高はさらに加速し，円の避難通貨効果がより強く意識されることになった．金利差が大きい場合，もしくは金利差が拡大すると見込まれる場合，キャリートレード要因によって米ドルの持ち高が積み上がり，潜在的な円高リスクが高まる．ブレグジットの例で言えば，英ポンド円でのポンドの持ち高の積み上がりは，ドル円よりも顕著だった．

---

[7] カバーなし金利平価説で説明されるのは将来（$t+1$）の為替レートであるが，避難通貨効果は同時点での影響を推計している．

この際の動きを避難通貨効果と金利効果に分けて見ていく．避難通貨効果から見ると，世界経済の先行きに対する不確実性の高まりから VIX は上昇し，日本株が下落する中，円高が進む．金利面で見ると，リスクオフの中，質への逃避が進み，米長期国債の金利は低下する．日本銀行がマイナス金利を導入している中，既にマイナス圏だった日本の長期金利（10 年物）の追加的な低下幅は限られ，日米金利差は縮小する．キャリートレードの巻き戻しが発生し，避難通貨効果と金利効果の両面から，円の対ドルでの通貨高が進むことになる（図 5-4）．

一方，米連邦準備制度理事会（FRB）の引き上げに伴う日米金利差拡大の為替への影響を考えると，金利効果はドル高・円安要因だが，金利引き上げが米国株に悪影響があると市場が判断すれば，米株下落，VIX 上昇から避難通貨効果で円高となり，実際の為替変動は金利効果と避難通貨効果の綱引きとなる（図 5-5）．一方，FRB の金利引き上げが米株上昇につながれば，円安となる．これは，金利効果の影響を考慮した上で，避難通貨効果を測定・評価する必要があることを意味する[8]．

3.2 ドル以外の通貨への避難通貨効果

円のドル以外の通貨に対する避難通貨効果を見ていこう．円の避難通貨効果（不確実性が高まった際の円高・欧州通貨安の動き）は，対欧州通貨の方が対ドルよりも大きい（図 5-6）．特にこの効果は，欧州債務危機があった 2010 年代前半に顕著だ．一方，欧州通貨間での避難通貨効果を見れば，スイスフランはユーロより参照期間を通して不確実性上昇時に買われる傾向がより強く見られる．一方，ドルと両通貨で比較すると，平均的にはドルの避難通貨効果の方が大きいものの，両通貨の避難通貨効果の方が大きい時期もあり，安定しない．スイスフランの取引は対ドルよりも対ユーロで盛んなことが，こうした効果の違いに表れている可能性がある．実際，スイスの中央

---

[8] 2011 年 3 月の東日本大震災後には急速に円高が進み，一時 80 円割れとなった．日本の生損保の海外資産の取り崩しによる資金の本国還流（リパトリエーション）が噂されたが，統計上でこうした動きは確認されなかった．同期間には米長期金利も急低下しており，金利効果の影響も大きかったと考えられる．

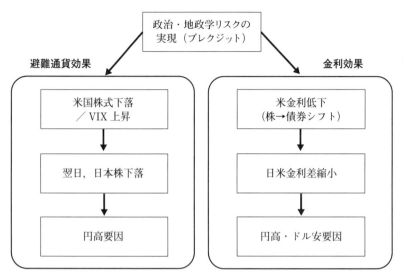

図5-4 リスクイベント発生時の為替への影響（避難通貨効果・金利効果）
出所：筆者作成.

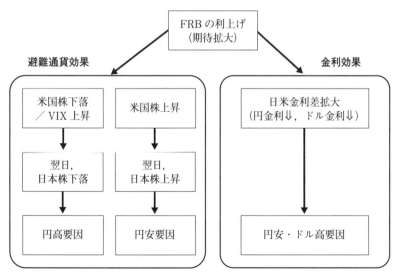

図5-5 FRB利上げ（期待上昇）時の為替への影響（避難通貨効果・金利効果）
出所：筆者作成.

125

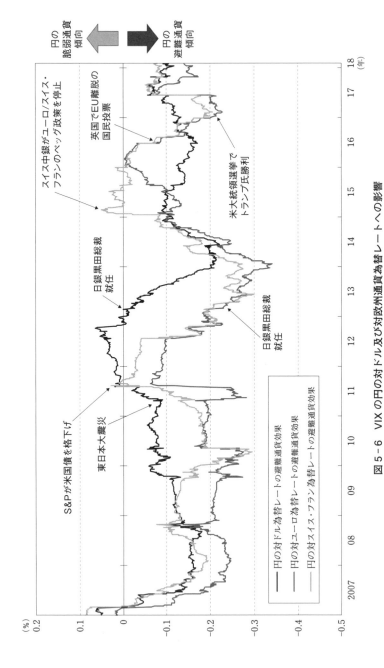

図5－6　VIXの円の対ドル及び対欧州通貨為替レートへの影響

注：全利変動の影響を除いた、VIXの1ポイント上昇時の円の対ドル及び対欧州通貨の為替レートへの影響．
出所：筆者推計．ブルームバーグ・エコノミクス．

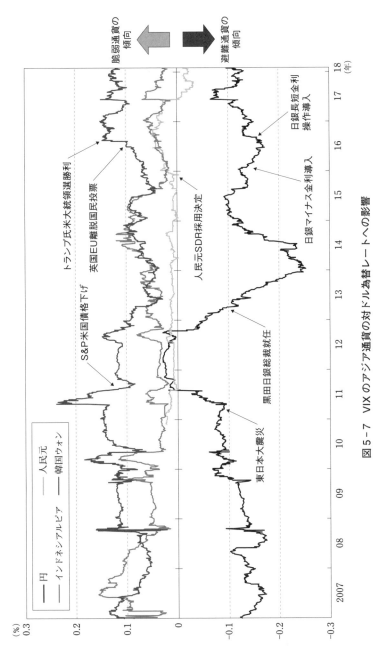

図5-7 VIXのアジア通貨の対ドル為替レートへの影響

注：金利変動の影響を除いた、VIXの1ポイント上昇時の対ドル為替レートへの影響．
出所：筆者推計、ブルームバーグ・エコノミクス．

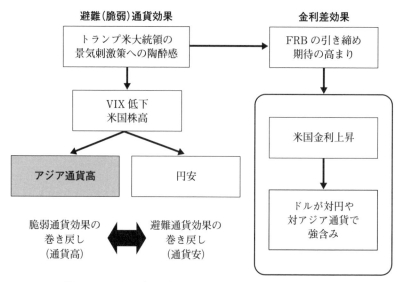

図5-8 円とアジア通貨の為替変動（避難通貨 vs. 脆弱通貨）
出所：筆者作成．

銀行であるスイス国立銀行が導入した通貨ペッグ政策は，スイスフランの対ユーロレートの水準を設定し為替介入することで，対ユーロでの過度なスイスフラン高を防ごうとする試みだった．つまり，避難通貨効果を考える上では，こうした通貨間の相対的な効果をモニタリングすることが政策的対応として重要となる．

続いてアジア新興国通貨に目を向けてみよう．インドネシアルピア・韓国ウォンは，対ドルで継続的に脆弱通貨の性質（リスクオフ時に売られる）を持つ（図5-7）．また，人民元は 2015 年に国際通貨基金（IMF）での特別引出権（SDR）通貨としての採用が決定するなど，国際化が進むとともに，対ドルでの脆弱通貨の性質が強くなってきている[9]．

こうした避難通貨効果の違いによるショックに対する為替変動の差は，リスクオン時に顕著となる．例えば，2016 年 11 月にトランプ氏が米国大統領

---

[9] 2017 年後半からは，避難通貨の性質に転じているが，対ドル基準値の設定方法の変更や資本流出規制の強化など，市場の思惑を抑制する政策を行ったことが影響しているとみられる．

選挙で勝利した際，円は他のアジア通貨と比較して最も通貨安が進んだ．これを金利効果と避難通貨効果に分けて考える．金利効果としては，拡張的な財政政策に対する期待感による米長期金利の上昇から，円及びアジア新興国の通貨安，ドル高となった．一方，避難通貨効果から考えると，米国株上昇の中で先行きに対する不確実性が低下したことからVIXが低下し，これは円安，アジア新興国通貨高となる（図5-8）．金利効果が各通貨に対して同じだと仮定すると，避難通貨効果の違いが為替変動の差につながったと言えるだろう．

3.3 金利効果の計測

避難通貨指数の推計の際には，金利変動の為替への影響も測定している．ローリング回帰分析で推計された金利効果の変遷をみると，短期金利（日米2年物国債の利回り格差）の変動の為替への影響（β_1）は安定して大きい（図5-9）．2008年から17年の期間でみると金利差が1%拡大するとともに，平均的にみて6%のドル高円安が起こる．一方，長期金利（日米国債金利の10年物−2年物金利スプレッド）の影響（β_2）の推移をみると，FRBの量的緩和が拡大する期間の影響は大きいものの，非伝統的金融政策プログラムの終了とともに，影響はゼロに近づく傾向がみられる．つまり，ゼロ金利下では長期金利（金利構造）も為替変動に影響していることが見受けられる．

また，金融政策の変更は避難通貨の性質に影響している．キャリートレード行動が避難通貨効果の形成に寄与するためである．こうした構造変化をHall *et al.*（2013）による手法で計測すると，日銀のゼロ金利政策解除（2006年7月21日），包括緩和（2010年8月31日），2%のインフレ目標，大規模な量的緩和（2013年1月31日）の行われた時期に構造変化が見られた（カッコ内は構造変化の日付）．こうした金融政策と避難通貨効果との関係は，金融政策変更による金利の見通しの変化が市場参加者のリスク態度の変化を促して，投資行動と資産価格変動に大きな影響を与え[10]，為替変動に

---

10) 塩沢・古賀・木村（2009）は，こうした経路をリスクテイキング・チャネルと呼び，キャリートレードと為替レート変動の関係を分析している．

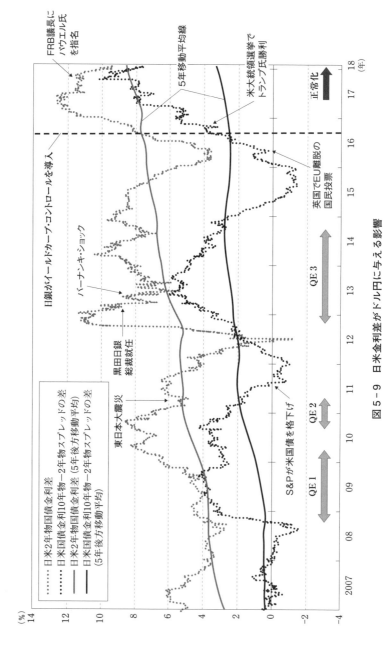

図5-9 日米金利差がドル円に与える影響

注：VIX変動の影響を除いた、金利差1%ポイント拡大時の円の対ドル為替レートへの影響．
出所：筆者推計．ブルームバーグ・エコノミクス．

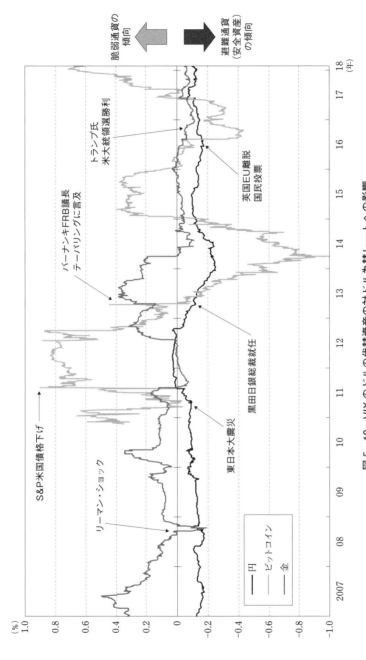

図5-10 VIXのドルの代替資産の対ドル為替レートへの影響

注：金利変動の影響を除いた、VIXの1ポイント上昇時の対ドル換算レートへの影響。
出所：筆者推計、ブルームバーグ・エコノミクス。

影響したと解釈することもできる．

4. 安全資産としてのドルと代替資産

これまで，円が避難通貨として買われる仕組みを見てきた．米ドルは，円ほどは避難通貨として買われる傾向は強くないものの，避難通貨として相対的に高い順位を維持してきた（前掲表5-1）．危機時にドル高が進む経路は，キャリートレードの要件を円より満たしていないことから若干異なる．その経路を概観していく．

米ドルと金価格との間には，金利変動に伴う代替資産としての関係がある．米金利が上昇する際には，金保有に対し利息が付かないことから金が売られ，米金利低下時には物価上昇期待から金が買われる傾向が一般的には見られる．2016年9月に日本銀行が10年物日本国債金利を0%程度に操作する長短金利操作の導入をしたことで，金利効果と避難通貨（安全資産）効果から見た円と金の同質性が高まったことから，円と金の価格変動はシンクロするようになった．そのような傾向が市場で認識されたことにより，金の避難通貨効果も安定して高まることになり（図5-10），ドル円と金価格の連動性もより高まった（増島 2017b）．

次に，米ドルと原油・資源価格の関係を考える．負の需要ショックがあると，資源価格が低下することから，メキシコペソ，カナダドル，豪ドルといった資源国通貨が下落する．米国の貿易相手はこうした資源国のシェアが高いことから，貿易額で加重平均した実効為替レートで米ドルは上昇することになる．こうした需要ショックの際には，米株も下落し，不確実性の高まりからVIXは上昇，結果としてVIXの変動と米ドルの通貨価値の変化が避難通貨効果として観察されることになる．日本の場合，輸出相手国との貿易額を比較した場合，相対的に資源国より加工貿易国のシェアが高いことから，貿易ウェイトで加重平均した実効為替レートで，こうした効果はドルほど強く観察されない．

最後に，仮想通貨・ビットコインの避難通貨効果について見ていく．ブレクジット後の潮流として，特に中国からの資金逃避が意識された2016年か

ら17年初頭にかけて，ビットコインに一時的に避難通貨効果が見られた時期があった（増島 2017a）．しかし，総資産ではまだ世界の安全資産需要を満たすには至らず，その効果は安定していない．当面は，仮想通貨に避難通貨効果が安定的に見られることはなさそうだ．

5. おわりに

　本章は，投資家のリスク回避度が上昇した際に通貨高となる避難通貨効果を計測し，円とドルが安全通貨となる背景を比較した．不確実性上昇時に，円はドルよりも避難通貨として志向される傾向が強い．円高が進むチャネルは低金利通貨で調達し，高金利通貨で運用するキャリートレードの巻き戻しや，そうした取引を想定した投資行動が主要チャネルなのに対して，ドル高が進むチャネルは，需要減による資源通貨安とより強く関連していることを述べた．また，金融政策の変更に伴って，こうした避難通貨効果に変化が起こることを確認した上で，経済のファンダメンタルズよりも，市場参加者のリスク態度が，避難通貨効果の決定要因として重要な位置を占めつつあることを指摘した．

　これらの結果から判断すれば，円の安全（避難）通貨の地位は金融緩和が続く当面は安泰と見られるが，日本銀行が緩和終了に向かう中での出口戦略（金融政策の引き締め）や，リスクプレミアム上昇に伴う長期金利上昇により，累積する政府債務が意識され，再び市場のファンダメンタルズ重視の傾向が強まった際には，ドル回帰，あるいは他の通貨に対する相対的な需要が高まり，安全通貨の性質を失う可能性がある．安全通貨は絶対的な存在というより相対的，そして市場動向で短期間に変化するものになっているという認識を深めることが，次の安全通貨は何かを考える上でより重要となってきている．

参考文献

Baker, Scott R., Nicholas Bloom, and Steven J. Davis (2016), "Measuring Economic Policy Uncertainty," *Quarterly Journal of Economics*, Vol. 131(4), pp. 1593-1636.

Bank for International Settlement (2016), Triennial Central Bank Survey of foreign exchange and OTC derivatives markets in 2016. https://www.bis.org/publ/rpfx16.htm

Fatum, Rasmus and Yohei Yamamoto (2014), "Intra-Safe Haven Currency Behavior during the Global Financial Crisis," Globalization Institute Working Papers, No. 199, Federal Reserve Bank of Dallas.

Habib, Maurizio M. and Livio Stracca (2012), "Getting Beyond Carry Trade: What Makes a Safe Haven Currency?" *Journal of International Economics*, Vol. 87(1), pp. 50-64.

Hall, Alastair R., Denise R. Osborn, and Nikolaos Sakkas (2013), "Inference on Structural Breaks Using Information Criteria," *Manchester School*, Vol. 81(S3), pp. 54-81.

Ismailov, Adilzhan and Barbara Rossi (2018), "Uncertainty and Deviations from Uncovered Interest Rate Parity," *Journal of International Money and Finance*, Vol. 88 (C), pp. 242-259.

Jäggi Adrian, Martin Schlegel, and Attilio Zanetti (2016), "Macroeconomic Surprises, Market Environment and Safe-Haven Currencies," Swiss National Bank Working Papers, No. 2016-15.

Masujima, Yuki (2017), "Safe Haven Currency and Market Uncertainty: Yen, Renminbi, Dollar, and Alternatives," RIETI Discussion Paper Series, No. 17-E-048.

Ozturk, Ezgi O. and Xuguang Simon Sheng (2018), "Measuring Global and Country-Specific Uncertainty," *Journal of International Money and Finance*, Vol. 88, pp. 276-295.

崎山登志之・眞壁祥史・長野哲平（2017）「オプションから抽出した不確実性指標の拡充――テールリスク指標とボラティリティの期間構造」日銀レビュー，No. 2017-J-5.

塩沢裕之・古賀麻衣子・木村武（2009）「キャリートレードと為替レート変動――金利変動が市場参加者のリスク認識に与える影響」日銀レビュー，No. 2009-J-5.

藤原茂章（2013）「最近の株価と為替の同時相関関係の強まりについて」日銀レビュー，No. 2013-J-8.

増島雄樹（2017a）「求む中国資金の避難先――ビットコイン，金，円が浮上」ブルームバーグ・エコノミクス・インサイト，2017年2月22日．https://www.bloomberg.co.jp/news/articles/2017-02-22/OLR8HB6TTDS301

増島雄樹（2017b）「円を金に変える黒田日銀の錬金術――安全通貨需要が上昇」ブルームバーグ・エコノミクス・インサイト，2017年8月16日．https://www.bloomberg.co.jp/news/articles/2017-08-16/OUR4ZS6TTDS001

第Ⅲ部

東アジアの経済発展とドル依存からの脱却

第 6 章

貿易建値通貨としての人民元の国際化
―― 東アジア諸国の通貨体制に与える影響 ――

清 水 順 子

1. はじめに

　人民元が2016年10月に国際通貨の特別引き出し権（SDR）の構成通貨として採用されてから約2年がたち，その国際化の進展が取り沙汰されている．近年，中国経済の急速な成長と発展を背景として，中国は人民元の国際化を積極的かつ独自の手法で推進してきた．通常，通貨の国際化は，当該通貨に係る規制緩和と金融・資本市場の整備・開放が条件となるが，中国人民銀行の周小川総裁が，人民元の国際化は従来の通貨の交換性を確立するものではなく（the traditional concept of being fully or freely convertible），管理された自由交換制（a concept of managed convertibility）であると発言している通り[1]，中国は多くの資本規制を残したまま人民元の国際化を促進している．具体的には，2008年12月以降順次締結した二国間通貨スワップ取極を背景に，2009年7月から人民元建てクロスボーダー貿易決済を解禁し，元決済の試行を開始した．2011年には，人民元建て対外・対内直接投資，RQFII（人民元適格外国人機関投資家）制度も始動し，香港を中心とした人民元のオフショア市場を活用して，香港やロンドンをはじめとする世界18

---

[1] 2015年4月のInternational Monetary Financial Committeeで，人民元のSDR構成通貨入りの検討に向けてこのように発言した．

カ国・地域の市場にクリアリングバンクが設置され，人民元決済の拡大を後押ししてきた．

このような積極的な人民元の国際化政策を反映して，元建て貿易取引のシェアは世界全体で占める割合は依然として低いものの，近年着実に増加してきている．SWIFT（国際銀行間通信協会）によれば，世界の決済通貨に占める人民元のシェアは2011年6月時点の0.24%から大きく増加し，2015年8月時点で2.79%となり，日本円（2.76%）を抜いて4位となった．2015年8月のチャイナショック以降は，中国政府が元安と資本流出を警戒して資本規制の強化を行ったため，その後は人民元利用がやや縮小し，2018年6月時点では1.81%まで後退した．中国の資本規制の先行き不透明感に加えて，米国の利上げや米中貿易戦争などを背景に，人民元の国際化の動きは若干停滞しているものの，将来的に人民元が国際通貨の一つとなることは間違いない．

Ito（2017）によれば，通貨の国際化は，貨幣の三機能に即して，①価値の尺度，②交換手段，③価値の貯蔵の3つを民間利用と公的利用の2つに分けて，合計3×2＝6つの側面から考えることができる．民間利用としては，①貿易建値通貨としての役割，②貿易決済通貨としての利用，③オンショア，及びオフショアでの外貨預金や外国証券投資としての利用がある．同様に，公的利用としては，①為替政策としてどの通貨をリファレンスとして安定化を目指すか，②為替介入の際にどの通貨で介入を行うか，③外貨準備としてどの通貨で保有するか，という観点から国際化の度合いを考えることができる．この中で，どの機能が最も国際通貨になる上で重要なのだろうか．1985年のプラザ合意以降，米ドルの価値はその他の主要通貨に対して低下傾向にあったにも拘らず，依然として米ドルの基軸通貨としての地位が続いているという事実は，国際通貨としての機能の中で，特に民間利用の②貿易決済通貨としてどの程度使われているか，という交換機能が重要であることを示している．

したがって，人民元の国際化の先行きを論じるには，特に貿易上の取引通貨（建値・決済を含む）として，人民元の利用がどの程度使われているのかが重要な判断基準となる．そこで本章では，この10年間の人民元の国際化

を振り返り，特に貿易建値通貨としての人民元利用の現状と課題を検討する．さらに，人民元の国際化につづき，ASEAN 諸国がドル化の脱却や現地通貨利用を促進するとともに，日本もアジア通貨利用の拡大に向けた新たな取り組みを始めていることについて考察する．

2. 人民元の国際化の概要と成果

どの国も，自国通貨を対外取引に利用ができれば為替リスクに直面しなくてよいと考えるだろう．2000 年代半ば以降，世界経済におけるプレゼンスが一気に高まった中国において，米ドル建てではなく人民元建て取引を志向するのは当然の成り行きであった．こうした人民元の国際化が本格的に始動する契機となったのは，世界金融危機時に中国経済の高い米ドル依存に対する懸念が高まったからと考えられる．ここでは，まず人民元の国際化の特徴をまとめた上で，その国際化の度合いを示すデータを概観する．

2.1 人民元の国際化の特徴

Eichengreen and Kawai（2014）が指摘したように，人民元の国際化の第 1 の特徴は，貿易関連取引での人民元利用を促進することから始まった点にある．中国政府は，2009 年 7 月から 365 社のパイロット企業を対象として，ASEAN 諸国，香港，中国，マカオ，及び 5 つの本土の都市との貿易決済における人民元の使用を可能にする試験的計画を開始した．翌 2010 年には，対象地域を国内，海外とも拡大，2010 年末には対象企業も拡大した．さらに 2011 年 1 月には，対象地域の事業会社による人民元建て対外直接投資が解禁され，同年 10 月には対内直接投資も解禁された．

しかし中国は，資本規制については相変わらず残していたため，非居住者が貿易取引や直接投資で人民元を利用したくても，中国本土以外での人民元の流動性は限られてしまう．そこで中国は，貿易と直接投資のための人民元流動性を提供するために，世界各国と二国間通貨スワップ取極を締結した，というのが第 2 の特徴である．2015 年末までに，中国は 33 の海外中央銀行との二国間人民元建スワップ取極を締結し，その総額は 3.3 兆元に達した．

これにより，クロスボーダー取引と直接投資での人民元利用促進をバックアップしたのである．同時に，中国は米国ドル以外の通貨による直接人民元取引市場の開設にも取り組み，マレーシア（2010年8月），ロシア連邦（2010年11月），日本（2012年6月），オーストラリア（2013年4月）といった周辺諸国から始め，2014年6月には人民元と英ポンド間の直接取引を開始すると発表した．2016年7月末時点で，13通貨に対して人民元との直接取引が可能となっている．

資本取引についても，人民元クロスボーダー決済の試行に合わせて段階別に人民元建て取引を徐々に開放していった．直接投資では，2011年1月に国内の機関投資家による人民元建て対外直接投資，2011年10月には海外の機関投資家による中国国内での人民元建て直接投資が可能となり，さらに2013年9月には海外投資家による中国国内金融機関への人民元建て投資が許可された．またポートフォリオ投資では，2011年12月に人民元適格外国人機関投資家（RQFII）制度が導入され，2014年11月に人民元適格国内機関投資家（RQDII）制度も発足し，段階的に対象国と上限金額を拡大していった．

上記の政策に加えて，オフショア市場を利用することで資本規制による欠点を補完した，というのが第3の特徴である．人民元は資本規制のために，中国本土の市場以外ではまだ完全に交換可能ではない．そこで中国政府は，まず香港市場を人民元が本土以外で自由に取引されるオフショア市場として利用した．香港市場を通じて，中国本土以外の為替市場での人民元の為替ヘッジや，貿易決済に使われて海外に流出した人民元の交換と運用・調達を可能とした．中国本土で取引される人民元（CNY）とは別に，オフショア人民元はCNHと称されるが，このHは香港を表している．こうして，香港ではインターバンク・オフショア人民元市場が形成され，CNHの利便性が向上するとともに，人民元預金が急増した．さらに，オフショア人民元市場は世界中で形成されるようになり，人民元建て債券（点心債）の発行などが行われるようになった．また，その決済のための人民元クリアリング銀行がアジア，ヨーロッパ，中東，北米，南米の23カ国（2017年12月時点）に設立され，オフショア人民元は国境を越えた貿易，金融，直接投資，及びそ

第6章 貿易建値通貨としての人民元の国際化

表6-1 外国為替市場での通貨別取引高推移

通貨	2001年 シェア	順位	2004年 シェア	順位	2007年 シェア	順位	2010年 シェア	順位	2013年 シェア	順位	2016年 シェア	順位
米ドル	89.9	1	88.0	1	85.6	1	84.9	1	87.0	1	87.6	1
ユーロ	37.9	2	37.4	2	37.0	2	39.1	2	33.4	2	31.3	2
日本円	**23.5**	**3**	**20.8**	**3**	**17.2**	**3**	**19.0**	**3**	**23.1**	**3**	**21.6**	**3**
英ポンド	13.0	4	16.5	4	14.9	4	12.9	4	11.8	4	12.8	4
豪ドル	4.3	7	6.0	6	6.6	6	7.6	5	8.6	5	6.9	5
カナダドル	4.5	6	4.2	7	4.3	7	5.3	7	4.6	7	5.1	6
スイスフラン	6.0	5	6.0	5	6.8	5	6.3	6	5.2	6	4.8	7
人民元	**0.0**	**35**	**0.1**	**29**	**0.5**	**20**	**0.9**	**17**	**2.2**	**9**	**4.0**	**8**
シンガポールドル	1.1	12	0.9	14	1.2	13	1.4	12	1.4	15	1.8	12
香港ドル	2.2	9	1.8	9	2.7	8	2.4	8	1.4	13	1.7	13
韓国ウォン	0.8	15	1.1	11	1.2	14	1.5	11	1.2	17	1.6	15
タイバーツ	0.2	24	0.2	22	0.2	25	0.2	26	0.3	27	0.4	24
マレーシアリンギット	0.1	26	0.1	30	0.1	28	0.3	25	0.4	25	0.4	25
その他	16.5		16.9		21.7		18.4		19.3		20.1	
合計	200.0		200.0		200.0		200.0		200.0		200.0	

注：外国為替関連取引の通貨別内訳は，取引の両足を構成しているそれぞれの通貨について1回ずつ，つまり合計2回報告されているため，合計が200%となる．取引高シェアは，各年4月の1日平均取引高を用いて計算されている．
出所：Bank of International Settlements, Triennial Survey, 2016.

のリスクヘッジ手段として積極的に利用されている．

2.2 データで見る人民元の国際化

前述のような段階的，かつ継続的な国際化の進展により，人民元の取り扱いは外国為替市場で徐々に拡大している．国際決済銀行（BIS）最新の調査結果によると，人民元は2016年に世界で8番目に活発な取引通貨となり，世界の為替取引全体の4.0%のシェアを占めている．これは，日本円が世界第3位で全体の21.6%のシェアであることと比較するとまだ小さいが，その他のアジア通貨の中では最も大きい（表6-1）．

こうした外国為替市場間での取引と比較して，貿易決済取引での利用はどうなっているだろうか．SWIFTは，2010年以降人民元の国際化の状況を様々な形で公表している．その代表的な指標として，国際決済通貨として利用される人民元のシェアの動向を月次で公表するRMB Trackerがある．図

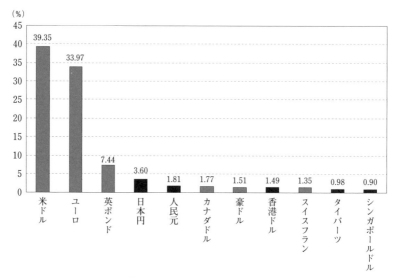

図6-1　国際決済額における各通貨のシェア（2018年6月）
注：顧客を送金人とする決済額及び銀行間決済額（SWIFT上で交換されたメッセージ）ベース.
出所：SWIFT, RMB Tracker (July 2018).

6-1は，その最新データ（2018年7月）を表したものである．これによると，国際決済通貨として一番利用されているのは米ドル（39.35％）であり，決済通貨としてのドルの役割は依然として高いことがわかる．第2位はユーロ（33.97％）であり，米ドルとユーロの二大通貨で全体の約4分の3を占めている．日本円は英ポンドに次いで4位（3.60％）だが，日本円を含むアジア通貨の利用割合は合計しても1割未満と少ない．人民元建て決済のシェアは，2010年代以降人民元の国際化政策により順調に増え，2015年8月には日本円を抜いて4位（2.79％）まで増加したが，その後2015年8月のチャイナショックを契機として，人民元相場が元安傾向に転換してから徐々に低下していた．このような局面に対して，2015年10月，中国人民銀行は中国版のSWIFTを目指してクロスボーダー人民元決済システム（CIPS）を開始し，中国の銀行のみではなく欧米や邦銀の参加も認可し，人民元決済の利便性を向上させた[2]．その結果もあり，2018年6月時点での国際決済通貨における人民元利用は，日本円に次いで第5位であり，そのシェアは1.81％になって

第6章 貿易建値通貨としての人民元の国際化

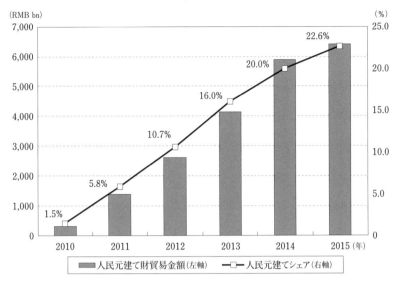

図6-2 人民元建て貿易の推移

出所：2010〜2013年のデータは中国税関データより算出．2014〜2015年のデータはRMB Internationalization Report 2016より抜粋（中国人民大学）．

いる．

　次に，中国政府が公表している貿易取引での人民元利用について見てみよう．中国人民大学の国際貨幣研究所（International Money Institute）は2015年より人民元の国際化に関する年次報告書を作成しており，人民元建て貿易の推移についてもデータを作成している（図6-2）．これによると，人民元建ての財貿易金額は2010年以降急激に伸びており，その中国全体の財貿易に対するシェアも，2010年の1.5%から2015年には22.6%と順調に増えていることが示される．ただし，香港通貨庁が公表している香港での人民元建て貿易決済金額のデータを見ると，人民元建て貿易決済の9割以上が香港との貿易であることが示唆される．今後，香港以外での貿易で人民元建て取引がどれだけ拡大するのかが重要な課題となっている．

2）　開始当初は米銀などを含む19行で邦銀は加わっていなかったが，2016年以降三菱UFJファイナンシャル・グループとみずほ銀行がCIPSに参加が認められた．

表6-2 外貨準備の構成通貨金額とシェア (10億ドル)

	SDR構成通貨シェア	2017年第1四半期		2018年第1四半期	
		金額	シェア	金額	シェア
外貨準備合計		10,899.37		11,593.56	
構成通貨開示外貨準備計		8,848.95	81.2%	10,402.47	89.7%
米ドル	41.73%	5,709.50	64.52%	6,499.23	62.48%
ユーロ	30.93%	1,706.44	19.28%	2,121.35	20.39%
人民元	10.92%	88.54	1.00%	144.95	1.39%
円	8.33%	403.02	4.55%	500.79	4.81%
英ポンド	8.09%	378.71	4.28%	486.87	4.68%
豪ドル		162.43	1.84%	177.22	1.70%
カナダドル		171.06	1.93%	193.77	1.86%
スイスフラン		14.54	0.16%	18.06	0.17%
その他		214.71	2.43%	260.22	2.50%
構成通貨非開示外貨準備計		2,050.42	18.8%	1,191.09	10.3%

注：構成通貨の並びは，SDRの構成通貨はシェアの大きい順番，その他の通貨はアルファベット順である．
出所：COFER（IMF）．

　最後に，通貨の「価値の貯蔵」としての機能に着目し，世界各国が外貨準備としてどの通貨で保有するかという観点から，人民元の国際化の度合いを見てみよう．IMFが公表している「公式外貨準備通貨別構成」（Currency Composition of Foreign Exchange Reserves, COFER）のデータを，2017年第1四半期と2018年第1四半期の2時点で比較したのが表6-2である．これによると，世界の外貨準備高合計は2017年第1四半期の10兆8994億ドルから，2018年第1四半期の11兆5936億ドルに増加しており，その通貨構成内訳は約8割が判明する．その構成シェアを通貨別に計算すると，米ドルのシェアが最も高く6割以上となっている．この値は，米ドルのSDRの構成通貨シェア（41.73%）をほぼ2割上回っている．次いで2番目に高いユーロのシェアは2割前後となっているが，これはユーロのSDRの構成通貨シェア（30.93%）を1割ほど下回っている．3番目は円であり，外貨準備における構成通貨シェアは2017年第1四半期の4.55%から，2018年第1四半期には4.81%と上昇しているが，SDRの構成通貨シェア（8.33%）には依然として及ばない．人民元の外貨準備における構成通貨シェアは，英ポンドに次いで5番目であり，2017年第1四半期の1.00%から2018年第1四半期

には 1.39% と 1 年間に 4 割上昇し，過去最高の値になっているが，それでも SDR の構成通貨シェア（10.92%）と比較すると，依然として小さい[3]．これらの結果は，価値の貯蔵という観点からも，米ドルは最も保有されている通貨であり，その他の主要通貨は，SDR 構成通貨シェアと比較して外貨準備として保有されるシェアが低いことがわかる．ただし，円や人民元は近年その保有シェアが上昇傾向にあり，今後の動向が注目される．

3. 日本企業からみた人民元取引の現状と課題

為替市場や国際決済における人民元の利用は徐々に増加しているが，中国・香港間の取引のみならず，国際的な貿易決済での利用が今後増えるかどうかを占うためには，企業レベルの貿易取引の実態を精査することが重要である．そこで，Sato and Shimizu（2018）が引用した経済産業研究所（RIETI）が日系海外現地法人を対象として 2010 年と 2014 年に実施した，アンケート調査結果（以下「RIETI 調査」という）に基づき，中国や他のアジア諸国で事業展開する日系海外現地法人による人民元利用の実態を明らかにしてみよう[4]．

3.1　貿易建値通貨としての問題点は何か

表 6-3 は，それぞれの通貨を貿易建値通貨として利用する際の問題点について，日本の海外現地法人から得られた 2010 年及び 2014 年の調査結果（複数回答可）をまとめたものである．まず（B）列の結果をみると，回答企業の 8 割以上が貿易建値通貨として米ドルを利用していることがわかる．日本円の利用は米ドルに次いで 2 番目に多く 6 割，ユーロが 3 番目で 3 割，人民

---

[3] IMF は 2017 年 3 月 31 日に通貨の範囲を拡大した COFER 報告書を発表し，人民元の外貨準備の現状を初めて個別にまとめて明らかにした．

[4] 2010 年 8 月から 2014 年 11 月にかけて，日本の海外製造子会社の大規模アンケート調査を経済産業研究所の研究グループが実施した．アンケートは 2010 年 8 月及び 2014 年 11 月に実施され，1,479 社及び 1,640 社の子会社からそれぞれ回答を得た．こうした日系現地法人を事例とした人民元利用の調査は，中国における多国籍企業の貿易建値通貨選択行動の研究として位置付けることができる．

表6-3 各通貨の為替リスク管理上の具体的な問題点について

(A) 通貨名	(B) を貿易決済通貨としてこの通貨を利用している	(C) を取引する上で何らかの不都合を感じている	(D) 為替取引上の問題点					
			(D1) で日本からの自由に為替取引ができないため自由に為替取引が	(D2) 為替取引規制があるためネッティングが行えない	(D3) 為替取引規制があるため通貨の自由な運用や調達が	(D4) 資本規制があるため,その取引の通貨コストを含むヘッジコストが高い	(D5) 為替相場の変動が激しい	(D6) その他
2010年調査結果【複数回答可】								
米ドル	1,224 (86.0)	714 (58.3)	31 [4.3]	—	40 [5.6]	84 [11.8]	608 [85.2]	39 [5.5]
ユーロ	484 (34.0)	236 (48.8)	7 [3.0]	—	6 [2.5]	28 [11.9]	210 [89.0]	11 [4.7]
日本円	920 (64.6)	654 (71.1)	29 [4.4]	—	21 [3.2]	84 [12.8]	593 [90.7]	25 [3.8]
人民元	149 (10.5)	76 (51.0)	32 [42.1]	—	28 [36.8]	8 [10.5]	20 [26.3]	2 [2.6]
香港ドル	83 (5.8)	18 (21.7)	2 [11.1]	—	1 [5.6]	2 [11.1]	14 [77.8]	2 [11.1]
シンガポールドル	143 (10.0)	45 (31.5)	2 [4.4]	—	4 [8.9]	8 [17.8]	36 [80.0]	2 [4.4]
タイバーツ	137 (9.6)	49 (35.8)	3 [6.1]	—	6 [12.2]	5 [10.2]	38 [77.6]	5 [10.2]
2014年調査結果【複数回答可】								
米ドル	1,266 (83.9)	311 (46.6)	22 [7.1]	18 [6.2]	18 [6.2]	53 [18.3]	247 [85.2]	13 [4.5]
ユーロ	527 (34.9)	87 (13.0)	5 [5.7]	3 [3.8]	4 [5.0]	11 [13.8]	70 [87.5]	3 [3.8]
日本円	924 (60.4)	377 (40.8)	15 [4.0]	14 [3.7]	15 [4.0]	51 [13.5]	357 [94.7]	8 [2.1]
人民元	147 (9.6)	41 (27.9)	12 [29.3]	14 [34.1]	16 [39.0]	10 [24.4]	26 [63.4]	1 [2.4]
香港ドル	63 (4.1)	4 (6.3)	0 [0.0]	0 [0.0]	0 [0.0]	1 [25.0]	3 [75.0]	0 [0.0]
シンガポールドル	106 (6.9)	9 (8.5)	0 [0.0]	1 [11.1]	0 [0.0]	2 [22.2]	7 [77.8]	1 [11.1]
タイバーツ	127 (8.3)	23 (18.1)	0 [0.0]	1 [4.3]	2 [8.7]	3 [13.0]	18 [78.3]	1 [4.3]

注：回答企業数はそれぞれ1424社（2010年）と1529社（2014年）である．すべての数字は回答企業数を示す．(B)のカッコ内の数字は，それぞれの回答数の全体企業数に対する割合を示す．(C)の丸カッコ内の数字は，それぞれの回答数の(B)の企業数に対する割合を示す．(D)の角カッコ内の数字は，それぞれの回答数の(C)の企業数に対する割合を示す．すべての回答は，RIETIで行った海外現地法人を対象とした貿易建値通貨と為替リスク管理に関する調査結果（2010年・2014年）に基づく．

出所：Sato and Shimizu（2018），伊藤他（2015）．

第6章　貿易建値通貨としての人民元の国際化

元は4番目で約1割の企業が貿易建値通貨として利用しており，各通貨のランキングとシェアは2010年と2014年の調査の間で大きく変わりはない．

次に，「貿易建値通貨としてそれぞれの通貨を使用するとき何らかの不便を感じるか（C）」という質問については，2010年には米ドル，日本円，人民元について，5割以上の海外現地法人が何らかの不便を感じていると回答しているのに対して，2014年にはその割合が低下した．特に人民元については，2010年には51%の海外現地法人が不便を感じていると回答したのに対して，その割合は2014年には28%と低下し，4年間で人民元の取扱いが改善したことが確認された．どのような面に不便を感じているのか，という具体的な事例については，「為替レートの変動が激しいこと（D5）」が，2010年と2014年の調査のほとんどの通貨で最大のシェアを占めた．特に，日本円に対して為替レートの変動が激しいことが問題と回答した現地法人は9割以上であり，日系の海外現地法人の多くは円建てを利用したとしても，為替レートの大きな変動に悩まされていることがわかった．

人民元を貿易建値通貨として利用している海外現地法人については，2010年の調査では人民元を貿易決済として利用している企業の割合は1割であり，その内の51%の企業が何らかの不便を感じていると答えている．具体的には，「為替規制や資本規制の存在のために日本から自由に為替取引ができない（D1）」が42.1%，同様に「資本規制があるため，その通貨の自由な運用や調達ができない（D3）」が36.8%と，資本規制絡みの不便さを感じる企業が多かったが，2014年の調査では，人民元を貿易建値通貨として利用している海外現地法人の割合はさほど変化なかったが，何らかの不便を感じていると回答した企業の割合は27.9%と減少した．問題の内訳では，「為替規制や資本規制の存在のために日本から自由に為替取引ができない（D1）」ことが不便と回答した企業の割合も29.3%と低下し，その代わりに「為替レートの変動が激しい（D5）」ことが問題と回答した割合が63.4%と一番高くなった．これらの結果は，前述の人民元の国際化政策により，この4年間で人民元が貿易決済通貨として取り扱い易くなったと感じている企業が増えたとともに，人民元がより柔軟な為替制度に移行したことにより，人民元相場の変動を気にする企業が増えたことを示唆するものである．

表6-4 今後人民元建て取引を拡大させる予定がありますか？

	2010年調査結果				2014年調査結果			
	回答数	はい	いいえ	その他	回答数	はい	いいえ	その他
アジア	755 (100.0)	160 (21.2)	572 (75.8)	23 (3.0)	623 (100.0)	99 (15.9)	501 (80.4)	23 (3.7)
オセアニア	43 (100.0)	0 (0.0)	43 (100.0)	0 (0.0)	44 (100.0)	0 (0.0)	43 (97.7)	1 (2.3)
北米	273 (100.0)	6 (2.2)	262 (96.0)	5 (1.8)	204 (100.0)	3 (1.5)	196 (96.1)	5 (2.5)
南米	—	—	—	—	20 (100.0)	0 (0.0)	20 (100.0)	0 (0.0)
欧州 (ユーロ地域)	109 (100.0)	3 (2.8)	104 (95.4)	2 (1.8)	121 (100.0)	7 (5.8)	112 (92.6)	2 (1.7)
欧州 (非ユーロ地域)	70 (100.0)	0 (0.0)	70 (100.0)	0 (0.0)	70 (100.0)	1 (1.4)	66 (94.3)	3 (4.3)
すべて	1,250 (100.0)	169 (13.5)	1,051 (84.1)	30 (2.4)	1,082 (100.0)	110 (10.2)	938 (86.7)	34 (3.1)

注：回答企業数はそれぞれ1424社（2010年）と1529社（2014年）である．すべての数字は回答企業数を示す．カッコ内の数字は，それぞれの回答数の回答全体数に対する割合を示す．すべての回答は，RIETIで行った海外現地法人を対象とした貿易建値通貨と為替リスク管理に関する調査結果（2010年・2014年）に基づく．
出所：Sato and Shimizu（2018），伊藤他（2015）．

3.2 人民元取引の拡大について

表6-4は，「今後人民元取引を拡大させる予定はあるか？」という質問の回答結果をまとめたものである．アジアに所在する海外現地法人を除いて，2010年調査と2014年調査の両方で「はい」と回答した現地法人はほとんどいない．「はい」と回答したアジアの海外現地法人の割合は，2010年の21.2％から2014年には15.9％に低下している．一方で，欧州では「はい」と回答した海外現地法人の数は少ないものの，割合は2.8％から5.8％に上昇した．これは，ロンドンでの人民元オフショア市場の拡大により，欧州での海外現地法人で人民元の取扱が増えた可能性があることを示唆する．2014年の調査では，アジアの国別内訳を見ると，中国と香港に所在する海外現地法人のそれぞれ半数以上，4分の1以上が今後人民元取引を増やす予定と回

答しているのに対して，他のアジア諸国に所在する海外現地法人で人民元のさらなる使用を検討している割合はさほど多くない．また，拡大すると回答した企業にその理由を聞いた問いでは，「人民元での受け取りの取引が増えてきた」が6割と最も多く，次いで「人民元での支払いのニーズが増えてきた」が4割弱となっている．「中国政府による人民元改革が進み，取り扱いがしやすくなった」と答えた企業も2割弱あり，様々な理由で人民元建て取引を拡大する様子が窺える．

3.3　オンショア人民元（CNY）とオフショア人民元（CNH）

表6-5は，伊藤他（2015）でのCNYとCNHの利用に関する質問結果をまとめたものである．これによると，世界全体の海外現地法人の12.7%が人民元を取引に行っており，そのうちの85.6%はCNYを利用しているのに対して，CNHを利用している割合は15.9%と限られている．また，人民元の為替取引は，主に中国国内の市場で取引されており（86.7%），次いで香港市場（13.3%）が利用され，東京のオフショア人民元市場を利用している企業は1.6%と少ない．CNHに関する問いでは，「CNHはCNYをヘッジする手段としては十分である」と回答した企業は20%と限られており，6割以上の企業が「貿易取引にCNHは使えないので，CNYしか使っていない」と回答している．これらの結果からは，日本の海外現地法人の人民元利用は中国国内がメインであり，残念ながら人民元の国際化の中でも特徴的なオフショア市場をあまり活用していないことが示唆される．

3.4　企業内貿易と人民元建て取引

次に，企業内貿易での人民元建て取引について見てみよう．表6-6は，中国，及びASEAN-6諸国の海外現地法人（生産子会社）の取引に焦点を当てて，取引相手別の貿易建値通貨選択の変化をまとめたものである[5]．表6-6の左側に示すように，アジアの海外現地法人は，現地の企業から現地調達を

---

[5]　2010年調査と2014年調査で回答企業は必ずしも同じではない点には留意する必要がある．

表6-5 オンショア人民元（CNY）とオフショア人民元（CMH）

Q1. 現在中国元の取引を行っていますか．

回答件数	はい	いいえ
1,105 (100.0)	140 (12.7)	965 (87.3)

Q2. 上記の問で「はい」と答えた場合，為替取引で扱っているのは以下のどちらですか．
【複数回答可】

回答件数	CNY （オンショア中国元）	CNH （オフショア中国元）
132 (100.0)	113 (85.6)	21 (15.9)

Q3. 上記の問で「はい」と答えた場合，為替取引を行っているのはどこの市場ですか．
【複数回答可】

回答件数	中国国内の市場	香港市場	東京のオフショア 人民元市場	その他
128 (100.0)	111 (86.7)	17 (13.3)	2 (1.6)	4 (3.1)

Q4. 上記の問で「はい」と答えた場合，CNHについてあてはまることを以下から選んでください．
【複数回答可】

回答件数	CNHはCNYを ヘッジする手段と しては十分である	規制のためCNYが使えない ので，CNHをしょうがなく 使うこともあるが，あまり役 に立たない	貿易取引にCNHは使 えないので，CNYし か使っていない	その他
105 (100.0)	21 (20.0)	5 (4.8)	71 (67.6)	10 (9.5)

注：すべての回答は，RIETIで行った海外現地法人を対象とした貿易建値通貨と為替リスク管理に関する調査結果（2010年・2014年）に基づく．
出所：Sato and Shimizu（2018），伊藤他（2015）．

する際には，現地通貨が主に建値通貨として選ばれている．中国では，現地調達の8割以上が人民元建てとなっている．同様にASEAN-6では，現地調達の70.0%が現地通貨で契約されているが，米ドル建ての割合も2割以上と少なくない．グループ企業からの現地調達では，米ドル建てが2010年の53.3%から12.5%に激減したのに対して，人民元取引は2010年の26.7%から，2014年の75.0%に著しく増加している．これは，グループ企業内の現地調達で，従来は米ドル建てで行っていた取引が人民元建てに変更されたこ

表6-6 アジアの海外現地法人の現地調達と現地販売での通貨建てシェアの比較（2010年・2014年）

[現地調達] (%)

	アジア 2010	アジア 2014	中国 2010	中国 2014	ASEAN-6 2010	ASEAN-6 2014
1. 現地の企業からの調達						
日本円	2.1	2.2	2.7	1.2	1.7	3.0
米ドル	16.2	17.7	11.5	7.6	20.7	25.6
ユーロ	0.0	0.0	0.0	0.0	0.0	0.0
人民元	23.7	27.4	84.5	86.5	0.0	0.0
現地通貨	53.9	50.8	1.3	4.7	71.9	70.0
その他	4.1	1.9	0.0	0.0	5.7	1.3
合計	100.0	100.0	100.0	100.0	100.0	100.0
2. グループ企業からの調達						
日本円	28.0	11.6	20.0	12.5	23.1	13.0
米ドル	42.7	39.1	53.3	12.5	41.8	47.8
ユーロ	0.7	0.0	0.0	0.0	0.0	0.0
人民元	5.6	17.4	26.7	75.0	0.0	0.0
現地通貨	22.4	29.0	0.0	0.0	34.1	34.8
その他	0.7	2.9	0.0	0.0	1.1	4.3
合計	100.0	100.0	100.0	100.0	100.0	100.0
3. その他の企業からの調達						
日本円	13.5	3.4	9.1	0.0	13.4	0.0
米ドル	44.9	72.4	27.3	50.0	41.8	80.0
ユーロ	3.4	0.0	9.1	0.0	3.0	0.0
人民元	7.9	10.4	54.5	50.0	1.5	0.0
現地通貨	24.7	10.4	0.0	0.0	32.8	15.0
その他	5.6	3.4	0.0	0.0	7.5	5.0
合計	100.0	100.0	100.0	100.0	100.0	100.0

現地調達 → 現地の生産子会社 → 現地販売

[現地販売] (%)

	アジア 2010	アジア 2014	中国 2010	中国 2014	ASEAN-6 2010	ASEAN-6 2014
1. 現地の顧客へ販売						
日本円	1.4	1.6	0.0	3.7	1.6	0.6
米ドル	18.6	21.5	10.4	7.3	24.2	30.0
ユーロ	0.0	0.3	0.0	0.0	0.0	0.0
人民元	21.8	21.8	88.7	85.4	0.4	0.0
現地通貨	53.8	53.6	0.0	2.4	67.6	68.3
その他	4.4	1.2	0.9	1.2	6.1	1.1
合計	100.0	100.0	100.0	100.0	100.0	100.0
2. グループ企業へ販売						
日本円	7.0	3.3	5.7	2.5	7.4	4.8
米ドル	30.1	26.7	14.3	17.5	34.0	38.1
ユーロ	0.7	4.4	0.0	7.5	1.1	2.4
人民元	18.9	28.9	77.1	65.0	0.0	0.0
現地通貨	41.3	35.6	0.0	7.5	55.3	54.8
その他	2.1	1.1	2.9	0.0	2.1	0.0
合計	100.0	100.0	100.0	100.0	100.0	100.0
3. その他の販社へ販売						
日本円	1.3	0.0	0.0	0.0	3.4	0.0
米ドル	10.4	35.6	0.0	33.3	24.1	36.7
ユーロ	0.0	2.2	0.0	0.0	0.0	3.3
人民元	41.6	17.8	100.0	66.7	0.0	0.0
現地通貨	44.2	44.4	0.0	0.0	69.0	60.0
その他	2.6	0.0	0.0	0.0	3.4	0.0
合計	100.0	100.0	100.0	100.0	100.0	100.0

注：すべての回答は、RIETIで行った海外見地法人を対象とした貿易建値通貨と為替リスク管理に関する調査結果（2010年・2014年）に基づく。
出所：Sato and Shimizu (2018)、伊藤他 (2015)。

表 6-7 アジアの海外現地法人の日本との輸出入での通貨建てシェアの比較（2010年・2014年）

[日本からの輸入] (%)

分類	通貨	アジア 2010	アジア 2014	中国 2010	中国 2014	ASEAN-6 2010	ASEAN-6 2014
1 日本からの輸入企業か本社向け	日本円	58.8	54.4	53.0	43.8	57.5	58.6
	米ドル	38.0	39.7	45.5	44.8	37.7	38.5
	人民元	0.2	3.6	0.8	11.5	0.0	0.0
	現地通貨	2.2	2.3	0.0	0.0	3.7	3.0
	その他	0.4	0.0	0.8	0.0	0.4	0.0
	合計	100.0	100.0	100.0	100.0	100.0	100.0
2 ケーブルの輸出企業	日本円	51.9	43.9	36.1	33.3	47.8	53.6
	米ドル	46.5	48.5	58.3	51.9	52.2	42.9
	人民元	0.8	4.5	2.8	11.1	0.0	0.0
	現地通貨	0.8	3.0	2.8	3.7	0.0	3.6
	その他	0.0	0.0	0.0	0.0	0.0	0.0
	合計	100.0	100.0	100.0	100.0	100.0	100.0
3 日商社からの総合輸出	日本円	56.9	54.5	41.5	61.5	59.5	47.9
	米ドル	38.7	40.0	53.7	26.9	35.7	47.9
	人民元	1.5	2.7	4.9	11.5	0.0	0.0
	現地通貨	2.9	2.7	0.0	0.0	4.8	4.2
	その他	0.0	0.0	0.0	0.0	0.0	0.0
	合計	100.0	100.0	100.0	100.0	100.0	100.0
4 その他の輸入企業から	日本円	53.4	52.0	44.4	0.0	52.5	55.6
	米ドル	32.8	44.0	33.3	100.0	35.0	44.4
	人民元	3.4	0.0	22.2	0.0	0.0	0.0
	現地通貨	6.9	4.0	0.0	0.0	7.5	0.0
	その他	3.4	0.0	0.0	0.0	5.0	0.0
	合計	100.0	100.0	100.0	100.0	100.0	100.0

日本からの輸入 → 現地の生産子会社 → 日本向けの輸出

[日本への輸出] (%)

分類	通貨	アジア 2010	アジア 2014	中国 2010	中国 2014	ASEAN-6 2010	ASEAN-6 2014
1 日本の輸出入社本社向け	日本円	46.4	31.3	51.8	30.9	42.5	25.9
	米ドル	45.8	60.4	46.4	53.1	45.6	69.6
	人民元	0.6	5.7	1.8	16.0	0.0	0.0
	現地通貨	6.8	2.6	0.0	0.0	11.2	4.5
	その他	0.4	0.0	0.0	0.0	0.7	0.0
	合計	100.0	100.0	100.0	100.0	100.0	100.0
2 ケーブルの輸出企業	日本円	50.8	38.1	45.5	41.2	44.7	37.5
	米ドル	46.0	50.0	54.5	47.1	50.0	50.0
	人民元	0.0	2.4	0.0	5.9	0.0	0.0
	現地通貨	1.6	9.5	0.0	5.9	2.6	12.5
	その他	1.6	0.0	0.0	0.0	2.6	0.0
	合計	100.0	100.0	100.0	100.0	100.0	100.0
3 日商社の総合輸出	日本円	8.3	64.3	33.3	100.0	0.0	55.6
	米ドル	91.7	28.6	66.7	0.0	100.0	33.3
	人民元	0.0	0.0	0.0	0.0	0.0	0.0
	現地通貨	0.0	7.1	0.0	0.0	0.0	11.1
	その他	0.0	0.0	0.0	0.0	0.0	0.0
	合計	100.0	100.0	100.0	100.0	100.0	100.0
4 その他の輸出企業へ	日本円	42.1	22.2	40.0	0.0	50.0	40.0
	米ドル	42.1	55.6	60.0	100.0	33.3	20.0
	人民元	0.0	0.0	0.0	0.0	0.0	0.0
	現地通貨	5.3	0.0	0.0	0.0	8.3	0.0
	その他	10.5	22.2	0.0	0.0	8.3	40.0
	合計	100.0	100.0	100.0	100.0	100.0	100.0

注：すべての回答社は、RIETIで行った海外現地法人を対象とした貿易建値通貨と為替リスク管理に関する調査結果（2010年・2014年）に基づく。
出所：Sato and Shimizu (2018)、伊藤他 (2015)。

とを示唆するものである．一方，表6-6の右側に示すように，日本の生産子会社は，主に現地市場での顧客販売には人民元を利用しており，その割合は8割以上と変化はない．同様に，中国のグループ会社への現地販売では，人民元取引のシェアは77.1%から65.0%と若干低下したが，他のアジア諸国の現地通貨建てのシェア（5割）よりも高い．

表6-7は，中国，及びASEAN-6諸国の海外現地法人（生産子会社）の日本との輸出入における，取引相手別の貿易建値通貨選択の変化をまとめたものである．表6-7の左側には，日本からの中間投入財輸入の建値通貨シェアが示されている．日本からの輸入は，米ドル建て，日本円建てのどちらかが主に使われているが，人民元建てシェアは日本の本社，グループ会社，及び総合商社からの輸入で，2014年にそれぞれ11%台まで増加している．また，表6-7の右側の生産子会社から日本向けの輸出では，中国の生産子会社から日本の本社向け輸出における人民元建てシェアが，2010年の1.8%から2014年には16.0%に増加しており，その代わり円建て輸出が51.8%から30.9%に減少している．同様にグループ企業向け輸出でも，人民元建ては0%から5.9%に増加している．このことは，中国に設置された生産子会社と本社・グループ企業間の企業内貿易において，人民元建ての取引が拡大していることを示唆するものである．

4. 人民元の国際化がアジアに与えた影響

中国通貨当局による積極的な人民元の国際化は，少なからず他のアジア諸国の通貨選択や通貨体制に影響を与えている．世界金融危機時に欧州の金融機関が米ドルの流動性不足に悩まされ，危機が深刻化した教訓を踏まえ，アジア各国も米ドルへの過度の依存から脱却し，自国通貨を隣国との貿易に活用しようとする動きが近年見られる．以下，国ごとにその状況をまとめる．

4.1 国内取引における自国通貨利用の義務化
　　　（インドネシア・マレーシア）

インドネシア中央銀行は，2011年6月以降，通貨法において現金取引

（取引全体の約5%）におけるルピアの使用を義務化してきた．さらに，2015年7月にはルピア相場の安定化を狙いとして，国内決済におけるルピア使用を義務化した．これを受けて，全ての事業者は国内で取引される財・サービスの価格をルピアのみで表示しなければならなくなった．

同様に，マレーシア中央銀行は金融市場を拡大し，深化させる戦略の一部として，2016年12月に外国為替市場の流動性の引上げを意図する「オンショア金融市場発展のためのイニシアティブ」を発表した．この中では，輸出代金の75%のリンギットへの両替義務化や，国内取引におけるリンギットの使用義務化などが盛り込まれている．

4.2　アジアにおけるドル依存脱却の動き──CLMV諸国

長らく国内経済でのドル化が続き，交換手段や価値の貯蔵として国内でドルが利用されていたCLMV諸国（カンボジア・ラオス・ミャンマー・ベトナム）でも，近年ドル化から脱却する動きが見られる．表6-8は，マネーストックに占める外貨預金残高の割合から各国のドル化比率の推移を表したものだが，相変わらず8割以上という高いドル化比率を示すカンボジアに対して，ベトナムでは2010年に18.5%だったドル化比率が，2015年には10.8%まで改善していることがわかる．これは2010年以降，銀行システムから外貨預金を徐々に排除し，ベトナムドンの通貨としての役割を強化する政策による成果である．ベトナム中央銀行は，外貨預金に対する金利を2015年末までに徐々に0%までに下げ，ドル預金のインセンティブを低下させるとともに，ドンの為替レートの安定化を図るため，中銀コアレートを基準としてプラスマイナス3%の値幅制限を導入した．さらに2014年1月より，国内での取引に対してはベトナムドン以外の通貨の流通を禁止する法律が発効され，ドル化は徐々に改善している．

実は人民元の国際化は，CMLV諸国のドル化解消にも一役買っている．ドル化比率の高いカンボジアでは，周辺諸国の政府とクロスボーダー取引に現地通貨を用いる覚書を締結することにより，元建てやバーツ建ての取引を徐々に増やしている．最近の動きとしては，カンボジアの中央銀行がカンボジアに進出した中国系の銀行を通じて，人民元建ての貿易取引を奨励してい

第6章 貿易建値通貨としての人民元の国際化

表6-8 CLMV諸国におけるドル化比率の推移 (%)

年	2010	2011	2012	2013	2014	2015
カンボジア	80.9	81.5	82.3	82.2	82.9	83.0
ラオス	44.0	43.5	42.5	42.4	43.9	44.4
ミャンマー	13.9	14.3	15.1	10.2	13.8	13.2
ベトナム	18.5	17.2	12.8	12.5	10.9	10.8

注:ドル化比率は,外貨預金残高/マネーストックの比率として計算される.カンボジア,ベトナムではM2を,ラオスでは広義流動性をマネーストックとして用いている.ミャンマーの数字はKubo (2017) による.
出所:IMF 4条協議レポート,Central Bank of Cambodia, Kubo (2017).

る.また,近年増加している中国人観光客も,中国元と現地通貨の直接取引需要を高めており,多方面からドル化の脱却を図っているものと考えられる.

4.3 現地通貨建て決済(Local Currency Settlement Framework, LCSF)の促進

2010年以降,チャイナ・プラスワンやタイ・プラスワンが加速し,ASEAN諸国を中心に中間財の企業内貿易取引が拡大している.表6-9は,タイ中央銀行が公表しているタイの輸出入における通貨別シェアであるが,これによるとタイは,周辺国であるCLMV諸国との貿易取引ではバーツ建てのシェアが高く,特にラオスやミャンマーではタイからの輸出で,バーツ建て取引シェアがドル建てシェアを上回っているという特徴がある.

近年,アジア域内のクロスボーダー取引でアジア通貨を使うという取り組み,いわゆるLocal Currency Settlement Framework, LCSFがタイを中心に進められている.タイは2016年3月にマレーシア中央銀行と,両国間の貿易などの取引で現地通貨建て決済を促進する枠組みに合意した.具体的には,それぞれ相手国の通貨決済を担う銀行を指定し,その口座を通じてそれぞれの通貨の決済を行う.LCSFは,現地通貨に対するアクセスを改善し,貿易決済リスクを抑制するのが目的である.両国においては,この枠組みに参加する銀行が指定され,指定銀行は両国いずれの通貨でも預金の受入,貿易金融及びヘッジ商品の提供が可能となる.他方で,指定銀行はバーツとリンギットの直接交換を提供するよう求められる.すなわち,バーツとリンギットの直接交換を行う場合に限定して,部分的に規制緩和が行われること

表6-9 タイのCLMV諸国向け輸出入における
ドル建て・バーツ建てシェア（2016年）　　(%)

通貨＼相手国	カンボジア		ラオス		ミャンマー		ベトナム	
	輸出	輸入	輸出	輸入	輸出	輸入	輸出	輸入
ドル建て	57.8	59.9	40.0	58.9	45.2	93.1	78.5	64.4
バーツ建て	41.9	39.7	59.7	41.2	53.2	6.8	18.6	32.9

出所：タイ中央銀行（2016年四半期データの平均値を用いている）．

になり，相手国での市場アクセスの向上や，企業活動の柔軟性が約束されることになっている[6]．2017年12月には，この取り組みにインドネシアが加わり，三国間の貿易取引や直接投資において，現地通貨建て決済を促進する枠組みが合意された．

こうした現地通貨建て利用を促進する動きは，人民元の国際化に触発されたものではないだろうか．アジア域内で人民元建てやバーツ建てなど，アジアの現地通貨を利用した貿易決済が増え，二カ国間の直接取引市場も利用されるようになれば，ドルを介さない為替取引需要も生まれる．現在タイで操業する日系企業の多くは，依然としてアジア域内での貿易には米ドルを用いているが，これが将来はバーツ建てや人民元建てになる可能性もあるだろう．

4.4　日本の対応——円とアジア通貨の利便性の向上

日本は1980年代に円の国際化を目指していたが，貿易取引における円建てシェアがドル建てシェアを上回るまでには至らず，依然としてドル建てシェアが高い状況にある．しかし，円のみならずアジア通貨の利便性を向上させ，利用を促進させることには，日本企業・金融機関・東京市場の更なるグローバル化を促進し，競争力強化に資するものと考えられる．日本は，アジアにおいて唯一のハードカレンシーを持つ先進国として，アジアの通貨当局と連携しながら，円のみならずアジアの通貨全体の利便性向上を主導して

---

[6] 両国のそれぞれ3行が相手国の通貨決済の指定銀行となる．両中銀はまた，ASEAN金融統合の枠組みに基づく適格ASEAN銀行（QAB）認定について，両国間での基本合意書を締結した．認定される銀行に対しては，相手国での市場アクセスの向上や企業活動の柔軟性が約束される見通しだ．

いくべきである．以下，日本が積極的に関与しているアジア通貨関連の取り組みを見てみよう．

東南アジアにおいては，AMRO（ASEAN＋3 Macroeconomic Research Office）に支えられた CMIM（Chiang Mai Initiative Multilateralization）が，地域金融セーフティネットの中核を担っている．これを補完するために，近年日本は ASEAN 各国と二国間通貨スワップ取極（Bilateral Swap Agreement, BSA）を締結している．通常 BSA は危機時に米ドルを供給する仕組みであるが，2017 年にフィリピンで締結した BSA では，従来の米ドルに加えて，円での引き出しを可能とした初めての取り組みとなった．日本が既存のドル建ての BSA について，円でも引き出し可能とすることを提案した目的としては，以下 2 点が挙げられる．第 1 に，ASEAN 金融統合や日本企業の進出が進む中，アジア唯一のハードカレンシーである円の調達をしやすくすることで，中期的なドル依存の低減を促し，域内の金融安定に貢献する．第 2 に，ASEAN 諸国には円に対する一定のニーズがあり，それに応える．フィリピンに続き，2018 年にはシンガポール，及びタイとの BSA 改正において，円での引き出しを可能とした上で延長しており（表6-10），アジアにおける新たな円の役割が期待される．

さらに，円とアジア通貨の利用拡大に向けては，円とアジア通貨の直接交換市場の拡大，及び現地通貨建て債券市場育成に向けた取り組みに積極的に関与している．前述の ASEAN における現地通貨利用拡大の動き（LCSF）に合わせて，タイバーツ・円の直接交換取引拡大に向けて，2018 年 3 月 9 日にタイ中央銀行と現地通貨の利用促進に関する協力覚書を締結した．アジア通貨との直接交換市場は，東京市場での円元直接交換市場があるが，今後 ASEAN 通貨との直接交換が拡大する可能性がある．

日中関係の進展も近年目覚ましい．アジア債券市場の拡大に伴い，日本政府は 2017 年 12 月に，監査監督上の協力に関する書簡を中華人民共和国財政部と交換し，これにより日本企業の中国本土におけるパンダ債（中国本土で非居住者が発行する人民元建て債券）発行に必要な環境整備が進展した．2018 年 1 月には三菱東京 UFJ 銀行とみずほ銀行が，中国市場でそれぞれ人民元建て債券（パンダ債）をそれぞれ 10 億人民元，5 億人民元発行した．

表6-10　日本とASEANとのBSA一覧表

2018年7月23日現在

	インドネシア	フィリピン	シンガポール	タイ
契約当事者	日本財務省とインドネシア中央銀行	日本財務省とフィリピン中央銀行	日本財務省とシンガポール通貨監督庁	日本財務省とタイ中央銀行
契約日	2016.12.12	2017.10.6	2018.5.21	2018.7.23
片方向／双方向	片方向	双方向	双方向	双方向
使用通貨	米ドル⇔ルピア	米ドル・日本円⇔ペソ（フィリピン要請時）米ドル⇔日本円（日本要請時）	米ドル⇔星ドル（シンガポール要請時）米ドル⇔日本円（日本要請時）	米ドル⇔バーツ（タイ要請時）米ドル⇔日本円（日本要請時）
スワップ額	日→尼 227.6億ドル	日→比 120億ドル相当 比→日：5億ドル	日→星：30億ドル 星→日：10億ドル	日→泰：30億ドル 泰→日：30億ドル
IMFデリンク割合*	30%	40%	30%	40%

注：* IMF支援プログラムがない状態で引き出すことができるスワップ額の割合. 全額を引き出すには, IMFプログラムの存在が必要.
出所：関税・外国為替等審議会外国為替等分科会配布資料（2018年3月, 財務省）.

　2018年5月に行われた日中首脳会談において日中金融協力が進展し，中国は日本に対して2000億元（約3.4兆円）のRQFII（人民元適格外国人機関投資家）枠を付与した．さらに，日中双方は人民元クリアリング銀行の設置，円－元の通貨スワップ取極の締結のための作業を早期に完了させるとともに，中国は日系金融機関への債券業務ライセンスを早期に付与し，日本の証券会社等の中国市場参入に関する認可申請を効率的に審査することが合意された．こうして，人民元の国際化から本格始動したアジア現地通貨利用の拡大は，日本の積極的な対応により，新たな展開を見せることが期待される．

5. おわりに

　米国の深く流動的な金融市場，強力な金融セクター，米国経済への信認に

第6章 貿易建値通貨としての人民元の国際化

支えられたドルは，そのネットワーク外部性や慣性もあり，アジア域内の貿易や投資でも圧倒的なウェイトを占めてきた．一方で，世界金融危機時におけるドル資金の枯渇や，昨今の米国の金融政策変更による調達コストの上昇懸念により，アジアでの貿易や投資が滞り，実体経済に悪影響が及ぶことを避けるためには，こうしたドル基軸からどのように脱却するのかが大きな課題となっている．

　中国政府の積極的な人民元の国際化政策により，人民元建て貿易決済は徐々に拡大していることが，様々なデータから確認できた．また，日本企業の海外現地法人を対象としたアンケート調査結果からは，中国所在の日系現地法人においては，国内での人民元取引を拡大しているものの，海外との輸出入における人民元利用はさほど増えず，依然として米ドル建て取引が支配的である一方で，日本の本社企業との企業内貿易において，人民元建て取引が顕著に増加していることが確認された．中国所在日系現地法人は，日本から中間財を輸入する際に人民元建てを使い始めているが，貿易相手が本社であるときにその傾向が顕著である．さらに，日系現地法人が日本へ完成品・中間財などを本社相手に輸出する際にも，人民元建てが増加している．すなわち，本社と中国所在日系現地法人との間の企業内貿易において，人民元利用が拡大しているのである．こうした企業内貿易での人民元建て取引の増加は，中国における日本企業の海外現地法人のプレゼンスが相対的に高くなり，本社が人民元建てを利用することで現地法人の為替リスクを集中的に管理するようになったためと考えられる．このような傾向がさらに高まれば，日本企業の人民元建て貿易はさらに拡大する可能性がある．

　欧州企業の中には，積極的に人民元建て取引を利用し始めている企業も見られるとの情報もある一方で，日系現地法人がアジアで人民元建て決済を拡大しているのは香港，台湾などの一部の地域のみ，かつ本社子会社間に多いという傾向がある．日本企業が人民元を積極的に利用していない一因としては，日本と中国の通貨の国際化の違いが影響していると考えられる．日本が，円取引の資本規制を撤廃しながら円の国際化を進めてきたのに対して，中国は資本規制を残したままオフショア市場を活用することで，独自の人民元の国際化を進めてきている．円の国際化の過程を経験してきた日本企業は，資

本規制が残っている人民元を貿易取引で使える通貨として認識（信頼）せず，積極的に使おうとしない．そのような両国の国際化の進め方の違いが，日本企業の人民元の利用を妨げている可能性も否めない．

　中国所在の日系現地法人は，人民元の受取や支払いが増えていると回答している．中国に進出している日本企業の多さを考慮すれば，人民元がもっと使いやすい通貨となることは，日本企業にとっても大きなプラスとなる．現在，日系企業は，上海や香港の人民元オフショア市場を利用して人民元取引を行っているが，東京市場に設置された円・人民元直接交換市場の利用率は，アンケート調査結果を見ても極めて低い．中国政府によって二カ国間の通貨スワップ取極が締結され，人民元のクリアリングバンクが設置されたロンドン市場では，人民元建ての預金や為替・デリバティブ取引が行われるようになるなど，その取引規模が拡大している．2018年に急展開を見せた日中金融協力の進展により，今後東京市場でも人民元クリアリングバンクが設置されれば，オフショア人民元の取り扱いもより活発になるだろう．

　従来の域内貿易取引は米ドル建てが支配的であったが，昨今の中国政府が積極的な人民元の国際化政策を促進するのに合わせ，ASEAN各国もアジア域内の現地通貨建て取引を進めるなど，アジア通貨の活用を図っていく必要があることを改めて意識し，LCSFが進められている．このような転換期において，アジアにおける現地通貨利用が貿易取引のみならず，資本取引においてどの程度進展しているのかといったデータを収集することは，将来あるべきアジアの通貨体制を占う上で重要となる．欧州の経験では，独マルクが欧州の媒介通貨となり，各国通貨もそれぞれ決済通貨として使われていたその先に統一通貨ユーロが導入された．その轍を踏むならば，アジアでもまずはドル基軸から脱却し，現地通貨建て取引が活性化されることが必須となる．アジアでいち早く自国通貨の国際化を果たした日本には，その知見をアジア各国と共有することが今こそ求められている．今後，現地通貨の取引促進に資する環境整備に向けた域内金融協力を通じて，アジアの金融・為替市場が拡大し，より安定したアジア通貨体制の構築が期待される．

第6章　貿易建値通貨としての人民元の国際化

参考文献

Eichengreen, Barry and Masahiro Kawai (2014), "Issues for Renminbi Internationalization : An Overview," ADBI Working Paper Series, No. 454.

Ito, Takatoshi (2017), "A New Financial Order in Asia : Will a RMB Bloc Emerge?" *Journal of International Money and Finance*, Vol. 74, pp. 232-257.

Kubo, Koji (ed.) (2017), *Dollarization and De-dollarization in Transitional Economies of Southeast Asia*, IDE JETRO Series, Cham, Switzerland : Palgrave Macmillan.

Renmin University of China, International Monetary Institute (2016), "Currency Internationalization and Macro Risk Management," RMB Internationalization Report 2016, Beijing, 24 July.

Sato, Kiyotaka and Junko Shimizu (2018), "International Use of the Renminbi for Invoice Currency and Exchange Risk Management : Evidence from the Japanese Firm-level Data", *North American Journal of Economics and Finance*, Vol. 46, pp. 286-301.

伊藤隆敏・鯉渕賢・佐藤清隆・清水順子 (2015)「日本企業の為替リスク管理とインボイス通貨選択──平成26年度日本企業海外現地法人アンケート調査結果概要」RIETI Discussion Paper, No. 15-J-054.

関税・外国為替等審議会外国為替分科会 (2018)「アジアにおける金融協力の推進──日本とアジアの成長基盤の更なる強化に向けて」関税・外国為替等審議会外国為替分科会配布資料, 2018年3月. https://www.mof.go.jp/about_mof/councils/customs_foreign_exchange/sub-foreign_exchange/proceedings/material/gai20180312/02.pdf

第 7 章

東アジアにおける経済統合の進展と基軸通貨ドル
―― 「アジア域内金融システム」の可能性 ――

川﨑 健太郎

1. はじめに

　アジア通貨危機から 20 年が経過しようとする 2016 年 3 月，タイバーツ・マレーシアリンギ間の直物・先物取引の直接交換が可能となることが発表された[1]．これまでのバーツ・リンギ為替相場は，外国為替市場においてタイバーツおよびマレーシアリンギそれぞれの基軸通貨ドルとの為替相場が決まった後に，それらのレートに基づいて算定されていた．これはバーツやリンギといった東アジア諸国それぞれの通貨と基軸通貨ドルとの交換需要は旺盛であるが，バーツとリンギ同士といった東アジア域内通貨を直接交換する需要は，ドルとの交換需要に比べれば相対的に小さいため，外国為替市場では東アジア通貨同士の売買が成立しない場合があるためである．旅行者のような少額の両替であれば，タイやマレーシアの地場銀行が交換に応じることはできただろうが，直接投資や証券投資といった巨額の資本移動における決済では，基軸通貨ドルに一度交換する必要が生じていた．このようなケース

＊本章の内容・構成の一部は川﨑（2014）および Kawasaki and Wang（2015）の研究成果をまとめた川﨑（2016）に依拠し，新たに最新データを分析に加えて再検証し，実証研究の結果をふまえて，追記・修正したものである．

[1] タイ中央銀行プレスリリース（No. 9/2016）．https://www.bot.or.th/Thai/PressandSpeeches/Press/News2559/n0959e.pdf

では，投資家は手持ちの通貨を別の通貨に交換する度に交換手数料を支払い，資金決済のタイミングがうまく合わなければ，外貨を保有する時間は長くなり，意図せざる為替変動リスクに晒されることになる．

通貨を交換する度に，その交換手数料を支払い，また最終決済における通貨交換を目的として一時的に外貨を保有することは，手持ち資産が為替変動リスクに晒されることであり，国境を越える経済活動を行う経済主体にとって，まさに「費用」である．その費用を小さくすることは，国際的な経済取引で得られる利潤を大きくするばかりでなく，それまで費用が大きかったために行われなかった経済取引までも行われるようになって，2国間をまたぐ新たな経済活動が誘発される，追加的な「便益」をも生み出すと考えられている．このように，経済取引において用いられる通貨の数を減らすことの合理性の究極の形態は，1999年に誕生したユーロのような通貨統合である．アジア危機以降に，東アジアにおいても通貨統合の可能性について多くの議論がなされた理由の一つにも，こうした便益の享受がさらなる東アジア経済の発展に資すると考えられていたからに他ならない．

しかし，これまで東アジア域内の通貨同士で，外国為替市場で直接取引が行われるケースは極めて希であった．そして現在でも，東アジア域内の輸出入に伴う資金決済や資本移動では，基軸通貨ドルを媒介通貨とした資金決済や資金移動が主流となっている．その背景の一つには，これまで東アジアの新興国が，多国籍企業の製造拠点である「世界の工場」としての役割を担ってきたことにある．企業が最終消費地から得られる収入の多くが，ドルやユーロといった国際通貨建てであったため，東アジア域内の資金決済において，国際通貨以外で通貨同士を交換する機会は相対的に低く，国際通貨を媒介して決済することが多いと考えられる．東アジア諸国が，欧米の先進国向けに行う消費財輸出によって得られた貿易収支の黒字は，外貨建て資産として蓄積される．一方，国内の様々な直接投資・間接投資は，国内貯蓄が不足したり，国内の金融市場が未だ十分に発展せず，国内貯蓄が国内投資に直接結びつかず，先進国の金融市場を経由して外貨建て資本流入として受け入れるような資金循環のメカニズムができあがると，ますます国際通貨やドルなどの域外通貨への依存度が高まることとなる．アジア危機以前に問題となっ

ていたこのような資金循環のメカニズムは，基軸通貨ドルを介した東アジア独特の金融システムであったとも言える．このような東アジア独特の資金循環のメカニズムの下，東アジア域内での資金決済の割合が相対的に小さい限りは，東アジアのローカル通貨ではなく，ドルを利用して決済するか，ドルを媒介通貨として東アジア通貨同士の交換を行うことが，恒常的に便益が費用を上回るのである．つまり，東アジアで経済取引を行う企業の多くが，直接投資による投資収益や事業活動から得られる経常収益として得る資金を，ドル建て資産として保有し続けることは，経済的合理性があったと考えられる．

しかし一方で，今日のように世界経済における東アジア経済のプレゼンスがますます高まり，「世界の工場」から「世界の一大消費市場」への変貌を遂げていることは，基軸通貨ドルを介した金融システムの便益および費用，そしてそのバランスにはどのような変化を生じうるのだろうか．

東アジア諸国の経済発展は，国内所得の上昇と，それに伴う実質的な通貨価値の上昇を招く．一方，基軸通貨ドルは相対的価値が低下することから，東アジア諸国が保有するドル建て資産は，実質的な資産価値の下落を意味する．また，アジア危機以前のような「事実上のドルペッグ制度」を採用する東アジア諸国がなくなったことは，東アジア通貨と基軸通貨ドルの名目為替相場の変動幅は固定的な為替相場制度を採用していた時よりも大きくなり，管理変動相場制を採用する国であれば通貨当局が，自由変動相場の国であれば経済取引を行う経済主体そのものが，為替変動に関するリスク管理を行う「費用」を負担することになり，以前にも増してその費用が大きくなっていると考えられる．

東アジア域内通貨間決済，ひいては域内での資本移動が，基軸通貨ドルを経由しなくてよいかどうかは，東アジア通貨同士の交換を行うことによる費用が便益を上回るかどうかによる．基軸通貨ドルには「慣性の法則」が働くことから，一朝一夕にその便益が急速に小さくなるわけではない一方，東アジア域内における各国経済の相互の結びつきに依存して，東アジア域内での資本取引需要が以前にも増して高まり続ける場合には，基軸通貨の慣性は次第に弱まることになるだろう．

よって本章の目的は，東アジアにおける経済統合の進展によって，域外通貨に依存しない「アジア域内金融システム」を機能させる素地が形成されているのか，すなわち，アジアにおいて実質的な金融統合が進んでいるのかを検証することである．とりわけ，東アジアが経験してきた経済発展が，近年，実質的な経済統合を促してきたことを鑑み，東アジア諸国に急速な経済発展がもたらされた時期の異なる背景に注目しながら，経済統合の深化と金融統合との関連性に焦点を当てる．

2. 東アジアにおける経済統合の進展

　東アジア域内経済における各国の相互の結びつきを考慮する上では，東アジア諸国がこれまでどのような経済発展を遂げてきたかを考慮しなければならない．東アジア経済における経済成長は，特徴的な2つの時期に起因する．まずは1970年代後半から1980年代を通じ，1997年のアジア通貨危機が起こる前までの，いわゆる「東アジアの奇跡」と呼ばれる時期であり，次に東アジア諸国が急激な経済成長を遂げた時期は，2000年以降，今日に至るまで続く「経済のグローバル化」の時期においてである．
　前者の時期の特徴は，「国家」という経済単位が極めて重要な意味をもっており，海外からの先端技術導入と国内産業の育成・保護といった国家主導の工業化とともに，「ドルペッグ制度」と「間接金融システム」という金融面での支えである．
　これらの金融面での支えが突如として機能不全を起こした1997〜98年のアジア通貨危機以降，東アジアの経済構造には劇的な変化が訪れる．多国籍企業が資本集約的な高付加価値製品の製造を目的として，アジア通貨危機以前から各国に存在していた高い技術の集積地をネットワークで結ぶことにより，東アジア地域に「事実上（＝デ・ファクト）の経済統合」を生じさせたためである．結果，「企業」という経済単位が重要となり，東アジア諸国の貿易構造は産業内貿易へとシフトし，域内貿易が飛躍的に増加していく．まさに「経済のグローバル化」の旗手である「多国籍企業」によって，経済発展はその加速度をさらに増していく．

第7章　東アジアにおける経済統合の進展と基軸通貨ドル

　この時期の経済発展におけるもう一つ重要な特徴は，日本や欧米先進国市場に対する生産輸出基地であった東アジア各国では，労働生産性の向上によって所得水準が著しく上昇し，その結果，一大消費市場へと変貌を遂げていったことである．内需主導の経済の成長エンジンが動き始めると，多種多様な産業への直接投資を目的とした資本流入に際し，以前のような「ドルペッグ制度」と「間接金融システム」といった政策偏重的な通貨・金融システムは，経済成長の必要十分条件ではなくなる．一方で，「企業」という経済主体の合理的な経済行動は，ヒトやモノばかりでなく，カネについても，東アジア域内で自由に移動させるニーズを生じさせる．

　図7-1は東アジア諸国（日本，中国，韓国，ASEAN5：インドネシア・マレーシア・フィリピン・シンガポール・タイ）の，全貿易総額に占める域内貿易総額の割合（東アジア域内貿易比率）の推移を表したものである．貿易額は様々な要因に影響を受ける，比較的変動の大きな経済指標でもある．そのため，「東アジアの奇跡」と呼ばれた時期をさらに2つの時期に分け，前半部分（1980～1988年）と，アジア危機直前までの後半部分（1989～1997年）とし，また「経済のグローバル化」の時期を，世界金融危機を境にして，前半部分（2000～2008年）と後半部分（2009～2017年）のそれぞれの期間について，東アジア各国の全貿易総額に占める域内貿易額の割合の平均値として，その推移を示している．

　インドネシア・マレーシア・フィリピンの全貿易額に占める東アジア域内貿易比率は，2009～2017年では50％を超えており，日本・韓国・シンガポール・タイでも，全貿易額の35％以上が東アジア域内での貿易であることが示されている．インドネシアおよびマレーシアは1980～88年，1989～97年，2000～08年，2009～17年の4つの時期を通じて域内貿易比率は高位で安定的に推移するのに対し，日本・韓国・フィリピン・シンガポール・タイは，1980～88年，1989～97年，2000～08年，2009～17年の時期を通じて，域内貿易比率が時期を経る毎に上昇を続けており，これらの経済の東アジア域内経済への依存度が飛躍的に高まっていることが示されている．

　一方，中国は世界金融危機以降，全貿易総額に占める東アジア域内貿易の割合は減少傾向をみせている点は，他の東アジア諸国とは異なる傾向である．

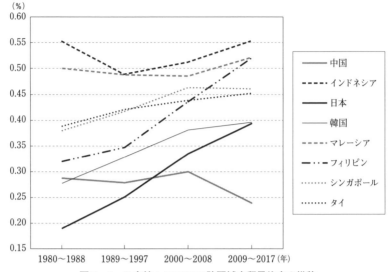

図7-1 日中韓＋ASEAN5諸国域内貿易比率の推移

注：1）中国・韓国間の貿易額は1991年以降のデータのみ含まれる．
　　2）シンガポールの対インドネシア貿易額は2003年以降のデータのみ含まれる．
出所：IMF, Direction of Trade Statistics に基づいて筆者作成．

ただし中国は，1980年には110億ドル程度に過ぎなかった東アジア域内貿易の総額が，2017年には約87倍の9600億ドル程度にまで拡大している．2005年以降，中国の貿易総額はそれまで1位であった日本の対東アジア域内貿易総額を上回るようになり，東アジア域内貿易における最大の貿易国となっている点に注意しなければならない．中国の全貿易総額に占める東アジア域内貿易の相対的割合は低下しても，その貿易総額からみて，東アジア域内貿易および域内経済の中国の影響度は極めて大きなものである（図7-2）．

次に，東アジアにおける資本移動要因について考察する．図7-3は，日本・中国・韓国およびASEAN5諸国の国内総固定資本形成の対GDP比率を表したものである．日本は1990年をピークに国内総資本形成の対GDP比率が低下する傾向にあるのに対し，その他の東アジア諸国では，1990年頃からアジア危機を迎える1998年頃まで，国内総資本形成の対GDP比率が大きく上昇していることが解る．とりわけこの傾向は，アジア危機の震源

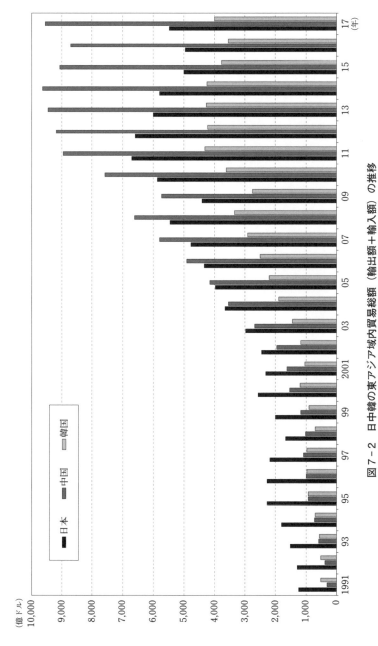

図 7-2　日中韓の東アジア域内貿易総額（輸出額＋輸入額）の推移

出所：IMF, Direction of Trade Statistics Online から筆者作成.

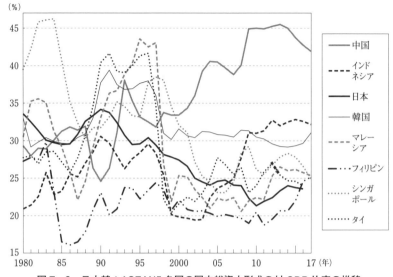

図7-3 日中韓+ASEAN5各国の国内総資本形成の対GDP比率の推移
出所:World Bank, World Development Indicatorsから筆者作成.

地となるタイ・韓国・インドネシアやその強い影響をうけたマレーシアなどで顕著である.アジア危機以降も総固定資本形成比率が一貫して上昇し続けているのは,中国とインドネシアだけで,その他の国々は,危機以前のような高い国内総資本形成比率(30〜40%)から,20〜30%程度で推移している.中国やインドネシアを除く東アジア諸国では,2000年代に入ると,それぞれの経済には生産に十分な資本ストックが蓄積されるようになっており,従来通りの巨額の固定資本投資を行わずとも,比較的高いGDP成長率を維持していることは,経済成長のエンジンが単純な資本蓄積による生産量の増加から,技術革新や生産効率の上昇といった全要素生産性の上昇へと変化したか,投資から消費主導へと変化する経済の円熟期に突入していることがうかがえる.

　アジア危機を経て2000年代以降に生じている総固定資本形成の変化は,各国のISバランスを考察することでも,同様の傾向をうかがい知ることができる.図7-4は東アジア諸国それぞれについて,国内貯蓄の対GDP比率

から，国内総資本形成の対 GDP 比率を差し引いた値の推移を表したものである．グラフが負値となる場合は，国内貯蓄に対する国内投資が上回って国内資本不足であることを表すため，国内の投資需要を満たすためには，不足する国内貯蓄分を海外からの資本流入によって補う必要があることを示す．一方で正値となる場合は，国内貯蓄超過であるため，経常黒字国となって海外への資本流出が生じる可能性を示す．

グラフの推移を見ると，80 年代前半では日本と中国以外の多くの国々で国内貯蓄不足の状態にあり，韓国やマレーシア，タイなどでその傾向が強く表れている．80 年代後半にはすべての東アジア諸国が貯蓄超過に転ずるものの，90 年代に入るとマレーシア・フィリピン・タイなどでは再び貯蓄不足に陥っている．

一方，アジア危機以降は，フィリピンを除く東アジア諸国は貯蓄超過となり，また貯蓄・投資バランスの貯蓄超過の程度は大きくなっている．つまり，アジア危機以前の 80 年代から 90 年代の「東アジアの奇跡」の時期には，東アジア諸国の多くの国で，経済成長を実現するためには海外からの資本流入を必要としていた．アジア危機後，2000 年代以降の「経済のグローバル化」の時期に入ると，東アジア諸国には国内投資を上回る国内貯蓄が生じ，すなわち経常収支は黒字基調となることがうかがえる．このように，アジア危機を境として，東アジア諸国の経済発展は対照的な国際収支の構造を生じるようになっている．

以下では，こうした 2 つの異なる特徴をもつ経済発展の時期を経て，東アジア諸国における「事実上の経済統合」がどの程度深化しているのかについて検証する．

3. 東アジアは「最適通貨圏」か？

3.1 経済構造の類似性の検証

経済および市場統合がある程度進むと，域内の企業間競争は激しくなり，非効率な企業は，市場からの退出を余儀なくされる．域内の競争的市場にお

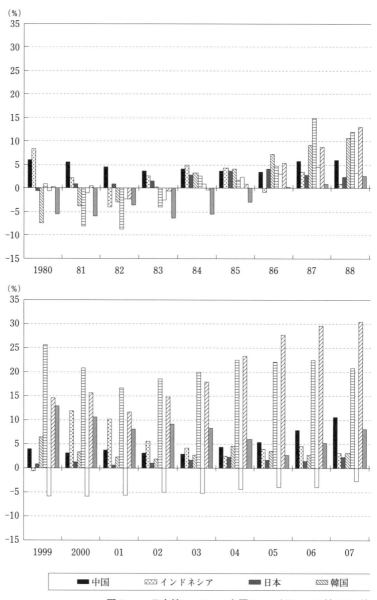

図7-4 日中韓＋ASEAN各国のISバランスの対GDP比

出所：World Bank, World Development Indicators から筆者作成.

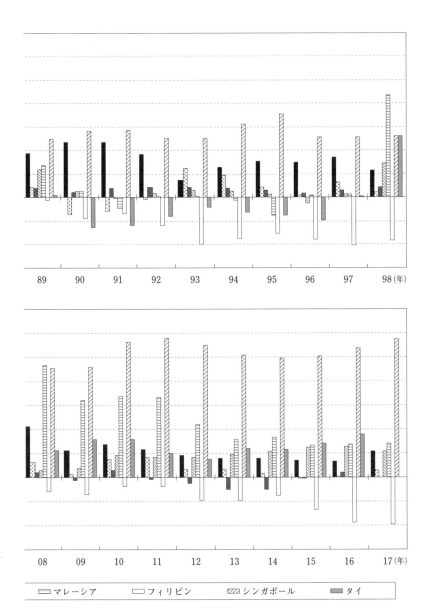

率（国内貯蓄・総固定資本形成の対 GDP 比率のギャップ）

ける各産業のそれぞれの物価・賃金水準は，次第に均質化し，やがて各国の経済・産業構造は，同質化・類似化が進行する．こうして，経済構造に類似性がみられる2つの国が，独立国家として国境線を隔てて位置し，さらに，それぞれの「固有通貨」によって金融経済を隔てていても，2つの経済には景気循環の差違がほとんど生じず，外的な経済ショック（需要・供給ショック）が発生しても，2国間の実質為替相場には変動が生じない．つまり，これらの2つの異なる通貨間の為替相場を固定しても，国際収支の不均衡問題が発生せず，それぞれの「固有通貨」によって経済圏（＝通貨圏）を隔てることの合理性が小さく，独自の通貨制度を維持する費用が大きくなる．すなわち「固有通貨」によって，2つの通貨圏を隔てることの合理性が低い2カ国は，通貨を統合すべきと主張するのが，Mundell（1961）による「最適通貨圏理論」である[2]．

経済統合の深化を検証する一つの方法に，通貨統合に参加する国々の景気循環が同期しているかどうかを検証することがある．他方，経済構造が類似した2国間については，ランダムに発生しうる技術進歩や需要インフレといった経済ショックに対する反応は対称的と考え，経済ショックに対する反応の対称性を検証できる．Bayoumi and Eichengreen（1993）らは，Blanchard and Quah（1989）によって示された長期制約を課した「構造ベクトル自己回帰（S-VAR）モデル」を用い，各国経済の産出量に影響を及ぼした経済ショックを，財需要ショックと財供給ショックに分解した上で，同定された財供給ショックそれぞれについて，EU各国間の相関係数を算出した．同様の検証方法を用いて，Bayoumi, Eichengreen, and Mauro（2000）においては，「東アジアの奇跡」と呼ばれた時期について分析を行っており，同様の研究手法を用いたものに Zhang, Sato, and McAleer（2004）がある．

---

[2] EUにおいて通貨統合が行われて以降，最適通貨圏としての条件は，共通通貨圏の維持可能性に焦点が当てられるようになっている．これは，共通通貨の導入後は通貨同盟からの退出は原則不可能なことに依拠している．通貨同盟発足後の最適通貨圏の条件は，(1) 経済協調政策の実行可能性（財政移転の実現可能性），(2) 経済主体の選好や期待形成の同次性の有無（Homogeneity），(3) National Interest を超えた Solidarity（地域連帯感）の有無，とされている．

第7章 東アジアにおける経済統合の進展と基軸通貨ドル

財需要ショック・財供給ショックは次式で表現できるとする.

$$\begin{bmatrix} \Delta y_t \\ \Delta p_t \end{bmatrix} = \sum_{i=0}^{\infty} L_t \begin{bmatrix} a_{11} & a_{12i} \\ a_{21} & a_{22i} \end{bmatrix} \begin{bmatrix} u_{d,t} \\ u_{s,t} \end{bmatrix} \tag{1}$$

ここで,Δy:実質 GDP の対数値の一次階差をとった値,Δp:物価の変化率,L:ラグ演算子を表す.

産出量の変化率(Δy)の累積値がゼロであるとする,次のような制約条件を課す.

$$\sum_{i=0}^{\infty} a_{11i} = 0 \tag{2}$$

以上により,(2)式を制約条件とする VAR モデルを推定することができる.

$$\begin{bmatrix} \Delta y_t \\ \Delta p_t \end{bmatrix} = \begin{bmatrix} \varepsilon_{y,t} \\ \varepsilon_{p,t} \end{bmatrix} + D_1 \begin{bmatrix} \varepsilon_{y,t-1} \\ \varepsilon_{p,t-1} \end{bmatrix} + D_2 \begin{bmatrix} \varepsilon_{y,t-2} \\ \varepsilon_{p,t-2} \end{bmatrix} + D_3 \begin{bmatrix} \varepsilon_{y,t-3} \\ \varepsilon_{p,t-3} \end{bmatrix} + \cdots = D(L)\varepsilon_t \tag{3}$$

ここで,$\varepsilon_t = [\varepsilon_{y,t}, \varepsilon_{p,t}]'$ は VAR モデルの推定によって得られた残差である.

VAR モデルで推定される供給ショックおよび需要ショックは,(3)式から得られる残差を用いて,次式のように表される.

$$\begin{bmatrix} u_{y,t} \\ u_{p,t} \end{bmatrix} = \begin{bmatrix} c_{11} & c_{12} \\ c_{21} & c_{22} \end{bmatrix} \begin{bmatrix} \varepsilon_{d,t} \\ \varepsilon_{s,t} \end{bmatrix} \tag{4}$$

このとき,需要ショックは供給ショックとは異なり,産出量に対して恒久的効果をもたない.すなわち,

$$\sum_{i=1}^{\infty} \begin{bmatrix} d_{11} & d_{12} \\ d_{21} & d_{22} \end{bmatrix} \begin{bmatrix} c_{11} & c_{12} \\ c_{21} & c_{22} \end{bmatrix} = \begin{bmatrix} 0 & . \\ . & . \end{bmatrix} \tag{5}$$

とし,行列 C を一意に定義する.これにより,(5)式によって得られた財需要ショックと財供給ショックから,経済ショックの対称性を検証することで,経済圏に参加する各国の経済構造の類似性を検証することができる.

表7-1 は,Bayoumi, Eichengreen, and Mauro（2000）らの実証研究の結

第Ⅲ部 東アジアの経済発展とドル依存からの脱却

表7-1 アジア危機以前の供給ショックの反応に対する各国間相関係数
(分析期間：1968〜1996年)

	中国	インドネシア	日本	韓国	マレーシア	フィリピン	シンガポール	タイ
中国	—							
インドネシア	—	1						
日本	—	0.03	1					
韓国	—	0.11	0.17	1				
マレーシア	—	0.16	0.03	0.07	1			
フィリピン	—	**0.49**	−0.02	0.17	0.05	1		
シンガポール	—	**0.32**	0.02	0.21	0.01	**0.40**	1	
タイ	—	0.16	**0.32**	0.21	0.15	0.02	**0.33**	1

出所：Bayoumi, Einchengreen and Mauro (2000) より分析結果を筆者抜粋．

果を示したものである．1968年から1996年までの分析期間において，供給ショックの反応に対する相関係数が比較的高い値を示したのは，インドネシアとフィリピン，インドネシアとシンガポール，シンガポールとフィリピンにおいてであり，相関が0.32〜0.49，シンガポールとタイの相関は0.33となっている．一方，日本との関係では，タイ以外のASEAN諸国とは相関が低く，ほぼゼロである．韓国と正相関となっているが，その相関が大きいとはいえない．供給ショックの相関の大きさを見るかぎり，BayoumiらはASEAN諸国は共通通貨を形成可能であるが，欧州統合を分析した際の相関係数と比較すると係数の値は小さいと結論づけている．

　表7-2は，Zhang, Sato, and McAleer (2004)で示された分析結果である．社会主義資本経済を掲げて，90年以降世界経済および東アジア経済に大きな影響を与えたと推察される中国を加えた点が特筆される．ただし，アジア通貨危機直前の1997年第1四半期までについて分析を行っている彼らの研究では，中国の改革開放政策の発表から間もない1980年第1四半期をスタートとしており，分析期間の前半期においては，中国と他の東アジア諸国との経済関係が十分構築されていない点に留意しなければならない．インドネシアとフィリピン，シンガポールとフィリピンとの2国間の供給ショックの相関係数が，それぞれ0.32と0.30であり，他の国々の相関係数よりも相対的に高い値となっているものの，年次データを用いてより長い期間の分析

第 7 章　東アジアにおける経済統合の進展と基軸通貨ドル

表 7-2　アジア危機以前の供給ショックの反応に対する各国間相関係数
（分析期間：1980 年第 1 四半期～1997 年第 1 四半期）

	中国	インドネシア	日本	韓国	マレーシア	フィリピン	シンガポール	タイ
中国	1							
インドネシア	-0.04	1						
日本	-0.02	-0.20	1					
韓国	-0.18	0.01	-0.03	1				
マレーシア	0.05	-0.05	0.16	0.01	1			
フィリピン	-0.02	**0.32**	-0.03	-0.03	0.02	1		
シンガポール	0.17	0.06	-0.08	-0.08	0.12	**0.30**	1	
タイ	-0.16	0.16	-0.18	0.15	-0.03	0.06	0.05	1

出所：Zhang, Sato, and McAleer（2004）より分析結果を筆者抜粋．

表 7-3　アジア危機以降の供給ショックの反応に対する各国間相関係数
（分析期間：2000 年第 1 四半期～2013 年第 3 四半期）

	中国	インドネシア	日本	韓国	マレーシア	フィリピン	シンガポール	タイ
中国	1							
インドネシア	0.15	1						
日本	**0.37**	0.07	1					
韓国	0.29	-0.16	**0.40**	1				
マレーシア	0.26	0.11	**0.41**	**0.34**	1			
フィリピン	-0.15	0.02	**-0.31**	-0.14	-0.05	1		
シンガポール	0.09	**-0.26**	-0.06	0.04	-0.05	0.18	1	
タイ	0.15	0.12	0.25	0.27	**0.37**	-0.01	-0.15	1

出所：川﨑（2014）．

を行った Bayoumi らの研究で得られた相関係数よりは，小さな値となっている．

　一方，川﨑（2014）では，上記 2 つの先行研究と同様の手法を用いて，東アジア危機以降の「経済のグローバル化」の時期について分析を行っている．表 7-3 は「ASEAN5＋3」の 8 カ国間の供給ショックの反応について，その相関係数を示したものである．供給ショックの反応に対する相関係数が比較的高い値を示したのは，日本と中国（＝0.37），日本と韓国（＝0.40），日本とマレーシア（＝0.41），韓国とマレーシア（＝0.34），マレーシアとタイ

（＝0.37）となっている．一方で，インドネシア，フィリピン，シンガポールが含まれる場合には，他の国々との供給ショックの相関係数が0.3を超える組合せが存在せず，アジア通貨危機以前の分析で示された傾向とは異なっている．また，分析を行った期間においては，供給ショックの反応が2カ国間で非対称となっている組合せとして，日本とフィリピン（＝−0.31），インドネシアとシンガポール（＝−0.26）があげられ，非対称を示す負の相関が，アジア通貨危機以前よりも大きくなっている．

このように，表7-1および7-2で示された「東アジアの奇跡」と呼ばれた時期の分析結果と，表7-3で示された「経済のグローバル化」の時期に得られた分析結果において，経済ショックの相関係数が比較的高いことが示された国の組合せは異なっており，アジア通貨危機の前と後で，それぞれの経済構造には大きな変化が生じていることがうかがえる．また，アジア通貨危機を境として，域内各国の経済ショックの反応について相関係数を比較すると，「経済のグローバル化」の時期において，より多くの国々で景気循環が同期したことで，経済構造の類似性が確認されるようになっている．

3.2 金融面を含む経済統合の進展の検証

東アジア諸国は，長らく基軸通貨ドルに依存した為替相場政策を維持していたが，アジア通貨危機によって固定為替相場制度は崩壊し，各国は変動相場制度へと移行せざるをえなかった．よって，アジア通貨危機後は，為替相場のある程度の変動は許容しつつも，様々な資本移動規制によって，あらゆる対外通貨に対しても自国通貨価値の変動を最小限に抑制する通貨政策，すなわち「通貨の非国際化」政策を採用して，通貨危機の発生防止と為替相場の安定化を図った．しかしながら，そもそも地域内で経済統合が進展することは，経済主体が各国間の貿易取引および資本取引のニーズを拡大させ，国境を跨ぐ2つの市場間での様々な裁定取引の好機をうかがうようになる．裁定取引の機会がうかがわれることによって，財・サービスの価格差や金利差が収斂するような圧力が市場に生じるようになると，貿易障壁や通貨の非国際化政策を用いて，国際的な経済取引の安定化を図る政策的・経済的コストは従前より高くなり，経済発展の障害となりはじめる．やがて，政府主導に

よる経済成長に限界が見えてくると，各国市場取引の円滑化を目論んだ貿易障壁の撤廃や資本取引にまつわる市場の規制緩和，自由化への誘因も増大する．アジア通貨危機の教訓から，各国はホットマネーの動きに強い警戒感をもち，国境を越える資本移動に関する規制を緩めるスピードは緩慢だが，さらなる経済発展に必要な資本流入ニーズが頂点に達すると，制度的環境を整えた市場統合へ向けて，経済統合段階がさらに進む金融統合が期待されるのである．すなわち，経済統合の進展は，金融面における経済統合をも促すことが考慮されることから，金融・通貨面での経済統合を考慮した検証が必要となる．

東アジアの金融統合の進展を検証する目的で，Kawasaki and Wang (2015) では，Kawasaki and Ogawa (2006) らが修正した「一般化購買力平価モデル（以下，G-PPPモデル[3]）」を用い，検証方法を最適化して分析を行った．G-PPPモデルでは通貨統合を行う国々の実質実効為替相場の間に，共通の確率トレンドを有するか否か，すなわち，実質為替相場の線形結合が以下のような長期均衡条件を満たすかどうかを検証するものである．

ここで共通通貨圏を m カ国 $(1, 2, \cdots, j, \cdots, m)$ の国々で形成すると仮定する．通貨圏に含まれる j 国は n カ国の貿易相手国をもっており，通貨圏に含まれることが期待される $m-1$ カ国とはより強い貿易関係をもっている．ここで j 国の実質実効為替相場を次のように書き表す．

$$ree_j = \zeta_j \cdot (\beta_{j,1} re_{j,1} + \beta_{j,2} re_{j,2} + \cdots + \beta_{j,m} re_{j,m})$$
$$+ (1-\zeta_j) \cdot (\beta_{j,m+1} re_{j,m+1} + \beta_{j,m+2} re_{j,m+2} + \cdots + \beta_{j,n} re_{j,n}) \quad (6)$$

ここで，$re_{j,i}$ は i 国と j 国との間の実質為替相場の対数値を示す．ζ_j は j 国の貿易額全体にしめる共通通貨をもつグループの貿易額の割合を表している．

---

[3] Enders and Hum (1994) によって提唱された G-PPP モデルは，通貨同盟を形成しうる国々の GDP を実質為替相場の関数として表し，その線形結合に着目した推計モデルを提示する．それに対し，一般的な理論モデルとして，非貿易財と貿易財を取引する多国間モデルを構築して，貿易を通じた技術のスピルオーバーや資本移動を考慮し，通貨同盟を形成しうる国々の実質実効為替相場間の確率トレンドに着目するように修正したのが，Kawasaki and Ogawa (2006) の修正 G-PPP モデルである．

ここで簡潔化のために，j 国の貿易相手国で示される実質実効為替相場を定義する．

$$ree_j = \omega_{j,1} re_{j,1} + \omega_{j,2} re_{j,2} + \cdots + \omega_{j,m} re_{j,m} + \omega_{j,m+1} re_{j,m+1} \tag{7}$$

ただし，係数 $\omega_{j,i} (\sum_{i=1, i \neq j}^{m+1} \omega_{j,i} = 1)$ は j 国の m カ国の貿易相手国の貿易額にしめる i 国の貿易額の割合を示している．(7)式は $m+1$ 国の通貨を用いて，以下のように書き表すことができる．

$$\begin{aligned} ree_j = &\omega_{j,1}(re_{j,1} - re_{j,m+1}) + \omega_{j,2}(re_{j,2} - re_{j,m+1}) + \cdots \\ &+ \omega_{j,m-1}(re_{j,m-1} - re_{j,m+1}) + \omega_{j,m}(re_{j,m} - re_{j,m+1}) + re_{j,m+1} \end{aligned} \tag{8}$$

ただし，$re_{j,k} = re_{j,n} - re_{k,n} = -re_{n,j} + re_{n,k}$ であることから，(8)式は以下のように書き表せる．

$$ree_j = \omega_{j,1} re_{m+1,1,t} + \cdots + \omega_{j,m} re_{m+1,m,t} - re_{m+1,j,t} \tag{9}$$

ここで $m+1$ 国の通貨を用い，またベクトル表記で以下のように書き表すことができる．

$$\mathbf{ree}_t = \Omega \cdot \mathbf{re}_t \tag{10}$$

ただし，

$$\underset{(m+1) \times m}{\Omega} = \begin{bmatrix} -1 & \omega_{1,2} & \cdots & \omega_{1,m-1} & \omega_{1,m} \\ \omega_{2,1} & -1 & \cdots & \omega_{2,m-1} & \omega_{2,m} \\ \vdots & \vdots & \ddots & \vdots & \vdots \\ \omega_{m,1} & \omega_{m,2} & \cdots & \omega_{m,m-1} & -1 \\ \omega_{m+1,1} & \omega_{m+1,2} & \cdots & \omega_{m+1,m-1} & \omega_{m+1,m} \end{bmatrix},$$

および

$$\mathbf{re} = (re_{m+1,1}, re_{m+1,2}, \cdots, re_{m+1,m-1}, re_{m+1,m})'$$

である．

　実質実効為替相場それぞれには強い貿易関係を通じた技術進歩のスピルオーバー効果を示す，共通トレンドが含まれていると仮定する．Stock and

Watson (1988) で示された共和分システムにおける共通トレンド表記を用いて,実質実効為替相場を表すベクトル **ree** は,以下のように定常要素と非定常要素の和で表される.

$$\mathbf{ree}_t = \mathbf{r\bar{e}e}_t + \mathbf{r\tilde{e}e}_t \qquad (11)$$

定常要素 $\mathbf{r\bar{e}e}_t$ は,実質実効為替相場の変化率は長期的にゼロであると予想されるため,モデルにおいて $E(\mathbf{r\bar{e}e}_t)=0$ である.したがって,ベクトル **ree** は非定常要素 $\mathbf{r\tilde{e}e}$ でのみ表される.ここで,非定常要素 $\mathbf{r\tilde{e}e}$ に一つの共和分関係が存在する場合,長期均衡式は以下のように定義することができる.

$$\zeta_1 \cdot re_{m+1,1} + \zeta_2 \cdot re_{m+1,2} + \cdots + \zeta_m \cdot re_{m+1,m} = 0 \qquad (12)$$

ここで,$re_{n,m}$ は通貨圏に含まれる第 m 国の n 国通貨に対する実質為替相場を表す.

(1)式に示された通り,G-PPP モデルの特徴の一つは,実質為替相場を計算する上で,名目為替相場を用いることである.名目為替相場の動きには,固定為替相場制度の採用や,様々な資本規制の存在が反映されるため,資本規制の撤廃とともに成熟してゆく国内金融市場の発展過程を含め,金融面を含む経済統合の進展がどの程度促されたかを検証することが可能である.

さらに,Kawasaki and Wang (2015) は,修正 G-PPP モデルを応用する際に,長期均衡条件への収束条件が非線形であることを考慮して分析精度を高め,東アジア諸国(ASEAN6=インドネシア・マレーシア・フィリピン・シンガポール・タイ・ベトナム,プラス3=日本・中国・韓国)について「アジアは最適通貨圏か」という検証を行った.本章では,Kawasaki and Wang (2015) の分析に,新たに 2016 年末までの直近のデータを加えて再検証を行った.

「東アジアの奇跡」期については,ベトナムを除く「ASEAN5+3」の全8カ国について,任意の5~8カ国で構成される56通りの組合せの通貨圏を想定して,1984年1月から1997年6月までの検証を行った.

「経済のグローバル化」期については,2000年1月から2016年12月までを標本期間として,ベトナムを含む「ASEAN6+3」の全9カ国について,

表7-4　通貨圏を形成しうる国の組合せ（アジア通貨危機以前）

通貨圏に含まれる国の数	日本	中国	韓国	インドネシア	マレーシア	フィリピン	シンガポール	タイ
期間：1984.1〜1997.6								
7	○	○	○	○	○	○	—	○
6	○	○	○	—	○	○	○	—
5	○	○	○	—	—	○	—	○
5	○	—	○	—	○	○	—	○
頻度（全4組）	4	3	4	1	3	4	1	3

出所：Kawasaki and Wang（2015）より分析結果を筆者抜粋.

任意の5〜9カ国で構成される126通りの組合せの通貨圏を想定して検証を行った．さらに，期間を世界金融危機以降の「ポスト世界金融危機」期として，2008年9月から2016年12月までのサブサンプル期間を設け，同様に任意の5〜9カ国で構成される126通りの組合せの通貨圏を想定して検証を行った．

「東アジアの奇跡」と呼ばれた時期に相当する標本期間（1984.1〜1997.6）においては，4通りの組合せにおいて，各国間の実質為替相場の線形結合が定常であることが確認でき，最適通貨圏の条件を満たす国々の組合せが得られた（表7-4）．

次に，表7-5は「経済のグローバル化」の時期に相当する標本期間（2000.1〜2016.12）についての検証結果を示しており，40通りの構成国の組合せで実質為替相場の線形結合が定常であることが確認できた．そのうち，「東アジアの奇跡」期の分析結果と比較可能なベトナムを含まない「ASEAN5＋3」の全8カ国を対象とした組合せについては，実質為替相場の線形結合が定常であることが確認できた組合せは7通り存在しており，「経済のグローバル化」期の方が，より多くの組合せで最適通貨圏の条件を満たしていることが示された．この結果は，通貨統合のような通貨同盟を形成する際に，含まれるべき通貨圏の構成国には，より多くの選択肢が存在することから，通貨同盟の創設に柔軟性と実現可能性が高まっていることを意味している．

第 7 章　東アジアにおける経済統合の進展と基軸通貨ドル

表 7-5　通貨圏を形成しうる国の組合せ（アジア通貨危機以降）

通貨圏に含まれる国の数	日本	中国	韓国	インドネシア	マレーシア	フィリピン	シンガポール	タイ	ベトナム
期間：2000.1～2016.12									
7	○	—	○	○	○	○	—	○	○
7	○	○	○	○	—	○	—	○	○
6	—	—	○	○	○	○	—	○	○
6	—	—	○	○	○	○	—	○	○
6	—	○	○	○	—	○	—	○	○
6	—	○	○	○	—	○	—	○	○
6	○	—	○	○	○	○	—	—	○
6	○	—	○	○	○	○	—	○	○
6	○	○	○	○	—	○	—	—	○
6	○	○	—	○	—	○	—	○	○
6	○	○	○	○	—	○	—	○	—
6	○	○	○	—	—	○	—	○	○
5	—	—	—	○	○	○	—	○	○
5	—	—	—	○	○	○	—	○	○
5	—	—	○	○	—	○	—	○	○
5	—	—	○	○	—	○	—	○	○
5	—	○	○	—	—	○	—	○	○
5	—	○	○	—	—	○	—	○	○
5	—	○	○	○	—	—	—	○	○
5	—	○	○	○	—	○	—	—	○
5	—	○	○	○	—	○	—	○	—
5	○	—	—	○	○	○	—	—	○
5	○	—	—	○	○	○	—	○	—
5	○	—	○	—	○	—	○	○	—
5	○	—	○	○	—	○	—	○	—
5	○	—	○	○	○	—	—	○	—
5	○	—	○	○	○	○	—	—	—
5	○	○	—	—	—	○	—	○	○
5	○	○	—	○	—	○	—	—	○
5	○	○	—	○	—	○	—	○	—
5	○	○	○	—	—	○	—	—	○
5	○	○	○	—	—	○	—	○	—
5	○	○	○	○	—	—	—	—	○
5	○	○	○	○	—	○	—	—	—
5	○	○	—	—	—	○	—	—	○
頻度（全40組）	26	22	26	29	21	31	3	25	33

出所：川﨑（2018）．

表7-6 通貨圏を形成しうる国の組合せ（世界金融危機以降）

期間：2008.9〜2016.12

通貨圏に含まれる国の数	日本	中国	韓国	インドネシア	マレーシア	フィリピン	シンガポール	タイ	ベトナム
7	○	—	○	○	○	○	—	○	○
6	○	○	○	—	—	○	—	○	○
	○	○	○	—	—	○	—	—	○
	○	○	○	—	—	—	—	○	○
5	—	—	—	○	○	○	—	—	○
	—	—	○	○	—	○	—	○	○
	—	○	○	—	—	○	—	○	○
	—	○	○	—	—	—	—	○	○
	○	—	—	○	—	○	—	○	○
	○	—	—	○	—	—	—	○	○
	○	—	—	○	○	—	—	—	○
	○	—	○	—	—	○	—	○	○
	○	—	○	—	—	—	—	○	○
	○	—	○	○	—	—	—	—	○
	○	○	—	—	—	○	—	○	○
	○	○	—	—	—	—	—	○	○
	○	○	—	○	—	○	—	—	○
	○	○	—	—	○	—	—	—	○
	○	○	○	—	—	—	—	—	○
	○	○	—	—	○	○	—	—	○
	○	○	—	○	—	—	—	○	○
	○	○	○	—	—	○	—	○	—
	○	○	—	—	—	—	○	—	○
	○	○	○	—	—	—	—	○	○
頻度（全25組）	20	16	14	15	11	12	8	13	21

出所：川崎（2018）．

　また線形結合が定常であることが確認された40通りの組合せについて，その構成国に含まれる頻度の高い国を考察すると，ベトナムは33通りの組合せに含まれており最も頻度が高く，次いでフィリピンが31通りの組合せに含まれ，インドネシアは29通り，日本と韓国が26通りの組合せに含まれていた．一方で，シンガポールは3通りの組合せにしか含まれておらず，次いで頻度が低かった国は21通りのマレーシアであったが，それでも半数近い組合せに含まれていることを考慮すると，シンガポールが通貨圏に含まれる可能性は著しく低いことが示された．

さらに，世界金融危機以降のデータについて検証すると，25通りの構成国の組合せで実質為替相場の線形結合が定常であることが確認できた（表7-6）．この25通りのうち10通りは，表7-4において線形結合が定常であることが確認された組合せと全く同じ構成国であることから，世界金融危機のよう大きな経済ショックを経験しても，通貨圏に含まれうる東アジアの国々の経済的な結びつきは非常に強固であって，外的ショックに対する頑健な通貨同盟が形成可能であることを示している．

表7-4〜7-6に示された分析結果からは，東アジア諸国における経済統合の進展は，アジア危機以前の「東アジアの奇跡」期に比べ，アジア危機以降の「経済のグローバル化」期において，より広範に，より強固に，深化していることがうかがえる．

4. 新しい金融技術の登場がアジアの経済・金融の統合に及ぼす影響

2000年頃から急速に発展した経済のグローバル化は，世界金融危機や欧州財政危機を経たことで，欧州連合がこれまで推し進めてきたような制度的な経済統合や通貨統合に対し，新たな教訓を与えたと言える．

一つは通貨統合がこれまで通貨危機回避に有効な手段であると考えられてきたが，金融システムの機能不全を防ぐためには，「最後の貸し手機能」を失った中央銀行に代わって，通貨統合に参加する各国の財政出動が極めて重要な意味と役割をもつことが，改めて確認されるようになったことである．

財政出動は，金融機関のバランスシートから切り離した不良債権を，各国の公的債務へと付け替えた上でのリスケジューリングを行うに過ぎず，巨額の債務を負担しきれなくなった財政赤字国は，最終的には参加国間の財政移転によってリバランスされなければならない．つまり，域内に流通する通貨の種類を一つに統合するという制度的（＝デ・ジューレ）な金融統合を行う場合には，経済のグローバル化・リージョナル化がもたらす統合の便益だけを享受することはできず，通貨統合によってゼロとなった通貨の交換費用に代わって，財・サービス市場，労働市場，金融市場の統合を通じて生じう

る様々な費用や負の外部性に対し，参加各国が相互に費用を負担すべく，財政移転をスムーズに実現する政治手段を必要とする．この手段が存在し，十分機能するかどうかは，通貨圏に属するすべての国において経済のグローバル化時代に見合った国家観に対する，国民のコンセンサスが形成されるかどうかに依存する．

　もう一つは，事実上（＝デ・ファクト）の経済統合が進む地域においては，制度的な金融統合が目指すような，通貨交換の費用をゼロとするのではなく，代わりに生じうる費用や負の外部性をできる限り小さくすることで，「事実上の金融統合」を実現する可能性が模索されていることである．

　このような「事実上の金融統合」を実現する上で欠かせない要素が，Fintechやブロックチェーン技術といった金融取引技術の発達である．新しい技術が可能にすることは，生産される情報の供給と共有を極限まで効率化することによって，経済取引にかかる時間およびその機会費用を逓減させることである．金融取引に関わる情報伝達の仕組みは，これまで信用情報を生産していた金融機関に独占されていたが，現在では電子商取引やそれに関わる決済技術を供給する巨大IT企業が情報伝達インフラ，いわゆるプラットフォームを構築して，ユーザーのもつ情報提供と引き換えに，プラットフォームサービスを無料で提供し，安価で効率的な金融取引を既存の金融インフラを経由せずに実現しつつあることが特筆される．

　現在までのところ，新しい金融プラットフォームは東アジア内でも百花繚乱の様相を呈し，金融市場や金融取引の効率性を高める上でどのような金融経済の将来をもたらしうるのか，その可能性の模索が始まったばかりである．結果，そのプラットフォームが統一されるかどうかは不透明である．しかしながら2017年以降，東アジア各国ではブロックチェーン技術を応用した国際決済網構築への実証実験が繰り返し行われるようになり，将来的にはこうした新しい金融プラットフォームが，国境を越えた国際間決済を含む金融取引にまでその情報到達およびサービス範囲を広げていくことが予想される．

　グローバル化時代における金融統合とは，これまでのような「統一された通貨の及ぶ経済範囲」から，「統一されたプラットフォームの及ぶ経済範囲」へと，その定義を変え，金融プラットフォームと経済活動の範囲が合致する

範囲に,「事実上の金融統合」の範囲が定まるとするならば,統合された財・サービス市場,労働市場とともに,情報伝達の速度や到達時間,そして情報を必要とする経済主体への到達範囲そのものが統合された金融市場であり,「事実上の金融統合」の範囲である.

事実上の経済統合に裏打ちされた有力な金融プラットフォームが現れ始めた時,東アジア各国が金融のプラットフォームに自国経済をどのように接続していくのか,新しい金融統合に向けた新たな理念とアプローチを必要とするかもしれない.

5. おわりに

アジア通貨危機以前のような,基軸通貨ドルを金融面の支えとした経済発展モデルとは異なり,現在の東アジアにおいては,サプライチェーンの構築と所得上昇による国内消費の活発化によって生まれた地域経済の相互依存関係によって,経済統合が進んでいる.ASEAN共同体が発足したのは2016年であるが,現在に至るまで深化してきた東アジアにおける経済統合は,EUのような経済統合を目指す政治的イデオロギーや「制度的(=デ・ジューレ)な枠組み」を全くもたず,経済的な誘因によってのみ生じた「事実上(=デ・ファクト)の経済統合」といえる.

東アジア域外には,成熟した金融市場が存在し,資金決済や価値の貯蔵手段としての基軸通貨ドルには強い慣性が働いている一方で,東アジア域内には,金融システムが未発達であったり不安定であったりするために,東アジア域外にある先進国の既存金融インフラに強く依存しなければならない国々も存在する.現在進行中の東アジアの経済統合は,グローバリゼーションのさらなる進展によって,今後もしばらく続くことが予想される一方,東アジアの金融後進国を含めた東アジア地域における経済発展がより安定的で持続的であるためには,金融面を含めた経済統合の次のステップに進むような,制度的な枠組み(=デ・ジューレ)が必要とされるかもしれない.

ただし,今後東アジアに生じる金融統合は,ユーロのような通貨統合や,基軸通貨ドルからの脱却,ポスト・ドル体制構築の模索といった,20世紀

後半に議論されていたような国際金融アーキテクチャの構築と同じような形態をとらないかもしれない．Fintechやブロックチェーン技術に代表される新しい金融技術の登場が，これまで東アジア地域において試みられてきた金融インフラ整備とその制度的な枠組みの構築とは異なる，新たな可能性や形態を生み出すかもしれないからである．よって，東アジアにおける「金融統合」に向けて，様々な変革がもたらしうる新たな金融統合の形態を，我々は既存の古い価値観に基づいて一方的に排除すべきではないだろう．

しかしながら，新たな技術の登場は，経済の持続的な成長にとって諸刃の剣でもある．新たな技術開発がたとえ開発者の崇高な理念によって生み出されたとしても，それを使う利用者が必ずしもその理念を正しく理解し，メリットだけを生じるように正しく利用することを保証することはできないからである．これは，世界金融危機以前に問題となった証券化商品や，近年の暗号通貨がもたらした問題にその例をみることができる．技術進歩により，経済のグローバリゼーションは不可避な現象として，その進展速度が飛躍的に高まっている今日，経済主体のグローバリゼーションに見合った価値観の醸成が，経済統合や金融統合によってもたらされるさらなる富の実質的価値を高めていくことは，もはや疑いの余地がないといえる．

参考文献

Bayoumi, Tamim and Barry Eichengreen (1993), "Shocking Aspects of European Monetary Integration," in : Francisco S. Torres and Francesco Giavazzi (eds.), *Adjustment and Growth in the European Monetary Union*, Cambridge : Cambridge University Press, pp. 193-229.

Bayoumi, Tamim, Barry Eichengreen, and Paolo Mauro (2000), "On Regional Monetary Arrangements for ASEAN," CEPR Discussion Paper, No. 2411.

Blanchard, Olivier J. and Danny Quah (1989), "The Dynamic Effects of Aggregate Demand and Supply Disturbances," *American Economic Review*, Vol. 79(4), pp. 655-673.

Enders, Walter and Stan Hum (1994), "Theory and Tests of Generalized Purchasing Power Parity : Common Trends and Real Exchange Rates in the Pacific Rim," *Review of International Economics*, Vo. 2(2), pp. 179-190.

Kawasaki, Kentaro and Eiji Ogawa (2006), "What Should the Weights of the Three Major Currencies be in a Common Currency Basket in East Asia?" *Asian Economic Journal*,

Vol. 20(1), pp. 75-94.
Kawasaki, Kentaro and Zhi-Qian Wang (2015), "Is Economic Development Promoting Monetary Integration in East Asia?" *International Journal of Financial Study*, No. 3, pp. 451-481.
Mundell, Robert A. (1961), "A Theory of Optimum Currency Areas," *American Economic Review*, Vol. 51(4), pp. 657-665.
Stock, James H. and Mark W. Watson (1988), "Testing for Common Trends," *Journal of the American Statistical Association*, Vol. 83(404), pp. 1097-1107.
Zhang, Zhaoyong, Kiyotaka Sato, and Michael McAleer (2004), "Is a Monetary Union Feasible for East Asia?" *Applied Economics*, Vol. 36(10), pp. 1031-1043.
川﨑健太郎 (2014)「アジア経済の統合深化と通貨・金融統合への課題」『経済学論究』第68巻第1号, 185-198頁.
川﨑健太郎 (2016)「東アジアの経済発展は経済・金融統合を促したか」東洋大学経営学部会計ファイナンス学科編『現在会計ファイナンス研究の潮流』中央経済社, 141-161頁.
川﨑健太郎 (2018)「東アジアにおける経済統合の進展と基軸通貨ドル──東アジアの経済発展は金融統合をも促したか」『日経研月報』第477号 (2018年3月号), 16-25頁.

第 8 章

アジア地域通貨協力への展望
—— アジア通貨危機の教訓と各国通貨制度の課題 ——

赤 羽 裕

1. はじめに

　2017年で，1997年に起きたアジア通貨危機から丸20年を迎えた．当時，自国通貨の暴落をきっかけに，通貨危機・経済危機を経験したタイ，インドネシア，マレーシアを含むASEAN10カ国は，同じく大きな危機を経験した韓国に日本・中国を加え，いわゆるASEAN＋3の枠組で域内の通貨・金融協力を進めてきた．この取組は，通貨危機当時，事実上の米ドルペッグ制（米ドルへの自国通貨相場を固定）を採っていたことへの反省に立ち取り組まれたものともいえ，「ドル依存からの脱却」への試みを東アジア域内諸国で協力して進めてきたものといえる．

　本章では，アジア通貨危機の原因を振り返るとともに，その後のASEAN＋3による枠組を中心とする通貨・金融協力への取組を確認する．合わせて，現在の各国の通貨制度をIMFの分類に沿い評価し，その課題を整理する．そのうえで，将来的な当該地域におけるドル依存脱却の展望と施策を考えたい．

2. アジア通貨危機とその原因 —— ドル依存体制の問題点

　本節では，まずアジア通貨危機の発生およびその伝播の原因について確認

する．先行ASEAN5カ国（インドネシア，シンガポール，タイ，マレーシア，フィリピン）をはじめとして，東アジア諸国は1990年代前半には「東アジアの奇跡」と世界銀行のレポートで賞賛されるなど，順調な経済成長を遂げていた．しかし，1997年7月のタイバーツ暴落を契機に，通貨危機・経済危機を迎えることとなった．危機はその後，マレーシア，インドネシア，フィリピンといった他のASEAN諸国をはじめ，韓国，香港にも伝播する事態となった．

震源地となったタイについて，当時の経済企画庁刊行の『アジア経済1996』によれば，景気拡大のなか，インフレと経常収支の悪化が指摘されており，とくに，1995年の経常収支赤字は前年の84.2億ドルから133.5億ドルと大幅に悪化している．為替レートに関しては，前年1994年に発生したメキシコ危機の影響からバーツ切り下げの噂が流れ，1995年前半には一時下落したが，その動揺は短期間で収まった．また，財政収支については，1988年以降黒字が続いており，1996年から1997年も経済は順調な拡大が予想されていた．

タイは1990年代にアジアの金融センターを志向し，金融の自由化が進められ，オフショア金融市場の創設などが行われた．こうした動きにより，資本流入が増加することとなった．為替制度としては，実質的な米ドルペッグ制で上記のような一時的な下落はあったものの，比較的安定した動きであった．しかし，経常赤字の拡大などから，投機筋からのバーツ売り圧力が強まり，1997年7月2日に変動相場制に移行した．これにより，バーツの下落が本格化し，通貨危機の引き金を引くこととなった．他国にも影響は伝播し，同年7月11日にはフィリピンが為替取引変動バンドを撤廃，インドネシアもルピアの変動バンドを拡大した．つづいて，マレーシアも変動相場制に移行した．インドネシアは，8月14日にはバンドを撤廃し変動相場制へ移行した．

これらの国はタイとは異なり，マクロ経済状況からは通貨・金融市場の混乱が起こる要素は少なかったといわれている．しかし，程度の差はあったものの，自国通貨の米ドルペッグがなされていたため，ドル高に伴う各国の為替レートの過大評価といった点をマーケットに注目されたことが，影響の伝

播を生んだと考えられる．インドネシアなどでは，民間における短期の対外債務が積み上がっていたことも，マイナス要素と捉えられた．また，自由化が進められるのに対して，各国の金融システムの脆弱性の問題も存在した．

　一方，韓国では財閥主導の過剰投資やそれを支えてきた銀行融資の不良債権化といった問題が，海外投資家の資金引き上げ・資本流出を招き，危機を大きくした．危機に陥ったタイ，インドネシア，韓国は痛みを伴う構造改革を前提としたIMFからの支援を受け入れ，マレーシアは独自の為替・資本規制を1998年9月に導入して，それぞれ経済再建の道を歩んだ．

　マクロ経済は異なる状況にあった上記の各国へ危機を伝播させた共通要因としてあげられるのが，米ドルペッグ制であった．順調な経済成長を遂げてきたそれまでは，対米ドルでの為替相場の安定化に成功していたが，一度，海外投資家から疑念を持たれると，為替介入で耐えられるほどの十分な外貨準備もなく，変動相場制への移行を余儀なくされた．この点は，各国にとっての「ドル依存体制の問題点」の最たるものであろう．

　合わせて，タイやインドネシアほか多くの国で見られたのは，「通貨と期間のミスマッチ（ダブル・ミスマッチ）」の問題である．具体的には，民間の設備投資など長期の自国通貨建ての運用ニーズに対して，短期の外貨（主に米ドル）建ての調達がなされていた．この通貨と期間の2要素でのミスマッチは，各国通貨の暴落により，返済の際の自国通貨換算後の負債金額を急増させ，企業の資本を毀損し，場合によっては債務超過に陥らせた．また，短期資金であるため，海外からの資金支援継続を困難とさせた．これも，米ドル依存の問題が顕在化した点と考えられる．

　当時の危機招来の外部要因として，1997年3月にFRBが政策金利（FFレート）を5.25%から5.50%に引き上げ，その後の金利引き上げ局面が予想された点を付言する．これが，投資家のアジア諸国からの資金引き上げに影響した可能性もある．なお，アジア通貨危機が発生したため，当時のFRBの金利引き上げは3月のみとなり，翌1998年9月からは，引き下げ局面となった．

3. 危機後の通貨・金融協力の概要

通貨危機の発生した 1997 年の 12 月に開催されたのが，第 1 回の ASEAN＋3 首脳会議である．これを契機として，域内の通貨・金融問題を財務大臣会合の場で話し合う枠組ができ，1999 年より毎年開催されている．通貨・金融問題という事柄の性質上，中央銀行にかかわる事柄も多いことから，2012 年以降は各国の中央銀行総裁も参加する形式となり，現在も継続されている．

3.1　チェンマイ・イニシアティブと AMRO

この枠組でこれまで具体的な施策が検討され，実現してきたが，最初に取り組まれたのが，再び危機が発生した場合に備えるセーフティネットの構築である．アジア通貨危機において，各国通貨が暴落した際，当該国は為替介入により自国通貨の買い支えを試みた．しかし，投機家による売り圧力に抗することができず，米ドルペッグ制から離脱，変動相場制に移行，通貨暴落の流れをたどった．そこで介入に必要な外貨準備を補完するため，通貨危機に陥った国に対して，外貨を融通する通貨スワップ取極としての「チェンマイ・イニシアティブ」に 2000 年 5 月の ASEAN＋3 財務大臣会合で合意した．当初，2 カ国間の複数の協定から開始され，2010 年 3 月には総額 1200 億ドルの域内多国間契約（マルチ化）（Chiang Mai Initiative Multilateralisation，以下 CMIM）が発効した．その後，2014 年 7 月には総額を 2400 億ドルへ倍増するとともに，危機予防機能も付与する契約改定が発効した（表 8-1）．なお，CMIM は総額のうち，ASEAN＋3 独自で供与可能な割合は 30％，残り 70％ は IMF プログラムの発動が条件（IMF リンク）となっており，この IMF 非リンクの割合を高める希望・ニーズが，ASEAN 側には高いといわれている．

上記のマルチ化の議論や IMF 非リンクの割合引き上げの検討にあたって，CMIM 発動のサポートやその前提となる域内各国のマクロ経済のサーベイランスを行う機関の必要性が認識された．その後の検討の結果，2011 年 4 月にシンガポールに ASEAN＋3 Macroeconomics Research Office（以下

第8章　アジア地域通貨協力への展望

表8-1　チェンマイ・イニシアティブ各国貢献額（2014年7月発効）

CMIM貢献額，借入乗数，引出可能総額，投票権率
（資金規模の倍増，IMFデリンク部分の30％への引き上げ後）

		貢献額 （億ドル）	貢献割合 （%）	借入 乗数	引出可 能総額 （億ドル）	投票権合計			投票 権率 （%）
						基本票	貢献額票		
日中韓		1,920.0	80.00		1,173.0	9.60	192.00	201.60	71.59
	中国	768.0	32.00						
	中国 （香港除く）	684.0	28.50	0.5	342.0	3.20	68.40	71.60	25.43
	香港	84.0	3.50	2.5	63.0	0.00	8.40	8.40	2.98
	日本	768.0	32.00	0.5	384.0	3.20	76.80	80.00	28.41
	韓国	384.0	16.00	1.0	384.0	3.20	38.40	41.60	14.77
ASEAN		480.0	20.00		1,262.0	32.00	48.00	80.00	28.41
	インドネシア	91.04	3.793	2.5	227.6	3.20	9.104	12.304	4.369
	タイ	91.04	3.793	2.5	227.6	3.20	9.104	12.304	4.369
	マレーシア	91.04	3.793	2.5	227.6	3.20	9.104	12.304	4.369
	シンガポール	91.04	3.793	2.5	227.6	3.20	9.104	12.304	4.369
	フィリピン	91.04	3.793	2.5	227.6	3.20	9.104	12.304	4.369
	ベトナム	20.0	0.833	5.0	100.0	3.20	2.00	5.20	1.847
	カンボジア	2.4	0.100	5.0	12.0	3.20	0.24	3.44	1.222
	ミャンマー	1.2	0.050	5.0	6.0	3.20	0.12	3.32	1.179
	ブルネイ	0.6	0.025	5.0	3.0	3.20	0.06	3.26	1.158
	ラオス	0.6	0.025	5.0	3.0	3.20	0.06	3.26	1.158
合計		2,400.0	100.00		2,435.0	41.60	240.00	281.60	100.00

出所：財務省webページ．

AMRO）が設立された．当初はシンガポール法人であったが，2016年2月には国際機関となった．その役割としては，ASEAN＋3地域の独立した域内サーベイランスユニットとして，①域内経済のリスクを早期に発見し，改善措置の速やかな実施に関する提言を行うこと，②CMIMの効果的な意思決定に貢献し，その発動プロセスを支援することが求められている．

3.2　アジア債券市場育成イニシアティブとABF

　上記のCMIMが危機再発のセーフティネットとして整備されたのに対して，危機の再発防止，具体的には危機拡大の要因となったダブル・ミスマッ

第Ⅲ部　東アジアの経済発展とドル依存からの脱却

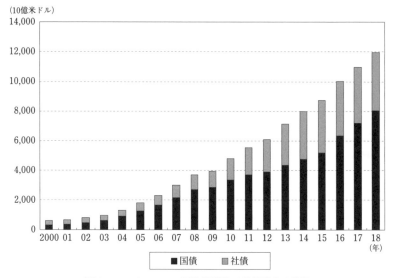

図8-1　ASEAN＋3 現地通貨建て債券残高の推移
出所：Asian Bonds Online データより作成．

チの是正策として取り組まれているのが，アジア債券市場育成イニシアティブ（Asian Bond Markets Initiative，以下 ABMI）である．概要としては，域内の貯蓄を欧米など海外を経由させず域内の投資に充当する取組であり，域内通貨建て債券市場を育成・拡大していこうとするものである．この取組により，域内通貨建ての長期資金を調達しやすい環境を整え，実際には図8-1のとおり，ASEAN＋3（除く日本）ベースでは，2000年以降，順調に現地通貨建て債券発行残高が増加していることがわかる．

ABMI は2003年の ASEAN＋3 財務大臣会議で合意されたものである．現在の取組体制としては，下記のとおり，4つのタスクフォース，1つの技術支援調整チーム（TACT）から構成され，各組織の議長国を指名している．各タスクフォースおよびチームの担当分野ならびに議長国（括弧内）も下記のとおりである．こうした ABMI の取組により，域内通貨建て債券市場は，着実にその規模を拡大してきた．

ABMI で実現した具体的な施策としては，ASEAN＋3 域内の企業が発行

> ＜ABMI の各タスクフォース・チームの内容＞
> TF1：現地通貨建て債券発行の促進（タイ・中国）
> TF2：現地通貨建て債券の需要の促進（シンガポール・日本）
> TF3：規制枠組の改善（マレーシア・日本）
> TF4：債券市場関連のインフラの改善（フィリピン・韓国）
> TACT：（技術支援調整チーム）——各国の能力強化および人材育成を目的とした技術支援の調整（ブルネイ・ラオス・ベトナム）

する社債に保証を供与する信用保証・投資ファシリティ（CGIF[1]）の設立，ASEAN＋3 域内のマーケットや ABMI の進展に係る情報発信を行うアジア・ボンド・オンライン（Asian Bonds Online）の開設・充実化，クロスボーダー債券取引の促進を目指し，市場慣行の標準化や規制の調和化を図るための官民一体の ASEAN＋3 債券市場フォーラム（ASEAN＋3 Bond Market Forum，以下 ABMF）の設置などがあげられる．

ABMI と似た取組として，2003 年 6 月の東アジア・オセアニア中央銀行役員会議（Executives' Meeting of East Asia and Pacific Central Banks, EMEAP[2]）にて公表されたアジア債券基金の創設がある．これは，各国中央銀行からの拠出により設定された総額約 10 億ドルの基金で，日本，オーストラリア，ニュージーランドを除く 8 カ国の米ドル建て国債等に投資するものであった．また，その管理は国際決済銀行に委ねられた．これが，ABF1（Asia Bond Fund, ABF）と呼ばれるのに対して，現地通貨建ての国債等に投資するものとして 2004 年 12 月に公表されたのが，ABF2 である．ABF2 は，汎アジア・インデックス・ファンド（PAIF）とファンド・オ

---

[1] Credit Guarantee and Investment Facility. ASEAN＋3 域内で債券発行による資金調達が困難な企業の信用力を高め，現地通貨建債券発行を円滑化することを目的として，当該企業の発行する債券に保証を付与する仕組．
[2] アジア太平洋地域の 11 カ国の中央銀行から構成．構成国は，次のとおり．オーストラリア，中国，香港，インドネシア，日本，韓国，マレーシア，ニュージーランド，フィリピン，シンガポール，タイ．

ブ・ファンズ（FOBF）の2つの基金（各10億ドル）から構成され，ABF1同様の東アジア8カ国・地域の現地通貨建て国債等に投資される．また，香港市場に上場もされ，民間からの投資も可能とした点が注目される．ABF1は，その目的が十分達成されたとして，2016年4月に当該ファンドの閉鎖が決定され，その資金はABF2に再投資されることとなった．

3.3　ASEAN＋3地域における通貨分野の研究

CMIMやAMROなどの具体的な施策として成果のあがっている分野がある一方，為替制度や域内通貨間の為替相場安定といった分野では，ASEAN＋3としてこれまで具体的な施策は打ち出されていない．これは通貨に関しては，各国の通貨主権の問題もあり，また，域内各国の経済力の格差も大きいことなどから，同一の歩調が取れていないものと考えられる．しかし，研究分野ではASEAN＋3としてもテーマとして取り組んだ実績はある．現在は，AMROの「テーマ別研究」に統合されたが，2004年から2014年までの間は，毎年リサーチ・グループとして複数の研究機関が中長期的な課題について調査・報告を行ってきた．最終年であった2013年から2014年にかけては，「ASEAN＋3諸国における証券化市場拡大に必要な政策提言」および「ASEAN＋3諸国の資本市場関連インフラに関するSWOT分析とその意義」の2テーマが選定され，それぞれ二者の研究機関（含む大学）から報告がなされた．

このリサーチ・グループの通貨関連テーマとして，「地域通貨単位（Regional Monetary Unit, RMU[3]）」の研究がなされた実績がある．具体的には，2006年から2007年ならびに2007年から2008年にかけ，「アジア地域の一層の金融安定化に向けた地域通貨単位構築手順の研究」のテーマで，2010年から2011年にかけては，「地域通貨単位の使用可能性――実用面における課題の特定」のテーマで，それぞれ複数の研究機関から提言がなされている．

---

[3]　Regional Monetary Unit（RMU）．域内通貨をGDPや貿易量などを基準として加重平均して算出するもの．通貨バスケットとも呼ばれる．通貨バスケットの事例としては，欧州のユーロの前身ECU（＝European Currency Unit）やIMFのSDRなどがある．

第 8 章 アジア地域通貨協力への展望

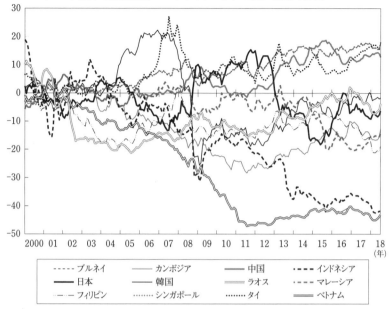

図 8-2 月次名目 AMU 乖離指標（期間：2000 年 1 月〜2018 年 7 月）

注：1）ミャンマーは，非表示．
　　2）ブルネイは，ほぼシンガポールと同値のためグラフは実質 1 本．
出所：経済産業研究所 web ページ．

各年とも，日本からは国際通貨研究所が研究報告書を提出している．各回，各研究機関で内容は異なるものの，実際の RMU の利用方法としては，域内各国のマクロ経済のモニタリングの際の為替レートのモニター用ツールから開始し，債券発行や貿易取引などの実利用までが検討されていた．

同じような時期に，アジア開発銀行（Asian Development Bank，以下 ADB）でも，Asian Currency Unit（ACU）として域内通貨のバスケットによるアジア通貨単位の創設の動きが見られた．算出・公表も検討されたが，残念ながらいまのところ実現には至っていない．同様の概念で，日本の経済産業研究所では，Asian Monetary Unit（AMU）の名称で日次の AMU が計算・公表されている．具体的には，欧州のユーロの前身である ECU の算出方法と同様に，東アジア諸国通貨の加重平均値として算出されている．合わ

せて，域内各国通貨と AMU の乖離指標も同時に公表されており，各国通貨が AMU に対してどれだけ各通貨のベンチマーク率から乖離しているかを測定したものが示されている．

図 8-2 を確認すると 2000 年以降の名目の乖離指標は 2004 年ごろまでは大半の通貨がプラス・マイナス 10% の乖離幅に収まっていたが，それ以降は乖離幅が大きくなっている．弱くなった通貨に関しては，もちろん当該通貨自体の要因もあるが，AMU 構成通貨のなかで最大のシェアを誇る中国（人民元）が漸増してきたことにより，AMU の価値も増加，相対的な当該通貨の価値の低下を招いた面もあると考えられる．

4. 現在のアジアの通貨制度と最近の動き

4.1 IMF の為替制度分類

前節までで，アジア通貨危機の原因とドル依存体制の問題点を確認した．合わせて，それに対する処方箋として，これまで東アジア域内で取り組まれてきた各種の通貨・金融協力の内容を述べた．そこで，本節ではこうした取組を行ってきた域内各国の為替制度を IMF の区分にもとづき整理・確認する．

現在の ASEAN + 3 諸国および香港の通貨制度を整理したものが，表 8-2 である．多くの国が中間的為替制度を採用しており，また，変動相場制の国のうち，日本以外の 4 カ国は Floating の区分で，ある程度の為替介入を想定した区分となっている．

上記の前提となる現在の IMF の為替制度分類は，2009 年に見直しがなされており，その概要は表 8-3 のとおりである．この制度区分に付言すると，IMF は，同分類を de fact，すなわち，当該国の発表している為替制度に拠らず，現実の為替相場の動きをふまえて，毎年どの制度に分類するかを決定している．このため，国側から為替制度変更の発表がなくても，IMF 側では分類が変更されることがある．具体的に 2016 年版でいえば，Stabilized arrangement に区分されているラオスは，前年は Clawl-like arrangement，

表8-2　ASEAN＋3域内各国通貨制度

		IMF分類（2016年）
固定相場制	Currency board	ブルネイ，香港
中間的為替制度	Stabilized arrangement	シンガポール，ベトナム，ラオス
	Other managed arrangement	カンボジア，中国，ミャンマー，マレーシア
変動相場制	Floating	インドネシア，韓国，フィリピン，タイ
	Free floating	日本

出所：IMF（2016）より作成．

表8-3　IMFの為替制度分類

制度区分	IMF大分類	IMF分類（詳細）	概要
固定相場制	Hard pegs	Exchange arrangement with no separate legal tender	外貨が唯一の法貨として流通．
		Currency board arrangement	国内通貨を外貨建て資産裏付けにより発行．特定の外貨に対して固定レート．
中間的為替制度	Soft pegs	Conventional pegged arrangement	外貨または通貨バスケットに公式にペッグ．ペッグ対象通貨またはバスケットウェイトは公表またはIMFに通知．6カ月間中心レート上下1％以内で安定．
		Stabilized arrangement	6カ月間は2％のマージン内で安定．
		Crawling peg	一定の比率，または主要貿易国とのインフレ格差等指標の変化に応じて為替レートを調整．調整ルールは公表またはIMFに通知．
		Crawl-like arrangement	6カ月間は統計的に特定可能なトレンドに沿い，2％以内のマージン内で安定．増価・減価いずれかに単調に変化する場合は少なくとも年1％の変化率．
		Pegged exchange rate within horizontal bands	固定された中心レートに上下±1％超の変動．中心レートと変動幅は公表またはIMFに通知．
（うちその他）	Residual	Other managed arrangement	その他．
変動相場制	Floating arrangements	Floating	過度の為替レートの変動を回避するための為替介入は許容．特定のターゲットレートは認めず．
		Free floating	為替介入は例外的．実施時は6カ月間に最大3回，各回は3営業日以内．介入データはIMFがアクセス可．

出所：IMF（2009）等より作成．

Other managed arrangement に区分されているカンボジアは，前年は Stabilized arrangement であり，その前年は Other managed arrangement であった．なお，おなじく 2016 年に Other managed arrangements に区分されている中国も，前年は Crawl-like arrangement に区分されており，分類区分は変更されている．これは，こうした中間的為替制度に分類される国の場合，対米ドル相場の状況次第で中央銀行が相場の安定を狙い，為替介入等を行うことが想定され，その結果が評価者である IMF からの分類区分の変更につながると考えられる．

なお，アジアではないが，ユーロ参加国は当該分類では，EMU（European Monetary Union）諸国として，Free Floating に分類されている．域内単一共通通貨としてのユーロの性格としての分類と考えられるが，複数国が同一通貨を採用している「通貨同盟」であることは，アジアの将来を考える場合に認識しておく必要があると思料する．

4.2 最近のアジアにおける為替・資本規制の動き

図 8-2 によると，ここ数年でベンチマークからの乖離が当該通貨安の方向で大きく変化した通貨がいくつか見受けられる．具体的には，2015 年のマレーシアリンギ，2013 年のインドネシアルピア，2012 年の日本円などである．ベンチマークよりも通貨高であったため，同様に語ることはできないが，2015 年の人民元も大きく元安方向に動いたことが確認できる．時系列でその原因と考えられる材料を確認すると，2013 年は米 FRB 議長がテーパリング（量的緩和の縮小）に言及した，いわゆるバーナンキショックがあげられる．2015 年は米ドル利上げ予想による新興国通貨安であった（実際の米ドル金利引き上げは 2015 年 12 月より開始）．ASEAN の 2 通貨は，こうした米国の金融政策の「正常化」に向けた動きの影響が大きいと考えられる．同じく，人民元安については，中国人民銀行が 2015 年 8 月に「基準値」の算出方法の変更とともに 2% の切り下げを行ったことを発端としている．それ以降，中国経済に対する不安の声が多くなり，その後の継続的な人民元安につながったと考えられる．なお，2012 年以降の円安進行については，アベノミクス，なかでも，黒田東彦日銀総裁登場以降の大幅な金融緩和の影響と

第 8 章　アジア地域通貨協力への展望

いえよう.

　日本を除く国々では，こうした自国通貨安への動きに対して，国ベースでの為替・資本規制の動きを見せた．インドネシアでは，2015 年 1 月より「外貨建て対外債務ヘッジ比率規制」を導入，2015 年 7 月より「国内取引におけるインドネシアルピア使用の厳格化」を開始した．前者は，国内企業の外貨建て債務の増加の抑制と為替リスクヘッジを義務付けすることにより，アジア通貨危機時のような外貨建て債務負担の急増を回避させるものであり，後者は，それまで不明確であった国内の外貨建て取引をルピア建てにすることを徹底し，基本的には外貨からルピアへの交換を促し，ルピア買いを増やす効果を狙ったものといえる．マレーシアでは，2016 年 12 月より「輸出代金のうち 75% のマレーシアリンギへの両替義務」を課した．効果としては，インドネシアと同様，自国通貨（リンギ）買いを増加させるものと考えられる.

　中国では，2016 年には人民元安および資本流出を憂慮して，海外送金額を一定範囲内に抑えさせる窓口指導の実施の報道がなされた．2017 年 5 月には，前日終値と CFETS インデックス[4]を参考に決定されていた毎営業日の仲値の算出方法が変更され，新たに「反循環的調節要因」も参考要素に加えるとの発表がなされた．これは，詳細は不明ながら，市場心理の偏りによる一方的なレートの動きの抑制と国内経済ファンダメンタルズの変化をより反映しやすくするものとの説明がなされた．従来と比して，急激な為替変動を防止する方向で，仲値設定が可能になるとも考えられた．これらの動きは，随時の見直しもなされており，窓口指導は 2017 年春には緩和，反循環的調節要因については，2018 年 1 月には実質的に撤廃と，それぞれ報道がなされた.

　こうした動きは，自国通貨安への急激な変動は回避したいとの各国の意向の表れと考えられ，アジア通貨危機の経験をふまえた再発防止への取組の一

---

[4]　中国人民銀行が運営する中国外貨交易センター（China Foreign Exchange Trade System）が 2015 年 12 月より導入した，米ドルレートに代わる新たな基準となる人民元レート指数．13 カ国・地域の通貨から成る通貨バスケットで開始され，2017 年 1 月より 24 通貨に拡大した.

つの動きと考えられる．前項で確認したとおり，ASEAN＋3の各国の為替制度は，固定相場制，中間的為替制度，変動相場制と多岐にわたる．地域として，米ドル依存脱却に協働して取り組む場合は，こうした為替制度の協調も検討課題となるであろう．

5. ドル依存脱却に向けた展望と施策

5.1 域内通貨協力の展望

　本章の締めくくりとなる本節では，米ドル依存脱却の展望と施策について検討したい．第3節で確認したASEAN＋3における施策は，CMIMやABMIが着実に進められているものの，通貨面に関する新たな動きは見られない．一方，前節で言及したインドネシアやマレーシアなどの自国通貨利用への動きは，ASEAN全体でも着実に進められているため，まず，その動きを確認したい．

　2015年末に設立が宣言されたASEAN経済共同体（ASEAN Economic Community，以下AEC）には，金融分野も含まれている．AECは，2015年を通過点としてさらなる統合を進め，AEC 2025年に向けたブループリントが発表されている．金融分野に関しては，「戦略行動計画」を金融統合・金融包摂・金融安定化の3分野に分け，各分野で複数項目につき最終目標を掲げるとともに，各項目に関する政策的なアクションや，今後10年間の期間ごとの目標やマイルストーンを発表している．そのなかで，通貨関連項目を抜粋したのが表8-4である．

　当該計画における「適格ASEAN銀行（Qualified ASEAN Banks，以下QAB）」とは，域内国の中央銀行間での契約をベースに，相互に限られた数ながら相手国の銀行の活動を認める枠組である．現状は，表8-5のとおり，インドネシア，タイ，フィリピン，マレーシアの4カ国間でそれぞれ相互に中央銀行（または当局）間での基本的な契約を交わし，一部は最終合意に至っているものもある．また唯一，タイはミャンマーとも基本契約を交わしている．

第8章 アジア地域通貨協力への展望

表8-4 ASEAN金融統合に向けた戦略行動計画（通貨関連抜粋）

最終目標	政策的なアクション	2016～17年	2018～19年	2020～21年	2022～25年
		主要な目標とマイルストーン			
ASEAN域内の貿易・投資の促進に関する適格ASEAN銀行の役割強化	ASEAN銀行枠組（ABIF）下の契約書完成	ABIF下の取組の進捗のモニタリングと報告に関するガイドライン	最低2件のABIFの設定完了と最低2行の適格ASEAN銀行の認証	ABIFのガイドラインに沿って最低2件の追加的な協議開始	
ASEAN決済システムを安全に，革新的に，競争力のある，効率的で，より相互接続させる	ASEAN内の二国間／多国間のリンクのために，国内決済システムへの国際基準（例.ISO20022）の採用		二国間／多国間の接続を，国の準備とビジネス上のニーズにもとづき進める ・ASEAN Large Value Payment Systems (LVPS) ・ASEAN domestic Retail Payment Systems (RPS)		

出所：掲題資料から抜粋・要約．

表8-5 適格ASEAN銀行に関わる二国間契約状況

契約日	契約国	契約書類名
2014年12月31日	マレーシア-インドネシア	heads of agreement
2016年3月14日	マレーシア-タイ	heads of agreement
2016年3月14日	マレーシア-フィリピン	heads of agreement
2016年3月31日	タイ-インドネシア	letter of intent
2016年8月1日	マレーシア-インドネシア	Agreement **
2016年11月27日	タイ-ミャンマー	letter of intent
2017年4月6日	タイ-フィリピン	letter of intent
2017年4月6日	マレーシア-フィリピン	D. C. N ***
2017年6月4日	インドネシア-フィリピン	letter of intent

注：契約書類名は** と*** を除き，基本合意書．アミ表示は最終合意分．
　** Agreement under the ABIF
　*** Declaration of Conclusion of Negotiation under the ABIF
出所：各国中央銀行，当局のPress Releaseより作成．

　この適格ASEAN銀行を通じて，相互の通貨利用やインターバンク市場での直接交換といった，域内通貨の利用促進が展望できる．その根拠としては，既にタイ，マレーシア，インドネシアの3カ国間で別途契約がなされている，Local Currency Settlemnt Framework（以下LCSF）の取組が存在しているからである．

LCSFは当初，表8-5にある2016年3月のタイとマレーシア間のQABの基本合意と同じタイミングで両国間で合意された．相互に指定した銀行3行ずつで，タイバーツ（THB），マレーシアリンギ（MYR）を2カ国間の貿易取引，サービス取引に使用できるもので，為替リスクヘッジも可能とした．銀行間取引においては，THB-MYRの直接取引も開始されることとなった．この取組にインドネシアが2017年12月に参加して，各2カ国間の取引で指定された銀行は，表8-6のとおりである．

　二国間契約であり，銀行数やそのうちに占める相手国銀行の数などは，ある程度バランスを取っていると考えられる．いくつか付言するなら，タイ－マレーシアでは，第三国系を2行ずつ認めている．ひとつは，ASEAN内のシンガポール系のUOBであり，もう1行は，日系の三菱UFJ銀行系（Bank of Ayudhyaは同行連結対象子会社）である．インドネシア－マレーシアでは，マレーシア系がインドネシアで2行認められているが，インドネシア系はマレーシアではゼロである．近い将来，インドネシア系を認めることが予想され，そのためマレーシア側の銀行数が1行少ないと考えられる．

　上記のようなLCSF指定銀行は，各国の大手銀行が中心であり，将来的にはこうした銀行群がQABの認定を受けることが予想される．このような動きに伴い，着実に域内通貨建ての貿易取引やサービス取引の増加が見込まれ，米ドル建て取引割合の引き下げにつながることが考えられる．ASEANと日本との間でも，似た考え方の取組が進められている．ASEAN発足50年となる2017年の5月には，4年ぶりの日ASEAN財務大臣・中央銀行総裁会議が行われ，日本は危機対応用に，新規および継続の二国間通貨スワップ取極の拡充を提案した．合わせて，従来，米ドル建てだったものを円建てでの引き出しも可能とする方向とした．同年10月のフィリピンとの契約改定・延長時には，日本円を選択可能とする契約を実現した．2018年3月には，日本とタイの間で，円－タイバーツの銀行間の直接交換取引も含め，現地通貨利用促進にかかわる覚書を締結した．こうした取組は，「円の国際化」にも資することとなる．

　銀行間取引における為替取引は，これまでは基軸通貨である米ドルを介するものが中心であり，円からバーツへの両替であれば，円→米ドル→バーツ

表 8-6 Local Currency Settlement Framework 指定銀行

国組み合わせ	各国	LCSF 指定銀行
タイ – マレーシア間	タイ （7行）	・Bangkok Bank PCL ① ・Bank of Ayudhya PCL（3） ・CIMB Thai PCL（相）① ・Kasikornbank PCL ① ・Krung Thai Bank PCL ・Siam Commercial Bank PCL ・United Overseas Bank（Thai）PCL（3）
	マレーシア （7行）	・Bank of Tokyo-Mitsubishi UFJ Malaysia Berhad（3） ・Bangkok Bank PCL（相）① ・CIMB Bank Berhad ① ・Malayan Banking Berhad ① ・Public Bank Berhad ・RHB Bank Berhad ・United Overseas Bank Berhad（3）
インドネシア – マレーシア間	インドネシア （6行）	・Bank Central Asia, Tbk ・Bank CIMB Niaga, Tbk（相） ・Bank Mandiri（Persero），Tbk ・Bank Maybank Indonesia, Tbk（相） ・Bank Negara Indonesia（Persero），Tbk ・Bank Rakyat Indonesia（Persero），TBK
	マレーシア （5行）	・CIMB Bank Berhad ・Hong Leong Bank Berhad ・Malayan Banking Berhad ・Public Bank Berhad ・RHB Bank Berhad
インドネシア – タイ間	インドネシア （5行）	・Bank Central Asia, Tbk ・Bank Mandiri（Persero），Tbk ・Bank Negara Indonesia（Persero），Tbk ・Bank Rakyat Indonesia（Persero），TBK ・Bangkok Bank PCL（相）
	タイ （5行）	・Bank of Ayudhya PCL（3） ・Bangkok Bank PCL ・Kasikornbank PCL ・Krung Thai Bank PCL ・Siam Commercial Bank PCL

注：①はタイ – マレーシア間の 2016 年 3 月合意時点での先行指定銀行．（相）は相手国系銀行．（3）は第三国系銀行．
出所：各国中央銀行，当局の Press Release より作成．

と2回の取引を経由するのが中心であった．同種の取組としては，2012年より開始された円と人民元の直接交換取引がある．こちらは，基軸通貨である米ドルの存在感がまだまだ強く，伸び悩んでいる．2016年4月のBIS（Bank for International Settlements, 国際決済銀行）による3年に一度の為替取引調査においても，米ドル－円の通貨ペアのシェアが，1位の米ドル－ユーロ（23.1%）に続く2位の17.8%，米ドル－人民元は3.8%であるのに対して，円－その他（個別通貨名の掲載されない通貨すべて）の合計は0.9%[5]と直接交換市場の活性化は難しい状況である．域内通貨建て取引が増加することが，為替取引，とくに銀行間取引がメインを占める直接交換取引においては重要と考えられる．

域内の通貨協力に関しては，以上のような取組を金融協力とともに地道に進めて，貿易・サービスなどの経常取引とともに，図8-1で示したとおり，債券発行などの資本取引においても，域内通貨建て取引の増加を図る方向で進めていくと考えられる．

5.2 ドル依存脱却の可能性と施策案

前項において，「ドル依存脱却」に向けた，ASEANを中心とする域内通貨建て取引に関する取組，「円の国際化」も視野に入れた日本の取組を確認した．ASEAN＋3による，CMIMを中心に据えた域内の危機時におけるセーフティネットの構築，危機の未然防止のため域内各国の経済サーベイ機能を持つAMROの設立，ダブル・ミスマッチを解決するためのABMIの取組の流れを受けて，ASEANでは2025年のAECによる域内経済統合深化に向けて，QABをはじめとする金融統合にも取り組んでいる．その際には，これまでAECでは検討されてこなかった，通貨制度や域内通貨間の為替相場の安定といった視点も必要となってくると考えられる．米ドル依存のリスクをアジア通貨危機で経験した東アジア諸国で，域内通貨利用の促進を

---

[5] 日本円と個別通貨のペアでシェアの掲載のある通貨は，米ドル，ユーロ以外では，豪ドル，カナダドル，ニュージーランドドル，トルコリラ，南アフリカランド，ブラジルレアルの6通貨．したがって，この0.9%には人民元に加えて，タイバーツなどのASEAN諸国通貨も含まれることとなる．

図る際に，域内各国通貨間の為替相場が不安定となった場合，大きな妨げとなろう．AEC 域内での実物経済を中心とする経済統合の進展を考えた場合，通貨制度や為替相場の安定への考慮は重要と考えられる．また，その際には，CMIM や ABMI と同様に日中韓を加えた ASEAN＋3 での議論が望ましい．第 3 節で触れたリサーチ・グループの枠組で検討された RMU について，あらためて ACU あるいは AMU といった形式での議論が可能であろう．域内通貨間の為替相場の状況を，経済産業研究所で既に公表済みの AMU をベースに，域内 RMU 創出にあたっての通貨間のシェアの議論を開始・決定するのが第 1 段階．そのうえで，ADB あるいは AMRO 等域内国際機関で公表のうえ，マクロ経済指標の一つとしての為替相場のモニタリング手段として利用し，CMIM 発動検討材料にもするまでが第 2 段階．それをふまえて，域内通貨制度や通貨間の為替相場の安定の必要性を議論するのが第 3 段階となるであろう．第 3 段階では，並行して RMU の実利用のための議論も進め，RMU 創出のため当初参加する国（通貨）をどうするか，その場合の通貨間シェアはどうするか，実利用者の為替ヘッジニーズに対応する手段をどうするかなど，具体的な課題の整理と解決策といった議論につなげることも可能であろう．

　域内通貨の利用に取り組む ASEAN 各国，経済力の伸長を背景に「人民元の国際化」を進めてきた中国，「円の国際化」に再度取り組む日本と，各国の目指しているものには隔たりもある．しかし，アジア通貨危機の再発を防止し，自国経済へのドルの影響力を低下させたい ASEAN，国際化を進めつつ，人民元の為替管理強化にも配慮せざるを得ない中国，企業の海外進出の結果，一定の緩和を見せたものの，相変わらず対米ドルを中心とした円の為替変動が経済に大きな影響を与える日本，それぞれの立場でメリットを共有する方向性もあると考えらえる．そうした動きを，ハードカレンシーとしての円をアジアで先行して保有した日本が，その変動相場制に至るまでの経験や為替リスク管理の知見も活かして，域内他国との議論を進めることを期待したい．

5.3 企業の視点から観る RMU

　ここで，前項において三段階での議論が可能と整理した RMU につき，実利用を検討する際に主要なユーザーとなる企業の視点での検討を加えたい．この検討にあたっては，第4章，第6章における日本円や人民元に関する日本企業のインボイス通貨としての利用姿勢や米ドルを選好する理由が大いに参考になる．

　これまで，アジア域内の貿易取引においても，域内通貨ではなく米ドルの利用が多かった背景には，アジア地域の位置付けがある．1985年のプラザ合意以降，急激に進む円高への対策として，日系企業は，アジア NIES（韓国・台湾・シンガポール・香港）諸国を皮切りに，ASEAN 諸国，中国へと製造拠点を広げ，域内生産ネットワークを充実させてきた．当初は，あくまで「生産」拠点であり，最終製品は欧米中心であり，とくに最大の最終市場が米国であったことから，域内取引でありながら米ドルを利用しても，広い意味で「外貨マリー（受取と支払通貨を同一外貨とする）」による為替リスクヘッジが効いていたと考えられる．一方で，2000年代以降は中国，ASEAN，最近ではインドも含めて，アジア地域自体が巨大な消費市場としての位置付けと変化してきている．こうなった場合，少なくともアジア地域を最終市場とする製品の取引に関しては，域内通貨建てインボイスを利用することが望まれる．また，域内に多くの国，言い換えれば，多くの通貨が存在するため，為替リスク管理の視点では域内通貨間の為替相場の安定が好ましいこととなる．欧州のユーロは，域内取引を「共通単一通貨」で行うことを可能にしており，ユーロ圏域内取引における企業の為替リスク管理の問題を解決したと考えられる．経済発展段階の差の大きいアジア地域で「共通単一通貨」の実現は当面考えづらい中，解決策の候補の一つが日本円や人民元など既存通貨との併存を前提とする RMU である．

　本節内で触れた円－人民元や円－タイバーツの直接取引市場といった域内通貨間での為替取引を増加させることを志向した場合，「為替取引の通貨ペア[6]」の種類も多くなる．そのため，各為替取引のボリュームを増加させることも困難となり，各通貨の流動性を高めることも難しく，また為替取引に

第8章 アジア地域通貨協力への展望

表 8-7 米ドル想定為替レートの比較にみる AMU 効用の試算

		米ドル	AMU
2013 年度	想定為替レート	84.73	112.7987
	実績レート	98.98	117.9176
	変化率	16.82%	4.54%
2014 年度	想定為替レート	99.35	119.5234
	実績レート	108.99	125.1844
	変化率	9.70%	4.74%
2015 年度	想定為替レート	111.11	132.2159
	実績レート	119.78	128.7805
	変化率	7.80%	2.60%
2016 年度	想定為替レート	117.62	121.6594
	実績レート	108.40	114.8821
	変化率	7.84%	5.57%
2017 年度	想定為替レート	108.63	116.1418
	実績レート	110.70	118.5505
	変化率	1.91%	2.07%
2018 年度	想定為替レート	109.70	118.5725

注：想定為替レートの米ドルは「日銀短観の3月末調査」レート，AMU は経済産業研究所算出の前期末（3月末）レート．実績レートの米ドルは「日銀短観の実績」レート，AMU は経済産業研究所算出の日次レートの年間（4/1～3/末）の平均レート．変化率は｜想定為替レート－実績レート｜／想定為替レート（「｜｜」は絶対値を示す）．
出所：日銀短観データおよび経済産業研究所 AMU レートデータより作成．

おける手数料の低減も困難と考えられる．結局，従来どおり，基軸通貨米ドルを介した2段階（例：円→米ドル→人民元）の取引の割合が高くなり，「脱米ドル」の進展は期待できない．RMU が創出され，それにより域内通貨間の為替相場の安定や RMU の決済システムといったインフラが国レベルでコンセンサスが得られ，実現できれば，企業もアジア域内取引に利用するインセンティブは高まるのではないだろうか．

　企業の為替リスク管理の視点で，RMU を利用することのメリットを示す例を，日本企業を事例に示したい．表 8-7 は，日銀短観における企業の米ド

---

6) 円 - 米ドル，米ドル - ユーロといった為替取引における通貨の組み合わせ．BIS (2016) によれば，直近の通貨のシェアでは全体を 200% として，米ドル 88% が圧倒的なシェアで，ユーロ 31%，日本円 22%，英ポンド 13% が続き，あとは 10% 未満である．

ルの想定為替レートと実績を，同期間の AMU レート（試算内容は表 8-7 の注を参照）と比較したものである．これによれば，少なくとも日系企業にとっては，米ドルよりも AMU を利用したほうが，為替レートは安定していたことが示されている[7]．域内各国企業の全てが，現時点でこうした「想定為替レート」といった視点で為替リスク管理を行っているわけではないであろうが，企業の視点で，こうした分析を各国通貨で行い，各国へのメリットを示すことができれば，RMU の創出・実利用の議論を進める一助になると思料する．

第 4 章で言及された日本企業，とくに大企業における企業内貿易においても，前述のとおりアジアが最終市場となる取引が増えていき，同時に域内通貨を構成要素とする AMU が創出され実利用可能となれば，米ドルからの一部シフトも検討可能であろう．また，第 6 章で触れられたとおり，円とともに人民元相場の変動が激しくなることは，日本企業には大きな関心事である．それも AMU の創出利用により，日系企業ならびに域内企業には解消，または，少なくとも緩和される効果があると考えられるであろう．

5.4 決済システムから考えるドル依存脱却の方向性

本節のおわりに，米ドル依存脱却について域内通貨に関する決済システムの面から考えたい．ASEAN + 3 では，ABMI の取組の一つとして，前述のとおり ABMF を設置し，域内のクロスボーダー債券取引に関する各国の市場慣行規制の調和化に取り組んでいる．ABMF では，域内各国別の債券市場ガイドの作成等とともに，クロスボーダーの資金・証券の同時決済（Delivery Versus Payment, DVP）（図 8-3）のための CSD-RTGS[8] リンクに取り組んでいる．

---

[7] 直近の 2017 年度のみ，米ドル 1.91%，AMU2.07% とわずかながら AMU のほうが変化率が大きい．しかし，過去 5 年間の中でも当該年度のドル - 円相場は非常に安定していた年であったことがわかる．また，AMU 自体の変化率も 5 年間の中で最小であったことから，AMU 利用のメリットを否定するものはでないと考えられる．

[8] Central Securities Depositary（証券集中保管機関）と Real Time Gross Settlement（即時グロス決済）と呼ばれる証券と資金の決済システムを，国境を跨ぎ接続するもの．

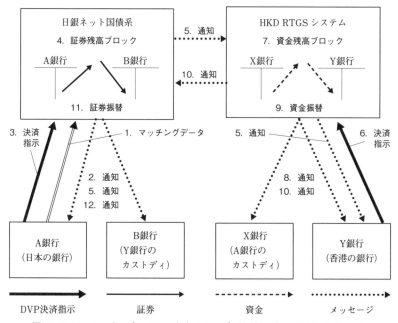

図 8-3　クロスボーダー DVP 決済イメージ（日本国債と香港ドル CASH）

出所：ADP（2015）より作成．

表 8-8　ASEAN＋3 域内決済システム構築のロードマップ

	構築フェーズ 1 2015〜2016 年	構築フェーズ 2 2017〜2018 年	構築フェーズ 3 2019〜2020 年	統合フェーズ 2020 年〜
目標	異種通貨間の DVP 決済のメッセージフローと項目の開発	CSD-RTGS リンクの構築	CSD-RTGS リンクの運用開始	統合的な接続を開始
実施内容	● 重要なユーザー要件の特定．	● 各国中央銀行，証券保管機関の詳細要件定義． ● その他ユーザー要件定義．	● 実利用開始． ● PVP 決済も開始．	● ハブ機能の構築． ● 各国の CSD/RTGS とハブを接続．

出所：ADB（2015）より作成．

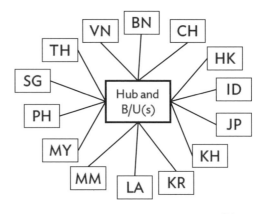

図8-4 ASEAN＋3によるCSD-RTGSリンクのハブ機関イメージ
出所：ADB（2015）．

　表8-8のABMFによるロードマップでは，将来的には域内各国の中央銀行や証券集中保管機関を中心で接続するハブ機関（図8-4）の構築まで視野に入れている．また，フェーズ3にあるようにCSD-RTGSリンクが実現すれば，為替取引における異種通貨の同時決済（Payment Versus Payment, PVP）も可能となり，システム面から域内通貨間の為替の直接取引を支えることとなる．現在，為替取引における異種通貨間の同時決済の仕組としては，CLS銀行で18通貨[9]（2019年4月現在）の取扱が可能となっている．しかし，ASEAN＋3の中では，日本円，韓国ウォン，シンガポールドル，

---

9) ヘルシュタット・リスク（後述注10）の重大さを認識した世界の主要銀行が，そのリスク削減のために設立した特別目的銀行であり，その機能を外為取引の決済に特化した組織．米ドル，カナダドル，英ポンド，ユーロ，スイス・フラン，日本円，豪ドル，デンマーク・クローネ，ノルウェー・クローネ，スウェーデン・クローナ，シンガポールドル，香港ドル，ニュージーランド・ドル，韓国ウォン，南アフリカ・ランド，イスラエル・シュケル，メキシコ・ペソ，ハンガリー・フォリントの18通貨を取り扱う．
10) 外為取引において，各国通貨の決済時刻が時差の影響により異なることから，一方の当事者がある通貨を支払ったものの，対価となる通貨を受け取れないリスク．1974年にドイツのヘルシュタット銀行が破綻した際に顕在化したことからその名がついている．

香港ドルの4通貨のみが対象であり，本件対応が実現すれば，ASEAN＋3の通貨間でヘルシュタット・リスク[10]の低減が可能となる．また，こうした決済インフラが完成すれば，将来，実利用のためRMUを東アジア域内で創出する場合にも，域内通貨からの合成・分解が容易になり，また，RMUの構成通貨数の増加にも，スムーズに対応できると考えられる．かつての欧州でのECUは，その通貨のバスケット構成（各通貨のウェイト）が5年ごとに見直されることとなっており，また，後発での通貨の参加も認められていた．経済発展段階に大きな差のある東アジア地域で，実利用のためのRMU創出を検討する場合に，示唆を与えるものと考えられる．

6. おわりに

ここまで，米ドル依存の脱却のための域内各国の通貨面での取組の確認と，具体的な施策としての将来的な域内のRMUの創出までを考えてきた．ASEAN，中国にみられるような，自国通貨建て取引の割合を増やしていき，徐々に米ドル依存脱却を進めていくことは，現実的な取組であろう．その際に，域内各国間での取引の場合，自国通貨建て取引は相手国からみれば外貨建て取引である点は，留意すべきであろう．したがって，並行して域内国通貨間での為替相場の安定やそのための為替制度の協調といったテーマを，ASEAN＋3でも議論していく必要があると考える．その先に，モニタリング用から実利用へといった段階的なRMU創出の議論が展望できる．ASEAN＋3におけるかつてのリサーチ・グループでの研究が，AMROの「テーマ別研究」に統合された現状では，CMIMの発動にもかかわるAMROがそうした研究・議論の中心になるのに相応しいと思われる．

また，為替相場の安定やRMUの創出は，マクロレベルのみの話には留まらず，日本をはじめとした域内諸国の企業活動にも極めて密接なかかわりがある．米ドル建て取引のシェアを下げて，アジア通貨建て取引のシェアを上げる判断を企業が行う場合には，当該外貨に関する為替リスクヘッジ手段の確保も重要となる．そうした点については，官民で協力して，域内各国通貨や将来のRMUに関するリスクヘッジ手法の検討・拡充も必要となると考え

られる．

　米ドル依存からの脱却という概念は，日米関係を考えた場合，ハードルが高い印象がある．しかし，貿易・通商分野では，日本が主導してTPP11の合意に漕ぎ着けた事例もある．もちろん，TPPの場合，構成国が異なることや，そもそも米国自身が脱退の判断を行ったことなど，通貨協力の分野を同様に語ることは難しいかもしれない．しかし，アジア通貨危機の経験を共有しているASEAN＋3において，ますます増加する域内貿易・サービス取引の建値を何にするのかは，大きなテーマである．それに向けた環境整備としての通貨協力を進めることは，域内でのコンセンサスが得られるのではないだろうか．そうした取組を日本が各国やAMROに働きかけて，議論を進めていくことを期待したい．

参考文献

ADB（Asian Development Bank）(2015), "Progress Report on Establishing a Regional Settlement Intermediary and Next Steps: Implementing Central Securities Depository-Real-Time Gross Settlement Linkages in ASEAN＋3," Cross-Border Settlement Infrastructure Forum, May 2015. https://www.adb.org/sites/default/files/publication/158519/progress-report-regional-settlement-intermediary.pdf

BIS（Bank for International Settlements）(2016), "Triennial Central Bank Survey: Foreign exchange turnover in April 2016," BIS Monetary and Economic Department, September 2016. https://www.bis.org/publ/rpfx16fx.pdf

Habermeier, Karl, Annamaria Kokenyne, Romain Veyrune, and Harald Anderson (2009), "Revised System for the Classification of Exchange Rate Arrangements," IMF Working Paper, No. 09/211.

IMF (2009), "Revised System for the Classification of Exchange Rate Arrangements," IMF Working Papers, No. WP/09/211.

IMF (2016), "Annual Report on Exchange Arrangements and Exchange Restrictions 2016".

Ogawa, Eiji and Junko Shimizu (2005), "A Deviation Measurement for Coordinated Exchange Rate Policies in East Asia," RIETI Discussion Paper Series, No. 05-E-017.

赤羽裕（2017）「通貨危機後の通貨・金融協力」石川幸一・馬田啓一・清水一史編『検証・アジア経済』文眞堂，152-169頁．

赤羽裕（2017）「ASEANの通貨・金融問題の焦点――アジア通貨危機より20年を迎えて」『世界経済評論』（国際貿易投資研究所）第61巻第5号（2017年9・10月号），

77-86 頁.
外国為替等審議会（アジア金融・資本市場専門部会）(1998)「アジア通貨危機に学ぶ──短期資金移動のリスクと 21 世紀型通貨危機」財務省.
経済企画庁考査局編（1996）『アジア経済 1996』.

〈参考 web サイト〉
Asian Bonds Online.
　　https://asianbondsonline.adb.org/
経済産業研究所「AMU and AMU Deviation Indicators」.
　　https://www.rieti.go.jp/users/amu/
財務省「チェンマイ・イニシアティブ（CMI/CMIM）について」.
　　https://www.mof.go.jp/international_policy/financial_cooperation_in_asia/cmi/

終 章

基軸通貨ドルへの挑戦

小 川 英 治

1. はじめに

　1945年に発効してから1971年まで続いたブレトンウッズ体制の下では，国際通貨制度の中でルールとしてドルが基軸通貨として位置付けられていた．それは，米国の通貨当局がドルを金に固定する一方，米国以外の各国の通貨当局が自国通貨をドルに固定することによって，世界各国の通貨間の為替相場の安定を図ろうというものであった．しかし，1971年8月にニクソン大統領がドルの金交換を停止することを発表したことによって，ブレトンウッズ体制が崩壊した．その後，国際通貨制度の中でドルを基軸通貨とするルールはなくなったものの，ドルの基軸通貨の地位が事実上持続している．このような現象は基軸通貨ドルの「慣性」と呼ばれている．

　基軸通貨ドルの慣性が作用する中で，20年ほど前の1997年に事実上のドルペッグ制度（自国通貨の対ドル為替相場を固定すること）を採用していたタイなどの東アジア諸国がアジア通貨危機に直面した．それから10年が経過した2007年から2008年にかけて米国が金融危機の震源地となって発生した世界金融危機を米国のほか欧州を含む世界各国の経済は経験した．このような基軸通貨をドルとする国際通貨制度の弊害が問題となる一方で，ドル依存からの脱却を図る動きもみられてきた．経済同盟の延長上において実現した通貨同盟ではあるものの，その代表的な動きは欧州連合（EU）の経済・

通貨同盟におけるユーロ導入であろう．その中で，ユーロ導入や世界金融危機が基軸通貨としてのドルの地位にどのような影響を及ぼしてきたかについて分析が行われて，ドル依存からの脱却について考察を加えられることを本書の問題意識としている．

　本書で考察すべき課題として，大きく分けて，以下に3つに整理することができる．第1の課題は，基軸通貨ドルそれ自体に関連する．国際通貨制度において基軸通貨としてのドルの地位にどのようにして慣性が働くのか，一方，一部の国々について国内経済においてドルが流通するという，いわゆるドル化がどのようにして進展したのかである．第2の課題は，基軸通貨ドルに対して有力な競争通貨となりうる他の主要国際通貨に関連する．EUの通貨同盟における単一の共通通貨ユーロの導入や日本が長年にわたって取り組んできた円の国際化が基軸通貨ドル体制に対してどのような影響を及ぼしうるのかである．そして，現行の国際通貨制度の中でドルが基軸通貨としての地位を維持し続ける中，近年においてなぜ円が安全通貨として評価されているのかである．第3の課題は，東アジアに目を転じた．東アジアの経済発展及び経済統合が，そして，台頭する中国の通貨当局による人民元の国際化の推進が，東アジアにおけるドル依存に対してどのような影響を及ぼしうるのかである．そのなかで，東アジア経済にとって基軸通貨ドル体制の弊害とドル依存からの脱却の可能性を探り，ドル依存から脱却するために東アジアにおいてASEAN（東南アジア諸国連合）＋3（日本，中国，韓国）による地域通貨協力が今後どういった方向に進むべきなのかである．

　このような問題意識と考察すべき課題に基づいて，本書においては，「グローバリゼーションと基軸通貨――ドルへの挑戦」というメインテーマの下に8人の研究者がそれぞれに論文を執筆した．なお，8本の論文は，以下のとおりである．

第Ⅰ部　国際経済における基軸通貨の力
第1章　基軸通貨米ドルの慣性
　　　　――ドルの効用と通貨競争の可能性（小川英治）
第2章　通貨代替と国際金融のトリレンマ

――ドル化の進展と金融・通貨システムの関係性（熊本方雄）

第Ⅱ部　ユーロ・円の国際化によるドル体制への影響
第3章　国際通貨としてのユーロの位置づけ
　　　――ユーロはドルに挑戦できるのか？（高屋定美）
第4章　円の国際化政策と貿易建値通貨の選択
　　　――日本の産業別・商品別輸出の建値通貨シェアの推定（佐藤清隆）
第5章　安全通貨としての円とドル
　　　――ファンダメンタルズから不確実性へ（増島雄樹）

第Ⅲ部　東アジアの経済発展とドル依存からの脱却
第6章　貿易建値通貨としての人民元の国際化
　　　――東アジア諸国の通貨体制に与える影響（清水順子）
第7章　東アジアにおける経済統合の進展と基軸通貨ドル
　　　――「アジア域内金融システム」の可能性（川﨑健太郎）
第8章　アジア地域通貨協力への展望
　　　――アジア通貨危機の教訓と各国通貨制度の課題（赤羽裕）

　以下では，以上の8本の論文について概要を述べたのちに，「基軸通貨ドルへの挑戦」の現状と今後について総括する．

2. 基軸通貨米ドルの慣性
――ドルの効用と通貨競争の可能性

　第1章「基軸通貨米ドルの慣性――ドルの効用と通貨競争の可能性」（小川英治）においては，基軸通貨ドルの慣性について理論的に考察されるとともに，効用関数におけるドルのパラメータ，換言すれば効用に対するドルの貢献度が実証的に分析された．ドルを基軸通貨とする国際通貨制度の特徴を考察するに際して，国際通貨の交換手段としての機能と価値貯蔵手段としての機能を比較しながら分析が行われた．ドルは，価値貯蔵手段としての機能が他の国際通貨に比較して劣っているかもしれないが，交換手段としての機能が相対的に優れているために基軸通貨として選択されている可能性がある．

終章　基軸通貨ドルへの挑戦

　一方，円は，ドルに比較して価値貯蔵手段としての機能は優れているものの，いまだ交換手段としての機能に相対的に劣っているために，国際通貨としてドルから大きく距離を置かれている．このことから，実際の国際経済取引では，価値貯蔵手段としての機能よりも交換手段としての機能が重視されていることが指摘された．

　実証分析のための理論モデルとしては，国際通貨の交換手段としての機能と価値貯蔵手段としての機能に焦点が当てられて，両者の間のどのような関係から基軸通貨が決まるかについて，「効用関数に貨幣を含むモデル (money-in-the-utility model)」が利用されて，考察された．そのモデルでは，民間経済主体が，保有している国際通貨が減価するという費用に直面しながら，国際通貨の実質残高を保有することによって効用を得る．国内通貨とともに複数の国際通貨を含むモデルに拡張した理論モデルに基づいて，その他の国際通貨に比較した効用に対する基軸通貨ドルの相対的貢献度を表す効用関数におけるパラメータが推計された．

　その実証分析の結果は，ユーロの導入によって効用に対するユーロの貢献度が上昇したものの，効用に対するドルの貢献度は低下しなかったというものであった．このことは，ドルの基軸通貨としての慣性が作用していることを意味している．また，ユーロの導入によって，効用に対するドルの貢献度が変わらず，効用に対するユーロの貢献度が上昇したということは，ユーロ導入に際して，ドルとユーロは代替的な国際通貨ではないことを意味している．すなわち，ユーロ圏及びその周辺諸国において，ユーロがドルに置き換わらずに地域の基軸通貨として伸長したことになる．他方において，効用に対するユーロの貢献度が上昇するためには，ドル以外の国際通貨と代替されたことが起こっているはずである．それは，効用に対する円やスイスフランの貢献度が低下したことによって起こったと考えられる．ユーロは，これらの通貨と代替関係にあったことを意味する．

　小川論文における実証分析の結果が明らかにしたことは，効用に対するドルの貢献度に影響を及ぼしたと考えられる事象は世界金融危機時のドル流動性不足であった．ドルの流動性不足は，量的にドルの供給が減少しただけではなく，質的に効用に対するドルの貢献度も悪化させたという実証分析の結

果が得られた．ドルの流動性不足の発生は，世界金融危機時のサブプライムローンの証券化商品の不良債権化によって金融機関間取引におけるカウンターパーティ・リスクの悪化を背景としていた．これに対する措置として採られた米国連邦準備制度理事会による量的緩和金融政策によるドルの大量供給と主要諸国の中央銀行との通貨スワップ取極を通じての諸外国へのドルの提供によって，ドル流動性不足が2009年以降解消していくとともに，効用に対するドルの貢献度も回復していったと考えられる．

3. 通貨代替と国際金融のトリレンマ
——ドル化の進展と金融・通貨システムの関係性

　第2章「通貨代替と国際金融のトリレンマ——ドル化の進展と金融・通貨システムの関係性」(熊本方雄) においては，国内経済において当該国の法定通貨以外の通貨が用いられる現象，いわゆる「ドル化」に焦点が当てられて，ドル化の進展の条件が考察されるとともに，通貨代替と金融政策の自律性，及び，為替相場の安定性との関係を中心に，通貨代替と国際金融のトリレンマ (「完全な資本移動」と「金融政策の自律性」と「為替相場の安定性」という3つの目標が同時に達成することができない) の関係について考察された．

　自由な資本移動の下で通貨当局が変動為替相場制度を採用する場合，通貨代替が進展すると，外国の金融政策ショックが自国により波及しやすくなるという意味において，自国の金融政策の自律性が制限されること，また，名目為替相場のボラティリティを高める可能性を指摘した．これは，国際金融のトリレンマの文脈では，変動為替相場制度を採用しても，為替相場による外国の経済ショックからの隔離機能が制限され，変動為替相場制度のメリットであるはずの金融政策の自律性が損なわれること，また，変動為替相場制度のデメリットである名目為替相場の不安定性が増大することを意味する．一方，自由な資本移動の下，固定為替相場制度を採用する場合，通貨代替が進展すると，通貨危機，金融危機を誘発する可能性が高まるなど，金融システムの脆弱性を高める可能性があることが指摘された．

したがって，通貨代替を解消することは，変動為替相場制度が採用されている国では，金融政策の自律性を高め，名目為替相場を安定化させることから，一方，固定為替相場制度が採用されている国では，金融・通貨システムの頑健性を高めることから，通貨代替の解消が重要な課題となる．

しかしながら，通貨代替においては，マクロ経済環境が不安定なときには，急速にその程度は上昇するが，マクロ経済環境が安定した後も，短期的には自国通貨への回帰がみられないという「ラチェット効果」が存在する．国内のインフレ率が上昇し，自国通貨が減価するときには，自国通貨の価値貯蔵手段としての機能が損なわれるため，国内居住者は保有通貨をドルなどの外国通貨へシフトするため，通貨代替が進展する．しかし，いったん通貨代替が進展すると，ネットワーク外部性により外国通貨の支払い手段としての機能が増大し，価値貯蔵手段としての機能を上回るため，マクロ経済が安定化し，インフレ率が低下しても，通貨代替の程度は低下しない．

熊本論文は，実証分析によって，過去の通貨代替の程度の最大値として定義された「ラチェット変数」が，現在の通貨代替の程度に有意に正の影響を与えることを示した．この結果は，過去において通貨代替の程度が高いほど，支払い手段としての外国通貨の交換利便性や外国通貨の利用に関わる知識・技術が高まり，この結果，「慣性」が働くことを意味している．また，名目為替相場に対する減価ショックの方が，増価ショックよりもボラティリティを高めるという非対称性の存在も，ラチェット効果に拠るものと解釈することができる．すなわち，国内のインフレ率の上昇により減価ショックが発生すると，自国通貨の価値貯蔵手段としての機能が損なわれるため，国内居住者は保有通貨をドルなどの外国通貨へシフトさせる結果，為替相場のボラティリティが高まる．しかし，国内経済が安定化し，増価ショックが発生しても，ラチェット効果が存在するために，自国通貨には回帰せず，その結果，為替相場のボラティリティが小さかったことが説明されている．

4. 国際通貨としてのユーロの位置づけ
   ——ユーロはドルに挑戦できるのか？

　第3章「国際通貨としてのユーロの位置づけ——ユーロはドルに挑戦できるのか？」（高屋定美）においては，1999年にEU11カ国で単一の共通通貨として導入されたユーロに焦点が当てられて，ユーロが基軸通貨ドルの役割を代替することができるのか，あるいは，部分的にせよ現在のドルの役割を侵食することができるのか，もし侵食することができるのであれば，どのような条件が必要なのかについて考察された．

　理論的には，国際通貨としての役割の相互作用について，ある役割のシェアが高まれば別の役割のシェアを高め，それがまた別の役割に正の働きをするといったシナジー（協働）効果がある．そして，シナジー効果が増加すれば規模の経済が働き，それによってネットワーク外部性が働き，持続的に続くという慣性効果も強化される．高屋論文では，これらを踏まえて，ユーロの役割の現状を概観し，ユーロがドルに挑戦することができるのかどうかについて検討された．まず，貿易建値通貨としてのユーロ利用については，ユーロ圏全体の財・サービスの輸出では60％弱の利用にとどまっており，近年，その比率は低下しつつある．財・サービスの輸入面では，輸出よりもユーロ利用比率が低い．ユーロ圏域内からの輸入だけでなく原油など域外からの輸入もあるためにユーロ以外の通貨利用比率が高くなる傾向がある．非ユーロ圏の貿易取引での通貨別比率を見ると，貿易建値通貨としてのユーロの利用は自身が貿易相手国である場合に限られ，またその割合もそれほど高くはないと指摘された．

　準備通貨については，ドルのシェアが60％を超えており，基軸通貨として準備通貨としてもシェアが最も高い．2003年から2014年まではドル，ユーロ共に金利低下の影響もあって準備通貨シェアは低下した．さらに，ユーロは債務危機の影響もあり信用リスクの高まりとともに大きくシェアを低下した．信用リスクが低下した2016年以降にはユーロはややシェアを回復したもの，ポンド，円，その他通貨のシェアが徐々に高まっており，わずかではあるものの準備通貨の分散化がみられると指摘された．

国際金融市場については，金融機関による国際融資において利用される通貨別比率では，ドルの比率が上昇し，ユーロ圏外での融資ではドルの比率が大幅に増加し，ユーロの比率は低下している．ユーロ圏外での融資では特にユーロのシェア低下が顕著である．国際債券市場でのユーロ建て証券において非居住者による資金調達手段としての利用が低い．資産通貨としての役割では，ユーロ建て証券は主に居住者発行・居住者保有が過半数であり，非居住者保有のシェアが20%弱と非居住者のユーロ建て証券でのプレゼンスも高くはないと高屋論文は指摘している．

　高屋論文では，ユーロの課題としてユーロの価値安定とその利便性が指摘されている．第1に，ユーロ圏の安定性にとって預金保険の各国統一基準を採用して銀行同盟を完成させることや，長期的な経済ファンダメンタルを改善させること，そして，EUの経済ガバナンスを強化するためにEUを構成する各国の政治が安定していることが求められると指摘している．第2に，ユーロへの魅力のために，現在検討が進んでいる資本市場同盟の推進，ロンドン市場からの金融機関の移転を利用した金融市場の充実などのユーロを利用した金融取引の利便性の改善が求められることが指摘されている．さらに，ユーロ圏諸国そして欧州中央銀行（ECB）がユーロの国際化を積極的に受け入れるかどうかの意志が重要となることが指摘されている．

5．円の国際化政策と貿易建値通貨の選択
―― 日本の産業別・商品別輸出の建値通貨シェアの推定

　第4章「円の国際化政策と貿易建値通貨の選択――日本の産業別・商品別輸出の建値通貨シェアの推定」（佐藤清隆）においては，「貿易建値通貨」と呼ばれる国際通貨の機能を中心に円の使用状況に焦点が当てられて，貿易取引における円の使用という観点から円の国際化について考察された．

　佐藤論文の第1の目的は，日本の輸出と輸入における貿易建値通貨選択の現状，そして円建て取引の進展状況を分析することである．そして，第2の目的は，新しい推定方法に基づいて，データ利用の制約が大きい貿易建値通貨の比率を産業別及び商品別に推定し，円建て取引の実態を明らかにするこ

とである．これらの目的のために，貿易建値通貨に関する財務省関税局と日本銀行のデータを使って，日本の輸出入における貿易建値通貨選択の現状について分析が行われた．

　日本の輸出と輸入における契約通貨について，輸出全体・輸入全体，対米，対 EU，対アジアの地域別，そして産業別に分析が行われた．貿易建値通貨選択の「定型化された事実」として，先進国間の貿易では輸出国通貨建てで取引される傾向があるという「グラスマンの法則」に反して，日本の対米輸出と対 EU 輸出においては円建て取引が多くないことが指摘された．一方，対アジア輸出においては円建て比率が多いものの，進展が見られない．日本からアジアへの直接投資を通じて日系企業がアジアでの生産拠点をいっそう拡大し，日本とアジアの間で企業内貿易が進展すれば，対アジアの輸出において円建て貿易が増加することが予想されていた．実際に日系企業は活発な投資によってアジア域内での生産ネットワークを構築し，域内の工程間分業と企業内貿易を大きく拡大させたものの，対アジア貿易において円建て取引が進展していないことが明らかとされた．

　政府は金融資本取引の自由化を進めることで円の国際化を促進しようとした．資本取引に対する制限を取り払い，発達した金融市場を育成することで円建て取引の阻害要因を取り除き，円の国際化を促進しようという考えがその背後にあった．1980 年の外為法（外国為替及び外国貿易管理法）改正によって対外的な金融資本取引が原則自由となり，さらに 1998 年の改正では事前の許可・届出制度の原則廃止と外国為替業務の完全な自由化によって，欧米先進諸国並みの対外取引環境が整備された．佐藤論文は，これらの政策対応によって実際に円建て取引が促進されたのか，考察された．そして，円建て貿易の時系列的な変化，地域別の円建て貿易比率の違い，そして産業別に見た円建て貿易の値通貨に関する最近の研究成果が利用されて，日本企業の貿易建値通貨の現状についても考察が行われた．

　1980 年代を中心に政策当局は金融資本取引の自由化を進めることで円の国際化を促進しようとした．1998 年の外為法改正によって外国為替業務が完全に自由化され，欧米諸国並みの対外取引環境が整備された．それにもかかわらず，日本企業は円建てではなく，むしろドル建て取引を選好している．

佐藤論文による建値通貨比率の推定によって，産業レベルよりさらに詳細な商品群レベルで輸出の建値通貨選択行動が考察され，一般機械，電気・電子機器，輸送用機器の主要産業では円建て取引比率が最大である商品群の数の方が大きいことが明らかにしたものの，電気・電子機器と輸送用機器においては円建て輸出比率の高い商品群のウェイトが相対的に小さいため産業全体としてみると米ドルを中心とする外貨建て輸出のシェアが高くなっていることを指摘した．

　日本企業へのアンケート調査結果によると，大企業ほどドル建て比率を選好しているという実態が示されている．大規模企業ほど海外に生産拠点を拡大し，本社と海外拠点との間で活発な企業内貿易を行っている．この企業内貿易ではドル建てで取引される傾向が強い．日本企業が国際的な事業展開をさらに進めると，それだけドル建て取引が行われる結果となっている．金融資本取引の自由化は企業が効率的な為替リスク管理戦略を行うことを可能にしたが，その結果として円建て取引ではなくドル建て取引が進んでいると指摘した．佐藤論文では，近年の企業の国際的な事業展開や生産ネットワークの構築によって，日本と海外の生産販売拠点との間で活発な企業内貿易が行われるようになったために，この企業内貿易において，日本企業は合理的な選択としてドル建ての取引を進めていて，こうした企業内貿易が大企業ほど顕著に行われていて，円建て取引を阻む要因となっていると結論された．

6. 安全通貨としての円とドル
──ファンダメンタルズから不確実性へ

　第5章「安全通貨としての円とドル──ファンダメンタルズから不確実性へ」（増島雄樹）においては，避難通貨指数の手法が利用されて，安全通貨（金融市場でリスクオフ──先行きの不確実性があり，投資家のリスク回避度が高まる状況──に買われる通貨）に関する以下の3つの問題が考察された．第1の問題は，円はドルより志向される安全通貨なのかどうかである．第2の問題は，どのようなチャネルを通じて安全通貨効果として円高あるいはドル高が進むのかである．第3の問題は，円の安全通貨の地位が安泰かど

うかである.

　安全通貨となるための要件として，①経常収支黒字，対外純資産，金融市場の発展度など経済のファンダメンタルズの側面，②外国為替市場や債券市場の価格スプレッドなど流動性に関わる側面，③低金利通貨で資金調達を行い高金利通貨に投資する「キャリートレード」などの投資家の投資行動に関わるもの，そして，④大きなショックからの影響から比較的隔離されているという強靭性が，挙げられる．円に関していえば，①については，日本は1981年以降経常収支黒字を続けており，対外純資産残高は2016年でGDPの約6割である．②については，国際決済銀行（BIS）の統計によると，円はドル，ユーロに次ぐ第3位の取引シェアを占めている．③については，日本の翌日物金利は20年以上も1%以下で推移している．したがって，これらの3つの条件については，概ね満たしていると指摘する．一方，④に関して，円はショック時には真っ先に買われるものの，不確実性の変化に対しての感応度が高いため，ショックから隔離されているとは必ずしも言い難いと示唆する．

　近年において，不確実性の高まりや投資家のリスク回避度の高まりに伴い増価する安全通貨に関して，不確実性の測定と安全通貨の判定の両面から研究が進んでいる．増島論文の分析で用いられている円の避難通貨指数は，米国の恐怖指数（VIX）と日米国債2年物の金利差（及び日米国債10年−2年のスプレッド）の変化幅で，ドル円為替相場の日次変化率に対して回帰分析を行うことによって推計したVIXの係数を避難通貨効果とし，金利差の係数を金利効果とする．このように推計した円の避難通貨効果は，2002年から2017年までの分析期間において総じて円は避難通貨効果を有し，VIXが1%ポイント上昇すると円がドルに対して0.1〜0.25%程度増価したことが示された．

　増島論文では，投資家のリスク回避度が上昇した際に通貨高となる避難通貨効果が計測され，円とドルの安全通貨としての背景が比較された．不確実性上昇時に，円はドルよりも安全通貨として志向される傾向が強く，その際の円高が進むチャネルは低金利通貨で調達し，高金利通貨で運用するキャリートレードの巻き戻しが主要なチャネルであるのに対して，ドル高が進む

チャネルは資源通貨の動向とより強く関連していることが示された．また，こうした避難通貨効果は，金融政策の変化に伴って構造変化が起こることが確認されて，経済のファンダメンタルズよりも，市場参加者のリスク回避度と注目材料が避難通貨の決定要因として重要な位置を占めつつあることが指摘された．

　以上の分析より，増島論文は，不確実性が上昇し投資家のリスク回避度が高まる際に，円はドルよりも安全通貨として志向される傾向が強いことを指摘した．円高が進む主要なチャネルが低金利通貨で調達し，高金利通貨で運用するキャリートレードの巻き戻し（もしくは同取引があるとの前提による投資家行動）である一方，ドル高が進むチャネルが世界の需給ショックに伴う資源通貨の動向とより強く関連していることも指摘した．日本銀行が金融緩和を継続させるかぎり，当面は，安全通貨としての円の地位は持続するとみなしている．しかし，日本経済が拡大し，物価が上昇する中で，日本銀行が金融緩和の出口戦略を採り，金利を引上げた場合には，金利上昇に伴い，累積する政府債務が意識され，再び市場のファンダメンタル重視の傾向が強まる可能性がある．その際には，円からドルへ回帰し，ドルに比べた円の相対的な地位が低下し，円が安全通貨としての地位から転落する可能性があることが結論された．

7. 貿易建値通貨としての人民元の国際化
——東アジア諸国の通貨体制に与える影響

　第6章「貿易建値通貨としての人民元の国際化——東アジア諸国の通貨体制に与える影響」（清水順子）においては，この10年間における中国の通貨当局による人民元の国際化を振り返り，特に貿易建値通貨としての人民元利用の現状と課題が検討されるとともに，人民元の貿易取引通貨としての国際化が東アジア諸国の通貨体制に与える影響及び日本もアジア通貨利用の拡大に向けた新たな取り組みを始めていることについて考察された．

　清水論文では，人民元の国際化の特徴を以下のように説明している．第1に，貿易関連取引での人民元利用を促進することから始め，対象企業，対象

地域（国内と海外）を徐々に拡大するとともに，2011年1月には対象地域の事業会社による人民元建て対外直接投資が解禁され，同年10月には対内直接投資も解禁された．第2に，中国は貿易と直接投資のための人民元流動性を提供するために，世界各国と二国間通貨スワップ取極を締結した．その理由には，中国が資本規制を相変わらず残しているため，中国本土以外での人民元の流動性は限られてしまうからである．同時に，中国はドル以外の通貨による直接人民元取引市場の開設にも取り組み，2016年7月末時点で，13通貨が人民元との直接取引が可能となっている．

このような中国政府の積極的な人民元の国際化政策により，人民元建て貿易決済は徐々に拡大していることが様々なデータから確認された．また，日本企業の海外現地法人を対象としたアンケート調査結果からは，中国所在の日系現地法人において，海外との輸出入における人民元の利用はさほど増えず，依然としてドル建て取引が支配的である一方で，日本の本社企業との企業内貿易において人民元建て取引が顕著に増加していることが確認された．中国所在日系現地法人は，日本から中間財を輸入する際に人民元建てを使い始めているが，貿易相手が本社であるときにその傾向が顕著である．さらに，日系現地法人が日本へ完成品・中間財などを本社相手に輸出する際にも人民元建てが増加している．こうした企業内貿易での人民元建て取引の増加は，中国における日本企業の海外現地法人のプレゼンスが相対的に高くなり，本社が人民元建て決済を利用することによって，その為替リスクを本社に集約して管理するようになったことが指摘されている．

中国に進出している日本企業の多さを考慮すれば，人民元がもっと使いやすい通貨となることは日本企業にとっても大きなプラスとなる．現在日系企業は，上海や香港の人民元オフショア市場を利用して人民元取引を行っているが，東京市場に設置された円・人民元直接交換市場の利用率は，アンケート調査結果を見ても極めて低い．大企業から中小企業までの多様な日系企業をカバーするためには，東京にも人民元クリアリングバンクが設置され，オフショア人民元の取り扱いが活発になることが必須となろう．そのためにも，日中間における金融対話により，二国間の金融協力が進展することが期待される．

従来の域内貿易取引はドル建てが支配的であったが，昨今の中国政府が積極的な人民元の国際化政策を促進するのに合わせ，ASEAN諸国も東アジア域内の現地通貨建て取引を進めるなど，東アジア諸国通貨の活用を図っていく必要があることを改めて意識し，東アジア域内のクロスボーダー取引で東アジア諸国通貨を使用する取り組みが進められていると指摘している．清水論文は，このような転換期において，東アジア諸国における現地通貨利用が貿易取引のみならず資本取引においてどの程度進展しているのかといったデータを収集することは，将来にあるべき東アジア諸国の通貨体制を占ううえで重要となることが強調されている．また，アジアでいち早く自国通貨の国際化を果たした日本には，その知見をアジア各国と共有することが今こそ求められていて，今後，現地通貨の取引促進に資する環境整備に向けた域内金融協力を通じて，アジアの金融・為替市場が拡大し，より安定したアジア通貨体制の構築が期待されると結論付けている．

8. 東アジアにおける経済統合の進展と基軸通貨ドル
──「アジア域内金融システム」の可能性

第7章「東アジアにおける経済統合の進展と基軸通貨ドル──「アジア域内金融システム」の可能性」(川﨑健太郎)においては，東アジアにおける経済統合の進展によって，域外通貨に依存しない「アジア域内金融システム」を機能させる素地が形成されているのか，すなわち，アジアにおいて実質的な金融統合が進んでいるのかを検証することを目的としている．東アジアにおける経済統合の進展とそれによる経済構造の類似化・同質化が考察され，東アジア諸国が通貨統合に参加することができる最適通貨圏として東アジアが認められるかどうかについて分析が行われた．その分析のために，構造ベクトル自己回帰 (S-VAR) モデルが利用されて，供給ショックの相関係数の推計が行われた．さらに，実物面のみならず金融面における経済統合が考慮に入れられて，一般化購買力平価 (G-PPP) モデルが利用されて，金融・通貨面の経済統合について分析が行われた．

アジア危機以降の「経済のグローバル化」の時期について，ASEAN5

終章 基軸通貨ドルへの挑戦

（インドネシア，マレーシア，フィリピン，シンガポール，タイ）＋3（日本，中国，韓国）の8カ国間の供給ショックの相関係数の推計によって，供給ショックの反応に対する相関係数が比較的高い値を示したのは日本と中国や日本と韓国などの一部の組合せだけにとどまった．インドネシア，フィリピン，シンガポールが含まれる場合には，他の国々との供給ショックの相関係数が0.3を超える組合わせが存在せず，アジア通貨危機以前の分析で示された傾向とは異なっている．また，分析を行った期間においては，供給ショックの反応が非対称的であることを示す負の相関係数が，アジア通貨危機以前よりも大きくなっている．アジア通貨危機の前と後で，それぞれの経済構造には大きな変化が生じていることを示唆する結果であると指摘している．また，アジア通貨危機を境として，域内各国の経済ショックの反応について相関係数を比較すると，「経済のグローバル化」の時期において，より多くの国々で景気循環が同期したことで，経済構造の類似性が確認されるようになっている．

次に，G-PPPモデルが利用されることによって，東アジア諸国（ASEAN6（インドネシア，マレーシア，フィリピン，シンガポール，タイ，ベトナム）＋3（日本，中国，韓国））について「アジアは最適通貨圏か」について検証が行われた．分析期間としては，「東アジアの奇跡」期（1984年1月～1997年6月）と「経済のグローバル化」期（2000年1月～2016年12月）と「ポスト世界金融危機」期（2008年9月～2016年12月）が対象とされた．

「東アジアの奇跡」期に比較して，「経済のグローバル化」期の方が，より多くの組合せで最適通貨圏の条件を満たしているという分析結果が得られた．この結果は，通貨統合のような通貨同盟を形成する際に，含まれるべき最適通貨圏の構成国には，より多くの選択肢が存在することから，通貨同盟の創設に柔軟性と実現可能性が高まっていることを意味している．さらに，世界金融危機以降のデータについて検証すると，25通りの構成国の組合せで実質為替相場の線形結合が定常であることが確認することができた．この25通りのうち10通りは，線形結合が定常であることが確認された組合せと全く同じ構成国であることから，世界金融危機のような大きな経済ショックを

経験しても，最適通貨圏に含まれうる東アジアの国々の経済的な結びつきは，非常に強固であって，外的ショックに対する頑健な通貨同盟が形成可能であるという分析結果を得たとしている．

以上の分析結果より，川﨑論文においては，東アジア諸国における経済統合の進展が，アジア通貨危機以前の「東アジアの奇跡」期に比べ，アジア危機以降の「経済のグローバル化」期において，将来において通貨統合に進展する可能性を有するような，より広範に，より強固に，深化していると結論された．

さらに，今後東アジアに生じる金融統合は，20世紀後半に議論されていたような国際金融アーキテクチャの構築と同じような形態をとらないかもしれないと指摘している．その理由は，Fintechやブロックチェーン技術に代表される新しい金融技術の登場が，これまで東アジア地域において試みられてきた金融インフラ整備とその制度的な枠組みの構築とは異なる，新たな可能性や形態を生み出すかもしれないからである．東アジアにおける「金融統合」に向けて，様々な変革がもたらしうる新たな金融統合の形態を，我々は既存の古い価値観に基づいて一方的に排除すべきではないだろうと結論付けている．

9. アジア地域通貨協力への展望
―― アジア通貨危機の教訓と各国通貨制度の課題

第8章「アジア地域通貨協力への展望――アジア通貨危機の教訓と各国通貨制度の課題」（赤羽裕）においては，アジア通貨危機当時，通貨危機に直面した各国の通貨当局が事実上のドルペッグ制度を採っていたことへの反省を踏まえて，ASEAN＋3の通貨当局による一連の取り組みが，「ドル依存からの脱却」への試みとして東アジア域内諸国で協力して進められてきたと評価したうえで，アジア通貨危機の原因を振り返るとともに，その後のASEAN＋3の通貨当局による枠組みを中心とする地域通貨・金融協力への取り組みが考察された．合わせて，現在の各国の通貨制度を国際通貨基金（IMF）の分類に沿い評価し，その課題が整理されたうえで，当該地域にお

けるドル依存脱却の将来の展望と施策が考察された．

　ドル依存の問題点として次の2点が指摘された．第1に，ドルペッグ制度が，マクロ経済が異なる状況にあった各国へ危機を伝播させた共通要因であったこと．順調な経済成長を遂げてきたそれまでは，対ドルでの為替相場の安定化に成功していたが，いったん海外投資家からそれに対して疑念が持たれると，為替介入で耐えられるほどの十分な外貨準備もなく，変動為替相場制度への移行を余儀なくされた．第2に，通貨危機に直面した各国における金融機関や企業が「通貨と期間のダブル・ミスマッチ」に直面していたこと．民間の設備投資など長期の自国通貨建ての運用ニーズに対して，短期のドル建てで資金調達が地元の金融機関によって行われていた．このダブル・ミスマッチは，各国通貨の暴落により返済の際の自国通貨換算後の負債金額を急増させ，金融機関や企業の資本を毀損し，場合によっては債務超過に陥らせた．また，短期資金であるため，海外からの資金が引き揚げられ，資金支援の継続が困難となった．

　また，アジア通貨危機以降におけるASEAN＋3の通貨当局による以下の取り組みが概観された．それらは，通貨危機が発生した場合に備えるセーフティネット，すなわち通貨危機管理のための通貨スワップ取極の構築であるチェンマイ・イニシアティブ（CMI），通貨スワップ取極を多国間取決めとしたCMIのマルチ化（CMIM），通貨危機を予防するための域内各国のマクロ経済のサーベイランスを行う機関であるASEAN＋3マクロ経済リサーチオフィス（ASEAN＋3 Macroeconomic Research Office, AMRO）の設立，そして，ダブル・ミスマッチを是正するためのアジア債券市場育成イニシアティブ（ABMI）についてである．

　東アジアで事実上進展している実物経済を中心とした経済統合が考慮に入れられると，通貨制度や為替相場制度の安定への考慮が重要であることが指摘された．第1段階として，域内通貨単位の創出にあたっての通貨間のシェアに関する議論を通貨当局は開始・決定するべきである．第2段階として，アジア開発銀行（ADB）あるいはAMROの域内国際機関において，域内通貨単位を公表したうえで，マクロ経済指標の一つとしての為替相場のモニタリング手段として利用し，CMIMの下での通貨スワップ取極の発動検討材

料にもするべきである．第3段階として，それを踏まえて，域内通貨制度や通貨間の為替相場の安定の必要性を通貨当局は議論するべきである．そして，第3段階において，並行して域内通貨単位の実利用のための議論も進め，域内通貨単位の創出のため当初参加する国（通貨）をどうするか，その場合の通貨間シェアはどうするか，実利用者の為替リスク・ヘッジのニーズに対応する手段をどうするかなど，具体的な課題の整理と解決策，創出した場合の実利用者である企業にとってのメリットの検討といった議論につなげる可能性が示唆された．

さらに，域内通貨に関する決済システムの面においてもドル依存からの脱却が試みられていることが指摘された．ASEAN＋3では，ABMIの取り組みの一つとして，ASEAN＋3債券市場フォーラム（ABMF）が設置され，域内のクロスボーダー債券取引に関する各国の市場慣行規制の調和化に取り組まれている．その中で，クロスボーダーの資金・証券の同時決済（DVP）のための証券集中保管機関（CSD）—即時グロス決済（RTGS）リンクが取り組まれていて，将来的には域内各国の中央銀行や証券集中保管機関を中心で接続するハブ機関の構築が目指されている．また，CSD-RTGSリンクが実現すれば，為替取引における異種通貨の同時決済（PVP）も可能となり，システム面から域内通貨間の外国為替の直接取引を支えることとなる．こうした決済インフラが完成すれば，将来，実利用のため域内通貨単位を東アジア域内で創出する場合にも，域内通貨からの合成・分解が容易となることが論じられた．

最後に，ASEANや中国にみられるような自国通貨建て取引の割合を増やしていき，徐々にドル依存からの脱却を進めていくことが，現実的な取り組みであると評価されている．並行して域内国通貨間での為替相場の安定やそのための為替制度の協調といったテーマを，ASEAN＋3でも議論していく必要があると指摘し，その先に，モニタリング用から実利用へといった段階的な地域通貨単位（RMU）創出の議論が展望できると結論付けている．

10. おわりに

　「基軸通貨ドルへの挑戦」に関して本書で提起した考察すべき課題として，大きく分けて，3つの課題を挙げた．それぞれの課題に対する我々の考察の結果は以下にまとめることができる．

　第1の課題は，国際通貨制度において基軸通貨としてのドルの地位にどのようにして慣性が働くのか，一方，一部の国々について国内経済においてドルが流通するという，いわゆるドル化がどのようにして進展したのかであった．

　国際通貨の交換手段としての機能と価値貯蔵手段としての機能を比較すると，交換手段としての機能の方が相対的に重視されていることが明らかとなった．とりわけ，世界金融危機時におけるドル流動性不足は，量的にドルの供給が減少しただけではなく，質的に効用に対するドルの貢献度も悪化させたことが実証分析から示された．一方，国内経済におけるドル化に直面している国々では，自国通貨の減価によってドル化が進展するものの，自国通貨の増価によってドル化が後退する程度には限界があるという，ラチェット効果が作用していることを実証分析より示し，基軸通貨ドルの慣性がこのラチェット効果に依拠することを明らかにした．

　第2の課題は，ユーロの導入や円の国際化が基軸通貨ドル体制に対してどのような影響を及ぼしうるのかであった．そして，現行の国際通貨制度の中でドルが基軸通貨としての地位を維持し続ける中，近年においてなぜ円が安全通貨として評価されているのかであった．

　ユーロ導入は，ドルに代替したかどうかについては，基軸通貨ドルには影響を及ぼさずに，むしろ他の国際通貨に代替したことが実証分析から示された．ユーロの課題としてユーロの価値安定とその利便性の視点から銀行同盟の完成や資本市場同盟の推進が必要であることが指摘された．一方，円の国際化については，金融資本取引の自由化によって企業が効率的に為替リスク管理戦略を実施することができるようになったのは事実である．しかし，企業が国際的に事業展開し，国際的な生産ネットワークを構築したことによって，日本と海外の生産販売拠点との間で活発な企業内貿易が行われるように

なった．この企業内貿易において，日本企業は合理的な選択としてドル建ての取引を進めていることが明らかにされた．ドルが国際経済取引の決済通貨の基軸として位置付けられる中，投機対象として安全通貨としての円が注目されている．しかし，これは日本で金融緩和が続く中で持続すると見られるものの，日本経済が拡大し物価が上昇する中で，日本銀行が金融緩和の出口戦略を採り，金利引上げに伴い，累積する政府債務が意識され，再び市場のファンダメンタル重視の傾向が強まった際には，ドル回帰，あるいは他の通貨に比べた円の相対的な地位が低下し，円が安全通貨でなくなってしまう可能性があることが指摘されている．

　第3の課題は，東アジアの経済発展や経済統合，及び，台頭する中国による人民元の国際化の推進が，東アジアにおけるドル依存に対してどのような影響を及ぼしうるのかであった．また，その中で，ドル依存脱却のために東アジアにおいて地域通貨協力が今後どういった方向に進むべきなのかであった．

　東アジアで生産ネットワークの進展によって垂直的な経済統合が進めば，東アジア各国間の経済変動の同調性が高まり，「アジアは最適通貨圏」という潜在的な可能性が高まる．実証分析から，「東アジアの奇跡」（1984年1月～1997年6月）期に比較して，「経済のグローバル化」（2000年1月～2016年12月）期の方が，より多くの組合せで最適通貨圏の条件を満たしているという分析結果が得られた．また，近年の東アジアの経済発展，とりわけ中国の経済成長は，東アジア域内の決済通貨に影響を及ぼしうる状況となってきた．人民元の国際化は，人民元による貿易決済のみならず，ASEAN諸国もアジア域内の現地通貨建て取引を進めるなど，アジア通貨の活用を図っていく必要があることを改めて意識し，アジア域内のクロスボーダー取引でアジア通貨を使用する取り組みが進められている．

　最後に，ドル依存脱却のために東アジアにおいては1997年のアジア通貨危機以降，様々な地域通貨協力の取り組みが通貨当局によって進められてきた．それを一層進展させる方向として，東アジアで事実上進展している実物経済を中心とした経済統合を考慮に入れると，通貨制度や為替相場制度の安定に向かって進めることが必要である．その一つとして域内通貨間の為替相

終章　基軸通貨ドルへの挑戦

場の安定をモニタリングするために，その状況を測る基準としての域内通貨単位を ASEAN＋3 の通貨当局が協調して，創出することが挙げられる．一方，域内通貨に関する決済システムの面においてもドル依存からの脱却が試みられている．CSD-RTGS リンクの実現は，為替取引における異種通貨の同時決済も可能となり，システム面から域内通貨間の外国為替の直接取引を支えることとなるはずである．

索引

ア　行

アジア域内金融システム　232
アジア債券市場育成イニシアティブ
　（ABMI）　196, 235
アジア通貨危機　191
アジア・ボンド・オンライン　197
安全（避難）通貨　111, 114, 229
域内生産ネットワーク　210
域内通貨単位　236
一般化購買力平価モデル（G-PPP モデル）　179
インターバンク・オフショア人民元市場　140
インプライド・ボラティリティ　116
円・人民元直接交換市場　231
円建て輸入比率　86
円の国際化　79, 87, 206, 209, 226, 227, 237
円ベース　89
欧州危機　72
オフショア人民元（CNH）　140, 149
オンショア人民元（CNY）　140, 149

カ　行

海外スターリング地域　60
外貨準備の通貨別保有シェア　4
外貨マリー　210
外国の金融政策ショック　43
隔離機能　40
仮想通貨・ビットコイン　132
価値貯蔵手段としての機能　13

カバー付き金利平価説　121
カバーなし金利平価説　120, 121
ガリバー型国際通貨制度　14, 25
為替媒介　55
　　――通貨　55
為替リスクヘッジ　203
慣性　48
　　――の法則　165
間接金融システム　166
管理された自由交換制　137
企業内貿易　106
基軸通貨　53
　　――としての慣性　25
基軸通貨ドル　220, 237
　　――の効用への相対的貢献度　19
基軸通貨ポンド　60, 61
キャリートレード　114, 121
　　――の巻き戻し　230
競争通貨　220
恐怖指数（VIX）　116, 120
銀行同盟　72, 226
金融政策の「正常化」　202
金利効果　124
グラスマンの法則　83, 86, 227
グローバル化時代における金融統合　186
クロスボーダー人民元決済システム　142
経済産業研究所　145
経済のグローバル化　166, 233
契約通貨ベース　89
現地通貨建て決済（LCSF）　155
交換手段としての機能　12

索引

公式外貨準備通貨別構成　144
効用関数に貨幣を含むモデル（money-in-the-utility model）　15, 32
効用に対するドルの貢献度　221
国際金融のトリレンマ　17, 29
国際決済手段　58
国際通貨　53
　——の機能　8
　——の便益と費用　70
　——の役割　53
固定相場制度　47
固有通貨　174

サ　行

最適通貨圏の条件　233
最適通貨圏理論　174
産業別建値通貨比率　94
資源価格　132
事実上の金融統合　186
事実上の経済統合　166
シナジー（協働）効果　54, 61, 225
シニョリッジ（貨幣鋳造税）　48
資本市場同盟　226
準備通貨　67
人民元クリアリング銀行　158
人民元建てクロスボーダー貿易決済　137
人民元建て債券（点心債）　140
人民元建て対外直接投資　140
人民元適格外国人機関投資家（RQFII）制度　137, 140, 158
人民元適格国内機関投資家（RQDII）制度　140
人民元の国際化　139, 153, 209, 220, 230
信用保証・投資ファシリティ（CGIF）　197
脆弱通貨　128
世界金融危機　222
世界の工場　164

タ　行

建値通貨選択行動　228
建値通貨比率　93
単一パスポート　73
地域通貨協力　238
地域通貨単位（RMU）　198
チェンマイ・イニシアティブ（CMI）　194, 235
　CMIM（CMIのマルチ化）　157, 194, 235
直接人民元取引市場　140
賃金・証券の同時決済　212
通貨インデックス　33
通貨競争　23
通貨スワップ協定　23, 223
通貨代替　29, 30, 39, 45, 223
　——に内在する不安定性　45
通貨と期間のミスマッチ（ダブル・ミスマッチ）　193
通貨の国際化　138
「通貨の非国際化」政策　178
通貨保有の費用　16
強いドル　113
テーパリング（量的緩和の縮小）　202
適格ASEAN銀行　204
統一されたプラットフォームの及ぶ経済範囲　186
動学的確率的一般均衡モデル　33
取引コストアプローチ　56
取引費用モデル　32
ドル依存体制　193
ドル依存脱却　204, 234
ドル依存の問題点　235
ドル化　154, 223
ドル・ペッグ圏　61
ドルペッグ制度　166
　事実上の——　165
ドル流動性不足　20, 23, 222

241

索 引

ナ 行

ニクソン・ショック　7
二国間人民元建スワップ協定　139
二国間通貨スワップ取極（BSA）
　　137, 157
日米円・ドル委員会　87
日経平均 VI　120
日中金融協力　158
ネットワーク効果　61

ハ 行

汎アジア・インデックス・ファンド
　　（PAIF）　197
東アジア域内貿易比率　167
東アジア・オセアニア中央銀行役員会議
　　（EMEAP）　197
東アジアの奇跡　166, 233
避難通貨　120
　――効果　121, 123, 124, 229
　――指数　228
フェイルセイフ　72
フォワードバイアス　123
不確実性指標　120
ブレグジット　73, 123
ブレトンウッズ体制　6
ヘルシュタット・リスク　215
変動の恐怖（fear of floating）　7
貿易建値通貨　64, 79, 226
　――選択行動　84
　――比率　89
貿易取引通貨別比率　80
ポンド・ペッグ圏　61

マ 行

名目為替相場のボラティリティ　45

ヤ 行

有事のドル買い　111
ユーロ　225
　――カレンシー市場　4
　――導入　21, 222, 237
　――の国際化　71
輸出先別価格設定行動（PTM）　83
PTM 行動　86, 104

ラ 行

ラチェット効果　48, 224
リスクオフ　111, 114
リスクオン　117
流動性リスクプレミアム　20

アルファベット

ABF1　197
ABF2　197
ABMI　→アジア債券市場育成イニシアティブ
ASEAN＋3 債券市場フォーラム　197
ASEAN＋3 マクロ経済リサーチオフィス（AMRO）　157, 194, 235
ASEAN 経済共同体（AEC）　204
Asian Currency Unit（ACU）　199
Asian Monetary Unit（AMU）　199
BSA　→二国間通貨スワップ取極
cash-in-advance モデル　32
CFETS インデックス　203
CLS 銀行　214
CMI　→チェンマイ・イニシアティブ
CMIM　→チェンマイ・イニシアティブ
CNH　→オフショア人民元
CNY　→オンショア人民元
CSD-RTGS　212
FRB の金利引き上げ　124

索引

G-PPP モデル　→一般化購買力平価モデル
IMF 非リンク　194
IMF リンク　194
LCSF　→現地通貨建て決済
Local Currency Settlement Framework（LCSF）　155, 205
money-in-the-utility-function モデル　→効用関数に貨幣を含むモデル
PTM　→輸出先別価格設定行動
RMB Tracker　141
RMU　→地域通貨単位
RQDII　→人民元適格国内機関投資家制度
RQFII　→人民元適格外国人機関投資家
SWIFT（国際銀行間通信協会）　138, 141
VIX　→恐怖指数

編者・執筆者紹介

［編　者］

小川英治（おがわ　えいじ）　第 1 章，終章
一橋大学大学院経営管理研究科教授（国際金融論）
1957 年北海道生まれ．一橋大学商学部卒業．一橋大学大学院商学研究科博士後期課程単位取得退学．博士（商学）．一橋大学商学部専任講師，助教授，商学研究科教授を経て，2018 年 4 月に改組の上，名称変更．1986～88 年ハーバード大学経済学部，1992 年カリフォルニア大学バークレー校経済学部，2000 年 9 月国際通貨基金調査局で客員研究員．
〈主要業績〉
『世界金融危機後の金融リスクと危機管理』編著，東京大学出版会，2017 年．
『世界金融危機と金利・為替――通貨・金融への影響と評価手法の再構築』編著，東京大学出版会，2016 年．
『ユーロ圏危機と世界経済――信認回復のための方策とアジアへの影響』編著，東京大学出版会，2015 年．
『激流アジアマネー――新興金融市場の発展と課題』共編著，日本経済新聞出版社，2015 年．
Who Will Provide the Next Financial Model? : Asia's Financial Muscle and Europe's Financial Maturity, edited by, with Sahoko Kaji, Springer, 2013.

［執筆者］（掲載順）

熊本方雄（くまもと　まさお）　第 2 章
一橋大学大学院経営管理研究科教授（国際金融論）
1973 年山口県生まれ．一橋大学商学部卒業．一橋大学大学院商学研究科博士後期課程単位修得退学．博士（商学）．東京経済大学経済学部専任講師，助教授，准教授，教授を経て，2018 年 9 月より現職．2008～09 年までボン大学客員研究員．
〈主要業績〉
"Threshold Effects of Population Aging on Stock Prices," with Juanjuan Zhuo, *Economics Bulletin*, Vol. 38（4）, pp. 2313-2319, 2018.
"Bank Lending Channel in Transmission of Monetary Policy in Japan, 2000-2012 : The Sign Restrictions VAR Approach," with Juanjuan Zhuo, *Applied Economics and Finance*, Vol. 4（2）, pp. 87-100, 2017.
"Currency Substitution and Monetary Policy under the Incomplete Financial Market," with Hisao Kumamoto, *Japanese Journal of Monetary and Financial Economics*, Vol. 2（2）, pp. 16-45, 2014.

編者・執筆者紹介

高屋定美（たかや　さだよし）　第3章
関西大学商学部教授（国際金融論，欧州経済論）
1963年京都市生まれ．神戸大学経済学部卒業．神戸大学大学院経済学研究科博士後期課程単位取得退学．博士（経済学）．近畿大学商経学部専任講師，助教授，教授を経て2004年4月より現職．1997～98年カリフォルニア大学バークレー校経済学部で客員研究員．
〈主要業績〉
『検証　欧州債務危機』中央経済社，2015年．
『欧州危機の真実——混迷する経済・財政の行方』東洋経済新報社，2011年．
『EU通貨統合とマクロ経済政策』ミネルヴァ書房，2009年．

佐藤清隆（さとう　きよたか）　第4章
横浜国立大学大学院国際社会科学研究院教授（国際金融）
1968年長崎市生まれ．横浜国立大学経済学部卒業．東京大学大学院経済学研究科博士課程単位取得満期退学．博士（経済学）．（財）国際東アジア研究センター研究員，横浜国立大学経済学部助教授，准教授，教授を経て，2013年4月より現職．2016年11月よりSchool of Business and Law, Edith Cowan UniversityのAdjunct Professorを兼務．
〈主要業績〉
Managing Currency Risk : How Japanese Firms Choose Invoicing Currency, with Takatoshi Ito, Satoshi Koibuchi, and Junko Shimizu, Cheltenham, UK : Edward Elgar Publishing, 2018.
"Regional or Global Shock? A Global VAR Analysis of Asian Economic and Financial Integration," with Sheue Li Ong, *North American Journal of Economics and Finance*, Vol. 46, pp. 232-248, 2018.
"Industry-Specific Exchange Rate Volatility and Intermediate Goods Trade in Asia," with Junko Shimizu, Nagendra Shrestha, and Shajuan Zhang, *Scottish Journal of Political Economy*, Vol. 63 (1), pp. 89-109, 2016.

増島雄樹（ますじま　ゆうき）　第5章
ブルームバーグ・エル・ピー，主席エコノミスト（国際金融論，マクロ経済学）
1973年東京都生まれ．慶應義塾大学経済学部卒業．国際大学大学院国際関係学研究科（国際開発学）修了．ブランダイス大学国際経営大学院博士課程修了．博士（国際経済・金融）．野村信託銀行，世界銀行，日本銀行，日本経済研究センター主任研究員を経て，2015年7月より現職．
〈主要業績〉
"Safe Haven Currency and Market Uncertainty : Yen, Renminbi, Dollar, and Alternatives," RIETI Discussion Paper Series 17-E-048, 2017.
『システミック・リスクに関わる分析手法の動向と評価——国際的な潮流と日本への含意』金融庁金融研究センターディスカッション・ペーパーシリーズ DP2014-10, 2015年．

"Lending Currency Mix of Globalized Banks : A Potential Risk for Foreign Affiliates via Internal Fund Transfer," in : A. Jalilvand and A. G. Malliaris, (eds.), *Risk Management and Corporate Governance* (Routledge Advances in Management and Business Studies), New York : Routledge, 2011.

清水順子（しみず　じゅんこ）　第6章
学習院大学経済学部教授（国際金融論，外国為替）
東京生まれ．一橋大学経済学部卒業後，Chase Manhattan 銀行，日本興業銀行（London，本店），Bank of America Int'l（London），Morgan Stanley（東京）等に勤務した後，1999年4月一橋大学大学院商学研究科入学．2004年3月一橋大学大学院商学研究科博士後期課程修了．博士（商学）．専修大学商学部准教授等を経て，2012年4月より現職．
〈主要業績〉
「アジアの資本フロー・通貨と金融危機管理――域内地域金融協力の役割と課題」小川英治編『世界金融危機後の金融リスクと危機管理』東京大学出版会，2017年．
「国際マクロから考える日本経済の課題」（共著）藤田昌久編『日本経済の持続的成長――エビデンスに基づく政策提言』東京大学出版会，2016年．
"Exchange Rate Exposure and Risk Management : The case of Japanese exporting firms," with Takatoshi Ito, Satoshi Koibuchi, and Kiyotaka Sato, *Journal of the Japanese and International Economies*, Vol. 41, pp. 17-29, 2016.

川﨑健太郎（かわさき　けんたろう）　第7章
東洋大学経営学部教授（国際金融論）
1973年神戸市生まれ．関西学院大学経済学部卒業．一橋大学大学院経済学研究科博士後期課程単位取得満期退学．博士（経済学）．東洋大学経営学部講師，助教授，准教授を経て，2016年4月より現職．2007～08年アジア開発銀行地域経済統合室リサーチフェロー．
〈主要業績〉
"Is Economic Development Promoting Monetary Integration in East Asia?" with Zhi-Qian Wang, *International Journal of Financial Studies*, MDPI, Vol. 3 (4), pp. 1-31, 2015.
"Are the 'ASEAN plus Three' Countries Coming Closer to an Optimum Currency Area? " *China Economic Policy Review*, Vol. 1 (2), pp. 1-31, 2012.
"What Should the Weights of the Three Major Currencies be in a Common Currency Basket in East Asia? " with Eiji Ogawa, *Asian Economic Journal*, Vol. 20 (1). pp. 75-94, 2006.

赤羽　裕（あかばね　ひろし）　第8章
亜細亜大学都市創造学部教授（国際金融，アジア経済）
1963年東京都生まれ．1987年上智大学経済学部卒業．富士銀行（現みずほ銀行）入行．国内法人営業担当後，アジア通貨危機当時のマレーシアで勤務．その後，為替管理業務，

国際営業部等を経て，2016年4月より現職．銀行在職時に2007年3月亜細亜大学大学院アジア・国際経営戦略研究科（MBA）修了．2011年3月埼玉大学大学院経済科学研究科博士後期課程修了．博士（経済学）．

〈主要業績〉

「通貨危機後の通貨・金融協力」石川幸一・馬田啓一・清水一史編『検証・アジア経済——深化する相互依存と経済連携』文眞堂，第9章，2017年．

「国際金融センターの都市比較——東京市場発展の方策」『AIBSジャーナル』（アジア・国際経営戦略学会）第10号，2017年．

「金融サービスと資本市場の統合」石川幸一・清水一史・助川成也編『ASEAN経済共同体の創設と日本』文眞堂，第8章，2016年．

グローバリゼーションと基軸通貨
ドルへの挑戦

2019年7月25日　初　版

［検印廃止］

編　者　小川英治

発行所　一般財団法人　東京大学出版会
　　　　代表者　吉見俊哉
　　　　153-0041　東京都目黒区駒場 4-5-29
　　　　電話 03-6407-1069　FAX 03-6407-1991
　　　　振替 00160-6-59964
　　　　http://www.utp.or.jp/

印刷所　三美印刷株式会社
製本所　牧製本印刷株式会社

©2019 Eiji Ogawa, Editor
ISBN 978-4-13-040287-3　Printed in Japan

[JCOPY]〈出版者著作権管理機構　委託出版物〉
本書の無断複製は著作権法上での例外を除き禁じられています．複製される場合は，そのつど事前に，出版者著作権管理機構（電話 03-5244-5088，FAX 03-5244-5089, e-mail: info@jcopy.or.jp）の許諾を得てください．

小川英治 編	世界金融危機後の金融リスクと危機管理	4800円
小川英治 編	ユーロ圏危機と世界経済 信認回復のための方策とアジアへの影響	3900円
小川英治 編	世界金融危機と金利・為替 通貨・金融への影響と評価手法の再構築	4000円
福田慎一／小川英治 編	国際金融システムの制度設計 通貨危機後の東アジアへの教訓	5200円
福田慎一 編	検証 アベノミクス「新三本の矢」 成長戦略による構造改革への期待と課題	2800円
岩井克人／瀬古美喜／翁百合 編	金融危機とマクロ経済 資産市場の変動と金融政策・規制	4800円
細野薫 著	金融危機のミクロ経済分析	4800円
河合正弘 著	国際金融論	5600円
木村福成／椋寛 編	国際経済学のフロンティア グローバリゼーションの拡大と対外経済政策	8500円
清水克俊 著	金融経済学	6300円

ここに表示された価格は本体価格です．ご購入の際には消費税が加算されますのでご了承ください．